中國古代地理總志叢刊

輿地紀勝

七

〔宋〕王象之撰

中華書局

輿地紀勝校勘記卷十三　荆湖南路

卷五十九　寶慶府

府沿革

縣爲昭陽縣寰宇記　張氏鑑云寶慶府第一頁原闕

按以他卷之例推之所闕係府沿革之前半

領邵陽邵陵建興武岡四縣尋□建興入武岡寰宇記及唐書地理志並在武德七年　按寰宇記此卷久闕據唐書地理志空格當是省字

省邵陵併□□□□在武德七年唐□□□□□□十年　張氏鑑云皆原本破缺下兩頁同　按據唐書地理志併下

空格當是邵陽二字　又按以上條之例推之在
上空格疑是寰宇記三字唐下空格疑是書地理
志在武六字惟寰宇記此卷久闕今本唐志又在
武德七年未可遽定俟考
改爲邵州元和郡縣志及唐書地理□□□□□□□□邵陽郡天寶元年
按據元和郡縣志二十九及唐書地理志理下空
格當是志皆在貞觀十年七小字邵上空格當是
改爲兩大字
晉改敏州□□□云避晉諱也　按下文邵陽縣注引寰宇記
云晉天福初避諱改爲敏政此處空格疑是寰宇

記三字

縣沿革

新化縣　自唐末溪獠猺人雄據　張氏鑑云猺與猺同卽後世所謂猺他條仿此

風俗形勝

□□□□形勝據三湘之上游土穰地靈物奇人秀□□□□也□祐二年僧希白撰開元寺塔記　按據方輿勝覽二十六形上空格當是接九疑之四字也上空格當是實南楚之望五字勝覽無也字　又按年號用祐字者甚多祐上空格俟考

景物上

瀆水　合長沙江入洞□□湖上有羅漢寺郡守史□□□□□□□詠有丨丨詩　按洞下空格當是庭湖二字史下空格俟考

景物下

塡雅堂　張氏鑑云塡疑當作鎭

熊膽山　其山出異獸麈飛生麝香之屬　按麈乃麈之誤

文仙山　乃晉高平令修養之地　按方輿紀要八十一相傳晉高平令文斤得仙于此紀勝令字乃令

字之誤

古迹

古建州城　寰宇記云在邵陽縣北二里隔濱水普邵州理此城　按普當作昔下文云今州城是也今與昔相對爲文　又按普與晉形最相似然後晉時邵州改名敏州且下文言開皇九年改爲建州開皇係隋時年號在後晉之前則與後晉無涉至於西晉東晉皆名邵陵郡無邵州之名斷非晉字之誤也

官吏

唐柳宗元　柳文劉禹錫序云　按劉禹錫當在柳文之上

人物

李傑　按自傑以下皆宋人李上當有　二字○

買田數阡畝　按阡當作千

聶致堯　周急貧困　張氏鑑云貧當作賑

義門金氏　邵之人因爲義門金氏　張氏鑑云因當作目

碑目

碑記　按寶慶府碑記碑目作邵州碑記其目錄仍

作寶慶府今考作紀勝時旣升邵州爲寶慶府自
應作寶慶府爲是碑目作邵州非也
古刻 無 抄本碑目無字大書誤
修學記 廣漢張栻記 抄本碑目栻作拭誤
詩
江頭班竹尋應變 按方輿勝覽班作斑是也
舊置義庄賙族黨 按庄當作莊
水邊花氣薰章服嶺上嵐光濕畫旗 文苑英華朱餘慶送邵州林使君詩 按餘慶當作慶餘方輿勝覽亦作慶餘
四六

脊濱川之名郡據楚國之上游旁■荊襄外接交廣

建寧□□ 張氏鑑云章字下本闕

卷六十 全州

州沿革

三國時屬吳 通鑑建安二十四年關羽取荊州零陵等諸郡盡屬吳 張氏鑑云取當作失

縣沿革

灌陽縣 象之謹按唐自至德二年置荊南節度使治荊南初領荊澧等十州 按以唐書方鎮表澧字乃澧字之誤

風俗形勝

王禹偁送柳無礙倅相源序　按方輿勝覽二十六相作湘是也

景物下

欣欣亭　按此條脫去注語

官吏

王使君　按自此以下皆宋人王上當補國朝二字

李亨伯　范景仁之謝事以六十三馬文正公爲之傳稱爲勇决已爲不及　按馬上當有司字已爲當作爲已

王趯　趙鼎入界趯即見之趯因留鼎飯　按下趯字係衍文

人物

朱孝誠　按孝誠及蔣舉皆宋人朱上當補國朝二字

蔣舉　久住太學一日告友人黃無悔曰學者所以學爲忠孝也有親弗養孝乎忠旣未立孝庶幾焉居母喪結茅墳側　張氏鑑云據上下文義居上疑脫遂歸養三字

碑記

二妃廟記　唐元和間柳宗元記　抄本碑目唐作堂誤

詩

湘是相分義灘爲離別名宋成湘離水詩　按注中離字當作灘

四六

惟湘源之古郡實南楚之上游張　張氏鑑云張字下原缺下兩條仿此

卷六十一桂陽軍

軍沿革

按晉天文志魏太史令陳卓言郡國所入宿度自張十七度至軫十一度於鶉尾於辰在巳　按晉書天文志於鶉尾作爲鶉尾是

縣沿革

臨武縣　南齊志桂陽郡下有臨武縣　按此十一字已見上文此係衍文　又按據元和郡縣志二十九縣下當注中下二字方與他縣一例此縣廢於後晉天福時復於南宋紹興時故輿地廣記元豐九域志皆不載耳○晉天福四年復廢地入平陽一統志二百二十四復廢作省其

風俗形勝

湖南山水甲天下桂陽又居其高石林　張氏鑑云石林下疑有脫字　按下文景物下石林亭記注去舊職方郎中黃照鄰父子讀書此地此處兩句疑石林亭記之語

景物上

聖泉　在藍山九十里　一統志藍山作縣南○供一人至百人亦足　一統志亦作皆

壇山　唐高祖儀鳳二年　按儀鳳乃唐高宗年號祖當作宗

景物下

芳洲亭　按此條脫去注語

瑞連堂　按注云池常生瑞蓮此處連字亦當作蓮

松柏臺　見桂陽志學地門　張氏鑑云地疑當作校

小桂郡　見風俗大體門　張氏鑑云依上文松柏臺注之例風上似當有桂陽志三字

大湊山　當其盛時　一統志無當字

寶山廟　以鑿山冶銀自業　張氏鑑云冶似當作治

潭流嶺　在監北一百三十里　一統志監上有桂陽二字

石門山　歸水自藍山穿石西注　一統志石下有門字

黃蘗山　在藍山縣九十里　一統志縣下有南字○謂之都龐山與連州分界　一統志此二句上下互易

鹿頭山　有石如鹿　一統志石下有形字

靈星江　寰宇記在藍南九十里　按寰宇記此卷久闕據上文軍沿革引寰宇記置桂陽監之語此

處藍字當是監字之誤

晉平山　在藍山縣東七十里　一統志東下有北字

東樓溪　桂水集詩云縣東來第一峯　張氏鑑云詩句脫去一字

古迹

南平古城　一統志古作故○方輿記云今縣東五里有南平古城郡此也　按據上文軍沿革南平係漢時縣名自來未嘗置郡此處郡字係衍文

唐藍山縣城　一統志縣作故○在今藍山縣北

十五里　一統志無今藍山三字及一字

韓張亭　爲唐韓愈張署而得名事見官吏門韓愈

張署下　按署本名曙此作署者避英宗諱後凡

改張曙爲張署者仿此

官吏

李綱　按綱及鄭剛中皆宋人李上當補國朝二字

人物

谷儉　按儉係晉人谷上當補晉字

劉景　按景係唐人劉上當補唐字

葉蓋　按蓋及黃照鄰皆宋人葉上當補國朝二字

○葉蓋以才雅賦魁上庠　張氏鑑云才雅當作雅材

仙釋

蘇仙公　乃詭白母曰　張氏鑑云詭當作跪　按郴州仙釋門蘇仙注云乃跪白其母潘氏曰張說是也

成仙君　荅曰臨武縣失火噀酒救之耳太守遂遣使駿之　按駿乃驗之誤

碑記

桂水集　抄本碑目水作永　按上文景物下東樓

溪注引桂水集作永者誤

桂陽志　教授鄭伸編　抄本碑目伸作仲

詩

市井連延新戶口人煙和疊舊家山林外和詩　張氏鑑云林外係宋人和下疑有脫字

四六

惟桂陽之爲郡極湘水之盡頭林　按林下原本脫人名下同

卷六十二武岡軍

軍沿革

王子表云武帝封長沙王子定爲都梁侯　按據漢書表上當有侯字

又隋志長沙郡下有邵縣　按據隋書地理志邵下當有陽字

縣沿革

新甯縣　因楊再興父子侵占省地遣兵掃蕩　按宋時無行省之名省字疑其字之誤

風俗形勝

楚潦南壤元寘所不統　按方輿勝覽二十六潦作際是也

景物上

雲山　其山有曰華山月華山　按下文景物下有日華山月華山此處曰字乃日字之誤

石羊　聶寒政有留題詩　張氏鑑云寒疑參之誤

景物下

紫陽山　千尋石室前瞰溪　張氏鑑云溪上疑有脫字

放鶴陂　梁崔穆於此羅得雙鶴放之得玉璧一雙送穆庭處　張氏鑑云處字疑誤

道者巖　在武岡古山六十九福地　按上文景物

上雲山注云第六十九福地也其山有道者巖侯公洞此句古山當是雲山之誤下文侯公洞注之古山仿此

招屈亭　按招屈亭已見上文此係重出故無注

二岡相對　舊傳東漢伐五溪蠻故保此岡故曰武岡　按據上文此句係輿地廣記之語今考輿地廣記二十六上故字作蠻是也

古迹

夫夷故城　寰宇記云東晉以大司馬元子父名同改爲扶縣　按寰宇記此卷久闕今考晉書桓溫

傳温字元子其父名彝與夷字同音紀勝無桓字避欽宗諱後凡稱桓温爲元子者仿此

古嶶州印及虎符　乃化外嶶州人收得見綏甯縣

總序　張氏鑑云縣下疑脫志

官吏

第五倫　按倫係漢人第上當補漢字

王導　按導及陶侃皆晉人王上當補晉字

陶侃　與太守呂岱有嫌　按據晉書陶侃傳岱當作岳

曹王皐　按皐及柳公綽王鍔皆唐人曹上當補唐

字

王鍔　曹王皐俾鍔誘降武岡將王國良　按據新舊唐書王鍔傳將上當有叛字

芮熚　按熚係宋人芮上當補國朝二字

人物

鄧處訥　按處訥係五代時人鄧上當有五代二字

周儀　按儀係宋人周上當補國朝二字

詩

杏花洞天路崎嶇曾見千年石斛奴　張氏鑑云天字疑誤　按方輿勝覽天作天是也

雲山乃第九十九福地也　按道家福地之數止有七十二無所謂九十九上文景物上雲山注云第六十九福地也此句九十九必是六十九之誤

春禽覯我歸主人留我住　張氏鑑云覯字疑誤

按覯似當作勸

風送孤逄不可遮山中城裏總非家　按逄當作蓬

卷六十三　茶陵軍

縣鎮

永安鎮霞陽鎮茶陵鎮船場鎮　一統志二百二十三場作頭　按注有茶陵縣造船場之語當以場字爲

是○倪濤以鼓喝撰造監澤州茶陵縣造船場但以茶陵繫之潭州不同當考　張氏鑑云鼓喝撰造疑有誤　按澤當作潭

風俗形勝

使名官儀備太守之畧而時節得以需章自達于朝

按需疑露之誤

景物

雲秋山　寰宇記云在茶陵縣一百里　按據萬氏寰宇記補闕縣下當有西南二字

景陽山　在茶陵縣東一百里　一統志二百二十二百

下有二十二字○茶水源出於此　一統志無於字

茶水源　北流礲下一十里　一統志北上有西字礲上有過字無一字

古跡

炎帝廟　乃即陵側復建廟　一統志二百二十四作仍移陵側

炎帝墓　在茶陵縣南一百里康樂鄉白鹿源　一統志源作原

官吏

文春　按春係漢人文上當補漢字

邱旭　按旭與彭友方皆[illegible]邱上當補國朝二字

人物

段世昌區海　按世昌及海皆宋人段上當補國朝二字

仙釋

赤松壇　縣經按丹臺錄云　張氏鑑云經上當有圖字

以上荆湖南路卷五十四潭州至卷六十三茶陵軍

輿地紀勝校勘記卷十三終

輿地紀勝校勘記卷十四 荆湖北路

卷六十四 江陵府上

府沿革

通鑑梁元帝承聖三年西魏伐梁帝登鳳凰閣倚徙嘆曰　按據通鑑倚徙當作徙倚

又漢地理志云注南郡漢高帝元年更爲臨江郡五年復故　按云當在注下

武帝分置十三部史而荆州刺史治於此　按部下脫去刺字○按通鑑獻帝祀平元年　按祀乃初之誤

操敗於赤壁　按壁乃壁之誤

元和郡縣志云晉居西魏江陵總管居東城　按元和志此卷久闕據嚴氏補志西下有城字紀勝下文景物上東城注引元和志亦有城字尤其明證

隋志云明皇九年平陳　按明乃開之誤

隋初蕭巖奔陳因廢荆州屬襄州證明元年　按禎明乃陳後主年號此作證明者避仁宗嫌名後凡改禎明爲證明者仿此

已而繼沖納土歸於版圖九朝通略建隆四年　張氏鑑云建上當有在字

縣沿革

江陵縣　按據元豐九域志卷六輿地廣記二十七縣下當注赤字方與他縣之例相合

莽曰江陵　按據上文此句係漢書地理志之語今考漢志陵作陸是也

監利縣　殊不知陵之沔陽郡即復州也　按上文引隋志復州沔陽郡又云蓋隋時復州曰沔陽郡此句陵字當是隋字之誤

石首縣　元祐元年復建　一統志二百十四建作置

枝江縣　元和郡縣志云在八里洲其西首曰岑頭

一統志八作百無其字　按據方輿紀要七十八

岑頭洲乃百里洲之首紀勝下文景物下岑頭洲注亦云洲長百里當以百字爲是○後岑彭經憩於此　一統志作後漢岑彭會憩此

車帥沿革

鄂州江陵府副都統制司　郭杲請移江陵兵萬二千人并家屬永屯襄陽周必大言江陵兵一萬八千人自來半襄陽　張氏鑑云半下當有屯字

風俗形勝

荆州北據漢沔利盡南海東連吳會西通巴蜀此用

武之國通鑑漢帝建安十二年諸葛語劉備曰云按云下仍當有云字云云者卽荊州以下數語也

晉王衍以弟澄爲荊州都督亨爲靑州刺史 按亨本當作敦此作亨者避光宗嫌名後凡改王敦爲王亨者仿此

樓閣池沼甲子楚向 按子乃于之誤

江陵居吳蜀爲四戰之地通鑑天成二年楚將王環云 按通鑑作江陵在中朝及吳蜀之間四戰之地也事在天成三年

景物上

郢城　在陵縣南二百里　按方輿勝覽二十陵上有江字是也

庾臺　相傳庾子山宅也　一統志無也字

三海　先是荆南高保勉退其弟節院使保寅歸貢　按退乃遣之誤　又按保勉本名保勗此作保勉者避神宗嫌名後凡改高保勗爲高保勉者仿此

東山　在城東北臨北海上　一統志城東北作縣東

東城　元和郡縣志曰魏以蕭　爲梁　居西城

按據上文府沿革所引元和　西當作東
西城　元和郡縣志曰梁王詧稱藩於魏置總管以
輔之居東城　按據上文府沿革所引元和志東
當作西
西陝　盛洪之荆州記云　按洪之本名宏之此作
洪之者避宣祖諱後凡改盛宏之爲盛洪之者仿
此
荆臺　孔子家語云楚王游｜｜司馬子祺諫　按
據家語卷三祺字乃棋字之誤○杜甫詩曰何事｜
｜百萬家只教宋玉擅才華　按下卷總江陵詩

引此二句作李義山詩此處杜甫亦當作李義山

漕河　尚書郎李夷庚濬古渠格夏口以通賦輸

按方輿勝覽庚作庚格作達

涌水　寰宇記云在江陵縣左傳云　敖游涌而溢

張氏鑑云溢字須考　按寰宇記一百四十六溢作

逸與左氏莊十九年傳正合

息壤　江陵府南門有｜｜焉　一統志無焉字

津鄉　左傳莊十九年楚子禦之大敗于津鄉　按

左傳津下無鄉字此涉上而衍

景物下

清暑臺　宋臨川王義慶在鎭　一統志鎭作郡

讀書臺　本南梁文範先生丨丨丨　按下文高沙湖注云齊聘士文範先生嘗冢焉此句南梁當是南齊之誤

博古堂　吾校禁中秘書遊江南文士圖書之富未過田氏者　一統志士下有家字未下有有字

濯纓臺　屈原丨丨處　一統志屈上有楚字

南紀樓　詳見古迹　按下文古迹門有紀南城注引杜預左傳注盛宏之荆州記皆作紀南城此處南紀樓當是紀南樓之誤

南極亭　在松滋山谷有與鄒天錫夜話詩　按據
方輿勝覽有下當有南極亭三字

四層閣　梁傳大士講經｜｜｜　張氏鑑云傳當
作傅

千里井　即唐季康千｜｜　按千亦當作｜

萬卷閣　藏其手抄古今書秩萬卷　按秩當作帙

明月樓　劉孝綽爲湘東王咨議其集有陽雲樓詩
曰北有臨風亭｜｜｜　張氏鑑云曰字疑衍文

石龍山　寰宇記云在建甯縣東南六十里下有石
瓏琮石壁上有龍隱形蹤　按寰宇記里上有五

字琮作淙蹤下有焉字

虎渡里　人傳後漢法雄爲郡太守先是猛獸爲害雄令毁去陷穽政以恩威虎暴遂去　一統志作後漢時郡境猛獸爲害郡守法雄令毁去陷阱害遂息

虎渡堤　在大江之南岸　一統志無之字○乾道四年　一統志乾上有宋字○水齧城不退　一統志作江水齧城○帥方滋夜使人決｜｜｜一統志無夜字○自此遂不復築　一統志作七年漕臣李燾復修築之

枇杷寺　寰宇記云載楚宮故事郭仲産爲南郡從事　按以寰宇記考之云字當在事字下

枚迴洲　晉馮枚遷桓元於｜｜｜　按據晉書桓元傳及通鑑枚遷當作遷攻蓋桓元至枚迴洲爲馮遷所攻也

法輪院　寺有孫繇畫壁　張氏鑑云孫疑當作僧

碧泉院　唐同光四年　一統志唐上有後字○高氏置｜｜｜　一統志作高氏嘗分置碧泉縣○與江陵分理　一統志理下有江陵故城在東南七字

白鰂河　張氏鑑云鰂字似誤　按據玉篇鰂字係
魚名並非誤字

俞潭市　張氏鑑云俞字當誤　按正字通有俞字
係玫字變體廣韻有玫字係古文好字非誤字也

○亦江陵一市并也　按并當作井

超然觀　天禧中道士劉去泰號和靖先生曾寓居
焉　按泰當作奢說詳下卷仙釋門劉去奢注

卷六十五江陵府下

古迹

漢壽城　田中牡豎燒芻狗　張氏鑑云牡當作牧

按據上文此句係劉禹錫詩今考本集正作牧

張說是也

冶父城　盛宏之荆州記云[illegible]國西北有城曰丨丨

丨　按據方輿紀要七十八[illegible]引荆州記考之國當

作谷方輿與左氏桓十三年[illegible]相合

故郢城　元和郡縣志云在江陵三里　按元和志

此卷久闕據方輿紀要二上當有東北二字

紀南城　左傳蔡侯鄭伯會于鄧始懼楚　按左氏

桓二年傳楚下有也字

庾信臺　在江陵縣又云枝江縣淸修寺西北有丨

｜｜　張氏鑑云云字係衍文

章華臺　晉杜預注云｜｜｜在今南郡華容城中

　張氏鑑云注上當有左傳二字　按方輿勝覽

二十七　無注字

松滋褚都督義門　正觀得奇士子孫宅荆土一家

五百口六世同所居　張氏鑑云居字疑當作處

樊姬墓　花莊王夫人今謂之諫獵　張氏鑑云花

當作楚

楚康王墓　葬郢西　一統志二百十五作在郢城西

楚平王墓　在廖口堂下　張氏鑑云廖字下本闕

官吏牧守

漢蕭育　朕其憂之　張氏鑑云其似當作甚　按以漢書蕭育傳考之張說是也

韋端父子　三輔錄曰韋子元將代父端爲荊州刺史父老止傳舍康入宮故時人榮之　按據藝文類聚五十御覽二百五十五　老當作出宮當作官字

劉[宏]　按[宏]係晉人下文陶侃上晉字當移至此句劉字之上

劉之遴　後之遴弟之亨亦爲南郡太守上曰之亨兄弟因猶豈復大馮小馮而已耶　按據南史劉

之亨傳猶當作循

姚崇　三年受化闔境民吏泣擁馬首不使之去

張氏鑑云化當作代　按方輿勝覽正作代張說是也

曹王皐　唐志云江陵東北傍漢有古障不治歲輒益　張氏鑑云益當作溢　按新舊唐志無此條據新舊唐書曹王皐傳志當作書益當作溢

元絳　作詩云九重侍從三明主四紀乾坤十老臣

張氏鑑云十當作一　按方輿勝覽正作一張說是也

張拭　按拭當作栻

令佐

王子猷　按子猷至孟嘉皆晉人王上當補晉字

車嗣　按車武子本名允改爲嗣者避太祖諱後凡

改車允爲車嗣者仿此

孟浩然　按自浩然至韋庇皆唐人孟上當補唐字

元稹　宰相爲稹年少輕立威失憲臣體　按方輿

勝覽爲作謂是也

程千秋　帥監司望風悉遁走　張氏鑑云帥下當

有守字

人物

楚陸通　按[illegible]已有楚字此楚字係衍文

吳潘濬　濬[illegible]按據三國志潘濬傳注可當作見○[illegible]拭其面　按濬傳注親以手作使親近以手巾

劉之遴　按之遴係梁人下文庾曼倩上梁字當移此句劉字之上

殷不害　按不害初仕梁後仕陳殷上當補陳字

唐劉泊　按據新舊唐書劉泊傳按泊乃洎之誤

李堯言　按自堯言以下諸人除劉蛻及楚江漁者

外餘皆宋人李上當補國朝二字

朱協　昂於居建萬卷閣　按據上卷景物下萬卷閣注居上有所字

田偉　藏書三萬七千卷無重復者　按方輿勝覽書下有至字三作五復作複紀勝上卷景物下博古堂注敘此事亦與勝覽相同當從之

王少卿　東坡書光祿卿王公掛冠歸江陵作詩紀行者二十四人　張氏鑑云書當作集

劉蛻　按蛻係唐人當移至士文梁震之後

楚江漁者　按注有江陵守崔鉉之語鉉係唐人則

漁者亦唐人可知當與劉蜕並移上文梁震之後

○蒲湘錄載楚江邊有一漁者　按唐書藝文志載柳祥瀟湘錄十卷此處蒲字當是瀟字之誤

仙釋

劉去奢　按天禧中道士劉去奢號和靖先生自玉清昭應宮歸于荆南之起然觀　按據上卷景物下超然觀注云天禧中道士劉去泰號和靖先生曾寓居焉則此處之起然觀必是超然觀之誤又按此條正文及注皆作劉去奢彼處泰字必奢字之誤

隋智顗師　諱經一舉通卷背誦如流　按諱字當是諸字之誤○能指茅化爲稻指水爲油　張氏鑑云水下亦當有化字

萬壽寺金佛　僧仆溺水中澇獲金像　按澇乃撈之誤

碑記

鷂雀賦碑　黃初三年二月記　碑目三作二抄本作三

晉公安縣二聖記　永和年間晉人王粲　車氏持謙云按湖北金石存佚考云魏王粲以建安二十二年春卒此王粲系晉人與仲宣同姓名者○記

婁至德如來聖跡　碑目作記青蓮髻如來婁至德如來二聖靈跡抄本與紀勝同

韓文公題名石刻　當時之題各石刻存焉　碑目各作名是也

後梁宣明二帝碑堂　劉禹錫撰又作詩云玉馬朝周從此辭　抄本碑目玉作王　按據本集當以玉字爲是

唐江陵尹呂諲廟碑　顧誠書誠碑目誠下有奢字抄本無[redacted]　按有奢字者是也

唐江陵尹呂公表　集古錄唐元結撰顧誠書八分

碑目書作晝抄本作書　按碑目是也○碑以肅宗元年立在江陵府呂公祠堂中　碑目在作存誤

城西開元觀斷碑　查藻詩云斷碑最愛開元時上有模糊五千字　碑目藻作藻模作糢

古帝寺碑　在潛江縣二十里東北　按東北二字當在縣字下

江陵府官石幢記　唐正元十年吳仲舒纂　碑目十下有三字纂作篆抄本與紀勝同

經藏修造記　有晉天福六年刱經藏修造記見存　碑目刱作創抄本仍作刱存誤作序

渤海高公神道碑　公諱保勗　抄本碑目勗作最

按據東都事略高繼沖傳當以勗字爲是

唐賀肅公神道碑　劉贄撰　碑目贄作摯抄本作贄

渚宮故事　李淑邯鄲志載渚宮舊事十卷　抄本碑目邯作那誤○唐金知古撰　碑目金作余

按據唐書藝文志當以余字爲是○今第有五卷云　抄本碑目有在第上　按據簡明目錄及平津館叢書此書尚存五卷非僅有第五卷抄本碑目非是

總江陵詩

横此大江淹彼南浦王粲贈文始詩四言 按據文選浦當作氾文上當有士孫二字

漢水横分蜀浪分危樓點的拂孤雲杜牧寄牛相公 張氏鑑云上分字當作空

江陵珠似橘宜城酒似餳白居易和荅徽之爲江陵士曹詩 張氏鑑云徽之當作微之珠橘二字當互易

西北秋月彫蕙蘭 張氏鑑云月字疑誤 按據下文此句係劉禹錫詩今考本集月作風是也

劉禹錫酬竇使君次公滋渡口寄見 張氏鑑云寄見字似倒

竇儼北海題渚宮　按江陵卽古渚宮之地據上卷景物上三海注北海在江陵城北此處北海二字當在渚宮之下

曾是劉虬高隱地不知何處扣元關張南英　按據方輿勝覽南當作商

懷古詩

初上蓬籠竹笮船　張氏鑑云蓬當作篷

楚宮陽臺詩

竭來高堂觀悵望陽雲岑陳子昂　按據本集堂當作

唐

嬋娟流入楚王夢倏忽還隨零雨分空中飛去復飛來朝朝暮暮下陽臺孟浩然　按本集嬋上有君不見巫山神女作行雲霏紅沓翠曉氛氳紀勝節去二句遂若不協韻耳

白日秦兵天下來許渾楚宮怨　張氏鑑云下乃上之誤

卷六十六鄂州上

州沿革

通鑑敬宗寶歷元年牛僧孺永出　按以通鑑考之永乃求之誤

縣沿革

蒲圻縣　赤烏九年分武昌爲兩部自武昌以上至蒲圻爲右郡　據三國志呂岱傳及通鑑郡乃部之誤

崇陽縣　置唐平縣　按據新舊唐志元和郡縣志二十七寰宇記一百一十二方輿紀要七十六平當作年下文云僞吳改爲崇陽僞唐改爲唐年蓋南唐復用唐代之名也

通城縣　元祐七年歸于鄂　一統志二百六歸于鄂作還鄂州

風俗形勝

美化行乎江漢之域毛詩 按詩下當有序字

齊東昏侯永元元年蕭衍使參軍張洪策說蕭懿曰

按改宏爲洪者避宣祖諱後凡改張宏策爲張洪策者仿此

景物上

南樓 中間嘗改爲白雲閣 一統志無間嘗二字○知州方澤重建 一統志知州作守○記文以爲庾亮所登故基非也 一統志記文作或無故基二字○晉咸康時沙羨未始有鄂及武昌之名庾亮安復從至此 張氏鑑云復字疑衍

上洞　有泉出半山石罅間　一統志罅作鏬

楚觀　在總所　按上文監司軍帥沿革有湖廣總領所注云今置司在武昌門內此句所字上當有領字

鄂渚　在江夏西黃鶴磯上　一統志鶴作鵠○隋平陳立鄂州　一統志無平陳二字○以｜｜爲名　一統志作以渚故名

靜山　在江夏縣東一百二十里　一統志東有南字

潛山　有潛碑山及李唐侯記　張氏鑑云碑山二

字當倒

景物下

彌節亭　張氏鑑云彌當作弭　按注云又有皇華館又南津館迎仙館匹練亭以上皆館舍也張說得之

八分山　有水南分流如八字　按據方輿紀要南字係衍文

萬人敵　在城東黃鵠山頊亦古城也　按頊乃頂之誤○建炎草竊犯城郡守命其上以强弩射之　按據方輿紀要命下

蘆花泉　相傳鄰邑人若旱祈雨方詣所擇　遇三白衣男子日無他往　按詣擇二字當上下互異

銅盤堤　一統志堤作城○亦名銅盤　一統志作一名銅門城○古蠻獠於此保聚　一統志作古蠻獠保聚處

幕阜山　水四出　一統志水上有有一二字○吳太史慈拒劉表　一統志表下有從子磐三字　按據三國志太史慈傳當有此三字○於此置營幕因名　一統志因作故

磨劍池　王得臣以爲秦宗權之第宗衡　張氏鑑

云第當作弟　按以唐書五代史通鑑考之張說是也

黃鵠山　林間甚美戴仲若野服居之　按仲若即戴顒之字據宋書南史戴顒傳間乃澗之誤

龍泉山　鄉人號曰魯溪巖　一統志無曰字○則地無纖芥若有司汎掃者　一統志無司字汎作迅

龍穴洲　宋景帝迎文帝於江陵　按據南史宋文帝紀及方輿紀要景帝當作景初二年紀要二作三蓋傳寫乙誤景初止有二年無三年也

鹿跑泉　在江夏東南六十里高觀山上　一統志夏下有縣字高作大

羅漢巖　有巖二一曰羅漢極幽邃一曰寶陀　一統志作有羅漢寶陀二巖俱極幽勝

頭陀寺　自南齊王中作寺碑　按據文選中乃巾之誤

古迹

曹公城　元和郡縣志云梁武起義兵遣曹景宗築曲水城梁武帝攻郢城遣王世興屯於此

和志無兵字及曲水城以下疑曲水城三字另是

一條本係大字梁武帝以下則其注也

劉成山寨　建炎問鄉民聚糧保守　按據方輿紀要問乃間之誤

孟宗宅　卽泣竹之所也　一統志卽下有宗字無也字

葛仙壇　挹林勺以去　一統志挹林作人乞杯是也

焦度樓　役以穢器賊不能冒　按據上文此係南史之語今考南史焦度傳役作投賊下有衆字是也

呂公洞　近歲有軍循於此夜逢二八　張氏鑑云
循當作巡　按此亦避理宗嫌名
陸大憲廟　本曰賈大夫僞吳避楊行密父名怤嫌
名改稱大憲　按上文云卽漢陸賈也此處賈字
當是陸字之誤
忠定祠　卽公所建美美亭立生祠　按下文云重
建美美堂繪公像焉此句亭字亦當作堂
卷六十七鄂州下
官吏
吳周瑜　自此已前　張氏鑑云已當作以

齊蔡興宗　按注云宋明帝泰始三年爲郢州刺史則齊字當是宋字之誤

梁韋叡　按注云齊和帝中興元年行郢州事則梁字當是齊字之誤

柳公綽　詔發岳鄂卒五阡　按阡當作千

馮昭奏　嘗以蛟訟貶饒州司馬　按據下文係張說集之語今考本集馮公碑奏作泰蛟訟作交訕是也○制曰公志氣剛勁　按本集公作卿是也

李涓　涓募兵六百人入援涓曰事急矣　按下涓字係衍文

人物

晉孟嘉　晉史以爲郿人　按據晉書孟嘉傳郿乃鄳之誤下文仿此

仙釋

僧惠宗　九域志載頭陀寺王棲甫碑文　按據文選棲甫當作簡棲下文碑記門頭陀寺碑及總鄂州詩引黃魯直詩皆作簡棲是其明證

碑記

唐閬州武陵縣令瞿府君墓銘　抄本碑目瞿作翟

唐胡府君夫人朱氏墓銘　大和七年　抄本碑目

大作太下同

唐故鄂闕文墓銘　已上七碑皆近時掘地得之　碑目無地字抄本有　張氏鑑云已當作以○今在左軍統制衙　碑目左作五

唐寶豐院記　本唐末貴州刺史王銳母陶氏墳菴　碑目銳作統抄本作銃

頭陀寺碑　舊碑乃琅琊王中簡栖文　碑目琅琊作瑯邪中作屮栖作棲抄本與紀勝同　按據文選中字乃屮字之誤當從碑目○今新碑在寺　碑目在作存抄本作有

黃鶴樓記　閻伯瑝撰　抄本碑目瑝作埕○魏萬成書　碑目成作瑝行抄本作成

唐德尖山院塔記　唐中和三年刱　碑目刱作創抄本作刱

李陽冰篆鄂州字　世傳初篆時鬼神泣空中　碑目世傳作其碑抄本作世傳

吳乾正二年石幢　在江夏縣東西五里慈雲院碑目西作南之抄本無之字○又有唐保大間所建殿猶存　抄本碑目又作文誤

鄂州南樓磨崖記　郎而諦觀　按據上文此條本

於容齋四筆今考四筆卷十觀作視○若翻書入字唯存天脚　碑目天作人抄本作夫　按四筆亦作人碑目是也○不可復辨　碑目辨作辯抄本作辨　按四筆作辨○邦人至標飾置神堂　碑目標作幖是也抄本飾作餙誤　按四筆亦作幖○云柳君應辰碑目應上有名字抄本無　按四筆與碑目同○是唐末五代時湖北人也　抄本碑目末作宋誤○其一高丈一尺　碑目丈上有一字抄本無　按四筆亦無○乾正元年荆襄寇亂大將出陳武昌碑目大將作大吳將軍抄本作大將　按四筆與碑目

同○詔太守楊公出鎮　抄本碑目詔作誥誤○後云荆江京漢推忠輔國侍衛將軍居中記　按四筆居上有吳字

總鄂州詩

既號詩書窟復稱雲水鄉孫何送第侑　按第當作弟

黃鶴晨霞傍樓起頭陀靑草遶碑荒近詩送人鄂州見碧溪詩　張氏鑑云碧溪詩下當有話字

鸚鵡洲詩

鸚鵡來遇吳江水　張氏鑑云遇乃過之誤

黃鶴樓詩

渚油幕裏人皆口黃鶴樓中月並鉤武元衡送人趙鄂　張氏鑑云空格係玉字趙乃赴之誤

四六

夏口重鎮時在得賢以卿有仁厚之資謇直之風遂輟中憲往臨外藩白樂天集岳鄂觀察使王應謝上表　按香山集資作質岳上有答字王作元是也

輿地紀勝校勘記卷十四終

輿地紀勝校勘記卷十五

卷六十八 常德府

府沿革

以星土辨之當爲翼軫鶉尾之次 圖經又魏國陳卓言郡國所入宿度亦云武陵入軫十度 按據晉書天文志下又字當作入

陳元嘉中又分武陵等四郡置武州 按陳文帝年號係天嘉非元嘉陳書文帝紀及方輿紀要八十引陳本紀此事在天嘉元年紀勝元字必天字之誤

引沅江環明州以自守 按據上文此係通鑑梁開平元年事今考通鑑明作朗紀勝上文引通鑑云

以武陵蠻雷滿爲朗州留後下文又云並以朗州爲治所此句明字必朗字之誤○澧州志所載荞是今不取　按荞乃非之誤

縣沿革

武陵縣　武陵蠻叛遣伏波將軍馬援討之破於臨沅　張氏鑑云之當在破下

風俗形勝

貴州何以名武陵晉書傳趙歆問潘京曰云云　按據晉書潘京傳州當作郡歆當作廞方輿勝覽三十亦作郡○與夷陵相接　按晉書方輿勝覽無陵字○敷爲攻

敗　按晉書攻敗作所攻○光武移東出　按晉書移上有時字○共議易號武陵取止戈爲武之義　按晉書作易號武陵取止戈爲武之義

陶淵明作桃源記云　張氏鑑云此處有誤以後碑記注考之陶上當增容齋三筆云五字　按上文云晉陶潛避秦記云係稱靖節之名而此又稱其字書法岐異故張氏疑其有誤下文碑記門桃源行注引容齋三筆與此條正合張說是也○係之以桃源行　按三筆卷十作系之以詩

劉禹錫楚皇賦云　按本集皇作望其序云因道其

遠邇所得爲楚望賦云當以望字爲是○翼軫之野祝融司方　按本集司方作所司葢司字讀去聲與下文沴泥曀瘵外爲韻當從本集爲是

靈仙勝景若在吾袵席治平二年武陵令衡塹游桃花源詩　張氏鑑云詩當作記

景物上

朗水　寰宇記在武陵縣其水西南自辰錦州八郡界　按寰宇記此卷久闕據方輿勝覽八乃入之誤○漢書何劭所封於此　按漢時無何劭據晉書何劭傳劭係何曾之子曾封朗陵公劭嗣其封

此處漢字乃晉字之誤

沅水　水經元出牂牁旦蘭縣爲傍溝水　按據水經三十七元當作沅水旦當作且

德山　水經注云沅水東歷枉渚潛東有枉山　按水經注作沅水又東歷小灣謂之枉渚渚東里許便得枉人山紀勝蓋節引其文潛當作渚枉下當有人字

桃源　使武陵得而至焉則已化爲爭奪之場久矣　按方輿勝覽武陵作太守是也

蠡湖　傳范蠡曾遊故名　張氏鑑云傳上當有相

字

北亭　武陵北亭記云郡北有短亭繇舊也亭孤其名地藏其勝劉禹錫有記　按據夢得集此數語即其所撰紀勝下文碑記門武陵北亭記注云劉禹錫撰此處有記二字亦當作撰

景物下

崇雅寺　齊高章王守郡以伍氏崇雅可崇遂啓武帝　張氏鑑云高當作豫上崇字當作高　按齊豫章王嶷曾官荊州刺史武陵雖屬荊州然豫章王究未嘗守郡俟考

滄浪水　圖經在龍陽縣二十里　按據方輿勝覽所引寰宇記及方輿紀要十八縣下當有西字

石英渠　按張氏鑑謂石英乃右史之誤是也說詳下文古迹右史渠

虎齒山　民嘗六月祭之不然卽有虎害　張氏鑑云嘗當作常

丹砂井　因泉入井　按據上文此係抱朴子之語今考抱朴子一十泉下有漸字是也

靈芝觀　有女道士於此伏氣　張氏鑑云伏當作服

蟠桃巷　得大果九枚莫識其名引漢武內傳及博物志皆以爲蟠桃　張氏鑑云引當作考

桃源山　詳見桃源避秦下文有桃源萬壽宮　按桃源避秦已見風俗形勝桃源萬壽宮亦見上文此句文字當是又字之譌

古迹

右史渠　張氏鑑云前石英渠卽此右史渠以字畫仿彿而重出書之訛謬如此　按石英渠注引輿宇記此注引溫造本傳所記皆溫造開渠事造自起居舍人出守朗州唐時起居舍人有右史之稱

石英顯係石炭之誤當從張說

𣲷公泉　甘泉不洗天崖根　按據方輿勝覽崖乃涯之誤

張顛墨池　龍陽淨照寺有小池張旭學書於此　按據方輿勝覽他乃池之誤

官吏

蜀羅憲　後晉拜憲爲武陵太守　按憲雖曾仕蜀漢其官武陵則在晉時蜀當作晉此條當移下文吳鍾離牧之後

隸瓌　瓌歷朗歙二州刺史事見徽州人物門　按

唐之歙州卽朱之徽州紀勝徽州官吏上蘇環注

有家之按語述及環官朗州此處徵字乃徽字之

誤人物乃官吏之誤

武陵尉廳有教子齋謂介爲沅江令似有子

同 張氏鑑云謂上疑脫圖經一字 按上文景

物下教子齋注云先是唐質肅公介任武陵尉日

闢是齋以教子與此注正合下文碑記門有圖經

職蒞躬所據

黃岸 知縣——賊爲賊所殺 張氏鑑云二賊

上〻字衍

姚孳　鄉有虎孳禱諸社諭以文　按禱乃禱之誤

人物

善卷　按善卷舜時人善上當補虞字

三閭大夫　按三上當補楚字○以五月五日由黔中投汨羅蓋始於此　按始當作死

田强　按强係漢人田上當有漢字

吳潘濬　卽遣濬以五千人往　按據上文此句係通鑑之語今考通鑑遺作遣是也

梁伍安貧　又撰晉黃門沅川記　張氏鑑云此句疑有脫誤

皇朝柳拱辰　遂爲武陵之青陵人年六十即有掛冠之志創亭於青陵館　按上文景物下淸陵館注引寰宇記云在武陵縣下文碑記門亦　淸陵館碑此處兩青字皆當作淸

仙釋

黃恭　按注引神仙傳今考神仙傳卷十恭作敬今作恭者避翼祖諱後凡改黃敬爲黃恭者仿此○遷道中嶽　按神仙傳遷道作復入

瞿柏庭　吾將蹈蒼海　按據下文此條本於温造所記今考全唐文七百三十載温造瞿童述蒼作滄是

也

澈上人　獨吾與晝公能備衆體晝公後澈公承之

按據上文此數語係劉禹錫澈上人文集紀今考夢得本集吾與作吳興是也

碑記

唐梁山廟二碑　抄本碑目脫二碑兩字○唐元和四年董侹撰陽山廟碑　碑目侹作挺○唐太和九年　抄本碑目大作太○不知後漢書載崧征蠻歸死洛陽　抄本碑目歸作婦誤

赤山廟碑　天寶六年　碑目年作載抄本作年　按天

寶三年即改年爲載作載者是也

沈公臺碑　按約傳未嘗令沅南也　碑目也作云　抄本誤作也

淸陵館碑　有古碑漫滅不可讀　碑目古作石　抄本作古

桃源行　係之以詩曰　按據上文此係容齋三筆之語今考三筆卷十係作系○願言躡輕風高舉尋吾契　抄本碑目言作吉契作芽誤○按宋書傳云、按三筆傳上有本字○不復肯仕　碑目仕作出　抄本作仕　按三筆作仕○然余竊意桃源之事按三筆余作予○乃寓意於劉裕而秦借以爲諭耳　張氏鑑云秦借似當作借秦　按碑目正作借秦諭作喻抄本與紀勝同與張說合然考三筆而作託之於諭作喻語意尤備當從之

桃源石文　建炎三年鼎州桃源洞石澗有文似天書　碑目澗作泐是也抄本作澗○無爲大道天知人情　碑目大作不是也抄本作大○心言意語鬼聞人聲　抄本碑目語字係空格

賽陽山文　集古錄云唐劉端夫禱陽山文凡五首　抄本碑目首作脊誤○以太和九年立　碑目

太作大抄本作太

詩

武溪控扼五溪徭　張氏鑑云武溪似當作武陵

按方輿勝覽正作陵張說是也

桃源詩

桃源滿溪水似鏡塵心如垢洗不去　張氏鑑云去

字疑誤　按據下文此二句係劉禹錫桃源行今

考本集此二句上係翻然恐失鄉縣處一息不肯

桃源住紀勝節去二句遂若不叶韻耳

武陵風景都然改谷口桃花鎮長在　張氏鑑云都

然字似有誤
多是黃郎漏消息　張氏鑑云黃疑當作漁　按陶淵明所記入桃源之漁人據方輿勝覽所引伍安貧武陵記及淵明所作搜神後記漁人姓黃名道眞此句黃字不誤不必改爲漁也

卷六十九　岳州

州沿革

已上見岳陽志　張氏鑑云已當作以

春秋麇子羅子之國　按麇當作麕說詳下文古迹門麇子西城

地歸板圖　張氏鑑云板當作版

縣沿革

臨湘縣　後唐淸泰中　按後唐末帝年係淸泰此處秦字乃泰字之誤

風俗形勝

雲在江之南北江北爲雲江南爲夢是二澤也明矣　張氏鑑云雲在句疑有誤　按在上當有

景物上

西水　亦謂｜｜　按方輿勝覽九二十亦謂作謂之是也

柳井　俗謂之柳毅穴　一統志二百二十七穴作井

石門　燕公張說詩序云石門黑山二山相連　按下文墨山注云見石門下則此句黑山當作墨山上文風俗形勝門亦引張說詩序云石墨二山相連是其明證

墨溪　按此條脫去注文

鏡石　黃金浦有白石　一統志浦下有中字

禹山　帝禹濬川　一統志作禹濬川時○實登其巔　一統志實作嘗

羅洲　湘水山水記　張氏鑑云水疑州之誤

天池　有巨石中竅　一統志竅作竅而邃可以輿馬往來　一統志無以字來作返

鳴山　在君山履之鏗然　張氏鑑云山下疑當有旁字

三湘　起自汝蔡乾于三湘　按據上文此係元和郡縣志之語今考元和志二十七乾作訖是也

景物下

山水郡　文苑英華陶雍送徐史君赴岳州詩　按方輿勝覽史作使是也

洞庭郡　張說集諸人送杜承詩寄言———何得

子爲名　張氏鑑云諸上當有輿字

酒香山　苟殺臣臣亦不死已死酒亦無驗　張氏鑑云已似當作臣

大寨石　一統志寨作砦下同

小寨石　在平江石牛之五里　一統志江下有縣字之作山側○小者可容數千人　一統志無數字

三江口　元和郡縣志云岷江爲西江澧江爲中江洲湘江爲南江　按元和志澧作灃州作湖

四望亭　此據內城之首　張氏鑑云此當作地

昌江山　有石壇芙蓉池金線洞飛仙石溫泉山有別出凡五　一統志泉下有岩字有作名之

匾橋州　州內客山高主人隱伏不甚利土人而僑居多興葺者　按主人當作主山

龍窖山　山實峻極　一統志山實作其山○山徭居之　一統志徭作猺

石龍洞　中有石伏龍實吐乳泉　一統志龍上有如字無實字○注于龍窖之溪　一統志無之字

永霄山　其端沃衍可耕　一統志端作巔○斷戈朽鏃時出于土　一統志作土中時得斷戈朽鏃

古跡

麋子東城　按麋當依一統志作麇說詳下文

麋子西城　春秋昭王使由于城麋　一統志作王使王孫由于所築　按據左氏春秋定五年傳麋當作麇

劉備城　華容大荆湖尾　一統志容下有縣字○俗傳是劉備中軍寨　一統志寨作砦

靈妃廟　按此條脫去注文

蜀劉巴墓　諸葛薦於蜀　按據三國志劉巴傳葛下當有亮字○巴先主即位凡諸文誥策命皆巴

作　按上巴字當作蜀○後卒葬岳陽後人因岳陽爲巴陵　張氏鑑云因下似當有謂字

官吏

魯肅　按肅雖孫吳之臣然其屯兵巴邱仍係東漢建安末年之事魯上當補漢字

萬彧　按彧及陸顗皆吳人萬上當補吳字

陶侃　按侃係晉人陶上當補晉

張說　按自說至韓注皆唐人張上當補唐字

王旦　按旦及王端皆宋人王上當補國朝二字

人物

胡廣　按廣係漢人胡上當補漢字

鄭田　按自田至鄭谷皆唐人鄭上當補唐字

黃誥　按誥及李平西皆宋人黃上當補國朝二字

○內供奉甘承立收買板木甘遣二卒勾典押

按下甘字係衍文○有欲拘商旅物貨至堆垛場

万許交易　張氏鑑云貸似當作貨

仙釋

呂洞賓　唐禮侍渭之孫生子瀼瀼終海州刺史

張氏鑑云洞賓之父名讓生子瀼瀼當作渭生子

讓讓　按改讓爲瀼者避濮安懿王諱後凡改呂

讓爲呂瀼者仿此○袖有青蛇瞻氣麄　按方輿勝覽瞻作膽是也○同聞之撫然大笑而別　按方輿勝覽撫作憮是也

碑記

石壁篆文　壁有篆文夏禹治水嘗至於此　抄本碑目壁字水字俱係空格

君山神祠堂記　桂陽丞陳玠書　抄本陽作賜誤丞陳玠三字皆空格

江心小石詩　竣室圍青草龍堆擁白沙　抄本碑目龍作蘿　按據下文此係杜工部詩今考杜集

亦作龍龍與蛟相對作蘿者誤　江蟠古木

抄本碑目蟠字係空格○迎棹舞神鴉　碑目鴉

作雅　按杜集作鴉○破浪南風正收帆畏日斜

張氏鑑云南字畏字須校　按杜集與此正同

畏日卽用左傳夏日可畏之語非有誤也○雲山

千萬疊　抄本碑目雲作云千作十誤○此老杜

過洞庭湖詩也　抄本碑目湖作湘誤

夏侯宋客墓碑　碑目客作容下同抄本作客

慕阜山記　高于平地二千八百丈　抄本碑目八

百作百八十誤

詩上

唐詩紀事云崔櫓春晚岳陽城言懷　張氏鑑云古字係衍文

詩下

彭浚明詩　張氏鑑云浚當作浚

岳陽樓詩

朔漢暖鳥去瀟湘春水來唐杜牧詩　張氏鑑云漢暖二字有誤　按方輿勝覽漢作漠鳥作鴻是也

雁引愁心去山御好日來李白登岳陽樓　按據太白集御當作銜日當作月

洞庭湖青草湖詩

釣車子掘頭船樂在風波不用仙李文饒集紀元眞子張志和漁歌[illegible]

張氏鑑云掘當作橛

君山詩

千頃水紋細一拳嵐影孤君山寒樹綠曾過洞庭湖

羸得高秋[illegible]洞庭　按羸當作贏

錢起功江行　張氏鑑云功字係衍文

胡寅詩祖龍攸豫亦荒哉　按攸當作游

卷七十　澧州

州沿革

而元和郡縣志云秦兼天下屬黔中郡又改黔中武陵郡　按元和志此卷久闕今考紀勝下文云似以武陵郡名改於秦時疑此引元和志武上脫去爲字

縣沿革

澧陽縣　水經云晉太康四年置　按此水經注二十七之語經下當補注字

慈利縣　按據元豐九域志卷六輿地廣記二十七縣下當注下字方與他縣一例

風俗形勝

風俗夷僚　按方輿勝覽十三僚作獠是也

景物上

竹城　建炎紹興之擾　一統志二百三十一作澧州當

建炎之擾○州嘗寄治于仙明湖之南岸　一統

志無州字明湖作䀹洲

蘭浦　劉禹錫寄澧州元郎中詩北望長吟澧有蘭

又記芷江一一恨無梁　按據下文詩門所引此

處記字乃詩字之誤

花石　在慈利縣武口寨　一統志在作出寨作砦

澧澹　屹瞰郡治並爲彭山蓋澧郡之所瞻也　張

氏鑑云瞻似當作瞻　按此與泰山巖巖魯邦所瞻同義張說是也

湯泉　一在義鎮寨之南　一統志寨作砦○一在縣南澧鼎界上湯口市　一統志鼎在澧上

石洞　名崖寺石洞洞中有石崖十餘　一統志名作石無石洞二字[redacted]下有所字

珮浦　見蘭溪下　按上文蘭江注云楚辭云捐余珮兮澧浦因稱珮浦此句溪字當是江字之誤

景物下

明月池　李羣玉遊息之地也　一統志地也作所

東陽潭　皆珍品也　一統志無也字
九女閉　見石穴深遂相與覩之　按遂當作邃
看花山　在宋王城　按王當作玉說詳下文古迹
門宋王城
白公城　相傳以爲白公城　一統志作相傳楚白
公所築
白抵城　建炎間土寇廖彥據此爲城　一統志作
建炎中廖彥居此
石龜市　其形似龜　一統志似作如○歲首封羊
以祭　一統志歲上有居人二字○潤則豐　一

統志作石潤則年豐

燕子巖　可坐數十餘人　一統志作可容數千人○巖後有穴　一統志穴上有石字○秉炬其中　一統志其中作而入○中有石燕子　一統志作中有石如燕形

龍潭寺　唐崇信禪師樓止之所　按樓當作棲

馬渦洞　其石玉碧　張氏鑑云玉碧當作如碧玉

雷公洞　則其中隱隱有如雷　一統志作則其中殷殷有雷聲

古迹

古松州城　在澧陽縣　南村　一統志大作太

宋王城　一統志王作玉　按方輿紀要七十七亦作玉是也○有宋王廟有銅昏堰　一統志有上有內字王作玉下有字作及○令畝收三十鍾　一統志鍾作種

申明公城　寰宇記在澧陽縣皆楚大夫邑於郡地　張氏鑑云皆字疑衍　按寰宇記此卷久闕然以文義考之不當有皆字

謝晦墓　晦爲荆州都督　一統志作晦刺史荆州

○過此　一統志作嘗過黃山

官吏

晉應詹　按上文劉洪上已有晉字此句晉字係衍文

梁胡僧佑　按據梁書南史胡僧祐傳及通鑑佑當作祐

崔瓘　元次山集云公在澧州歌頌之聲聞于朝廷以褒異之　按次山集崔潭州表在上有前字歌作謠聞作達以褒異之作褒異之詔與時爲程

國朝黃琮葉畬　後贈兩官與一子恩澤畬與恩澤

一資　按贈上當有琮之

人物

白善將軍　按善及申鳴皆楚人白上當補楚字○楚人名之曰|||藥園今其祀在州東藥園寺　按方輿勝覽祀作地是也

車武子　按武子晉人車上當補晉字　又按稱車允爲車武子者避太祖諱後凡稱車允爲車武子者倣此

李羣玉　按羣玉唐人李上當補唐字

仙釋

黃道沖范靈隱　卽火假跨雙鶴從空而去火假壇

洗丹池在焉　張氏鑑云二假字似皆當作鍜

太津　來淳元年振錫南海與唐使者相逐　按永

淳係唐高宗年號此處來字乃永字之誤

碑記

慈雲禪寺碑　斷碑尚存　抄本碑目存作在

藥山牛欄八字古牌　碑目牌作碑是也○不知歲

月刻石藥山　抄本碑目石作在

柿木成文太平字　言行錄富弼言澧州｜｜｜｜

有｜｜｜公言今四海騷然未見太平之象請不

宣示于外　鈔本碑目勝示于外三字　車氏持謙云按此條碑記均無涉不知何以錄入

詩

芝江蘭浦恨無梁　按上文景物上蘭浦注引此句芝作芷云芷江謂朗州此處芝字乃芷字之誤

夷音語嘲哳戀態笑睢盱　白樂天自韻詩　按香山集自作百是也

秦樹有殘蟬澧浦將歸客　唐李朝士李壽朋送翟玉歸別業　按上李字當在翟字上

讀書謂翟玉探藥思浮邱況得子厚語謂冠南漢州

樓鑰 按輿勝覽上謂字作記南漢作漢南是也

輿地紀勝校勘記卷十五終

輿地紀勝校勘記卷十六 荆湖北路

卷七十一 沅州

州沿革

武帝始開西南夷置牂柯郡 張氏鑑云柯當作牁下同

天授三年風俗使石肅政侍御史席元明奏巫州不在州界改爲沅州事見寰宇記通典同 按寰宇記此卷久闕通典一百八十三叙改州名事在天授三年而無風俗使以下今考新舊唐書職官志石當作右右肅政即右御史臺也

縣沿革

麻陽縣　按據元豐九域志卷六輿地廣記二十八縣下當注下字方與他縣一例

黔陽縣　按據元豐九域志輿地廣記縣下亦當注下字方與他縣一例

風俗形勝

牂柯武陵二縣之交　按上文州沿革云改爲武陵郡又云置牂柯此處縣字乃郡字之誤

景物下

莫徭　有夷遙或名||自云先祖有功常免徭役

隋志　按隋書地理志徭遥作蜒或名作名曰先上有其字

硃砂　麻陽縣之獎波晃之三州有萬山一井□□□□□□□□□　張氏鑑云井下原闕

景物下

欺阿崖　寰宇記云望之如積雪故名　按寰宇記此卷久闕以文義考之欺阿似當作欺雪

安江寨　按此條脫去注文

羅公山　每夜陰霾晝有物如明月游水上　按晝與夜當上下互易

古迹

唐明皇御像　舊傳涿州觀冬賜一軀　按冬乃各之誤

槃瓠子孫　有猪狑據獠不狠聚落其名皆犬屬　張氏鑑云猪狑據獠後靖州形勝引圖經作犵狑犵獠　按方輿勝覽三十作猪狑獴獠今考於字爲字書所無當是狑字之誤狑卽狑之俗體據字非犬屬當是獴字之誤

向崇班廟　并於江安寨立廟於表　張氏鑑云江安當作安江　按上文景物下有安江寨張說是

也　又按於表當作旌表○可特贈｜｜｜
按上文云勑賜內殿崇班此句贈下之｜｜當作
內殿
宮吏
張建侯　按自建侯以下皆宋人張上當補國朝二
字
汪長源　及藺石渠荅之類無所不備　按藺當作
藺藺石渠荅皆見漢書鼂錯傳藺石即擂石渠荅
即鐵蒺藜皆守城所用也
万俟卨　召土豪集丁壯以守城食盡引去　按上

文云曹成掠湖西此處城字乃成字之誤

詩

詩　按此卷官吏後無人物仙釋碑記三門詩後亦無四六蓋沅州在宋時爲新闢之區王氏採訪未備故從闕如非脫簡也後凡他卷似此者當以此意求之

路到龍棲處陰森覺有靈山腰過雲黑石眼出泉腥　陶弼題武溪龍書廟壁　按書疑棲之誤

卷七十二　靖州

州沿革

置牂柯郡　按方輿勝覽三十一柯作牁

唐爲夷播敘二州之地　按元和郡縣志三十夷州播州敘州皆在江南道屬黔州觀察使紀勝二字乃三字之誤

縣沿革

會同縣　按此縣崇寧二年始置故元豐九域志卷六荆湖北路未載此縣輿地廣記二十八雖載此縣亦未注緊望中下等字下文通道縣仿此○在州□□□□□里　按據方輿紀要八十二州下當有東北百三字所餘二空格俟考○地理志云本三江

寨崇寧二年置縣陽名　按陽當作賜

通道縣　在州□□□□里　按據方輿紀要州下當有南百二字所餘三空格俟考

風俗形勝

漢牂柯武陵之間　按方輿勝覽柯作牁

尚有犵狑犵獠之號　按方輿勝覽犵狑作狤狑

景物上

金井　然寶之所生皆有礦石以為之牆壁而礦取其中善取者乃得其眞礦　按方輿勝覽上取字作在是也

景物下

九疊山　九峰相次　一統志二百三十三次下有故名二字

多星江　在通道縣津渡門　張氏鑑云門當作口

金城保　在貫堡塞　張氏鑑云保亦當作堡

古迹

唐銅鍾　延壽寺在飛山之陽蓋唐之寺故基也

按寺之當作之寺

碑記

唐久視中古碑　詳見鑿字溪下　抄本碑目詳字

係空格

卷七十三 峽州

州沿革

劉備沒後宜都武陵零陵南郡四郡之地悉復屬矣　按據上文此數句係晉志之語今考晉書地理志矣作吳是也

帝遣羊祜出江陵　按據上文此係通鑑之語今考通鑑祜作祜是也

西魏改爲託州隋地理志　按隋地理志託作拓寰宇記一百四十七云蓋取開拓之意紀勝託字乃拓字之誤

後周以地扼三峽之險改託爲硤元和郡縣志與通典同　按

元和志此卷久闕今考通典託作拓硤作峽是也

下文象之按語引元和志云周武帝以州居三峽

之口因改名峽州則在周已從山矣此硤當作峽

之明證

縣沿革

夷陵縣　按據元豐九域志卷六輿地廣記二十七縣下

當注中字方與他縣一例○西魏改爲託州　按

據上文此條係舊唐志之語今考舊唐書地理志

西作後託作柘柘葢拓之誤說詳上文州沿革

宜都縣　元和郡縣志云漢武開西南夷曰此故曰

夷道縣　張氏鑑云日比日字似當作由○舊唐

志云隋改宜昌屬荆州武德二年置江州鎭宜昌

一縣尋改爲宜都郡　按舊唐書地理志改下有

爲字三作二鎭作領無郡字

風俗形勝

吳志陸遜上疏夷陵要害實國家之關限　按吳志

陸遜傳無實字國字○若失之非損一郡荆州亦

可憂也　按吳志作若有不守非但失一郡則荆

州非吳有也

西陵建平國之蕃表陸遜　按據吳志陸抗傳此二句乃抗疏中語紀勝下文引通鑑陸抗疏亦有此二句則遜字必抗字之誤

西陵之勝景三亭曰至喜樓曰楚塞洞曰三游張孝祥辭　按據方輿勝覽二十九　辭當作記

距三峽之口介重湖之尾郭見義三游洞辭　按據方輿勝覽辭當作記

景物上

巴山　唐置峽州丨丨塞　張氏鑑云塞似當作寨

清溪　在安遠縣四百步　按據上文縣沿革安遠

當作遠安　又按據寰宇記方輿紀要七十四上八

當有南字

景物下

馬鞍山　在夷陵縣六十里　按據方輿紀要六當

作三縣下當有西北二字

鹿溪山　在遠安縣西六里鹿苑寺之側　一統志

二百十四無之字

三游洞　樂天序而記見三游序　按據樂天集記

當作紀之游下當有洞字

蘭亭洞　在遠安縣十里　張氏鑑云縣下有脫字

石鼻山　其山隔大江五百餘仭　一統志二百五十九

上有高字○中有石橫六七十丈　一統志橫下有亘字

明月峽　倚江于崖面白如月　一統志于作面面作石

滄茫溪　靑如玻瓈　一統志二百十四瓈作璃

仙居洞　在遠安縣　一統志縣下有南六十里四字○卽鬼谷子所隱　一統志所隱作隱處

下牢鎭　元和郡縣志云在夷陵縣二十八里　按元和志此卷久闕據嚴氏補志縣下當有西字

古迹

廢巴山縣　舊唐志隋元和志廢狼山縣遂置巴山縣開皇五年置巴山縣　按元和志此卷久闕舊唐書地理志作隋分很山縣置巴山縣

故很山縣城　寰宇記云隋開皇九年廢今基在縣西六十里　張氏鑑云據寰宇記很當作佷縣上當有長陽二字

史君灘　迎劉史君入蜀　張氏鑑云兩史字皆當作使

官吏

張飛　按張上當補漢字

許紹　按自紹至李涉皆唐人許上當補唐字○銑又具大艦遡江略巴蜀遣其子仁智追戰于西陵覆其兵悉獲戰艦　按據新舊唐書許紹傳遣上當有紹字

歐陽修　按自修至楊冏庭皆宋人歐上當補國朝二字

解潛　建炎四年爲荆南府歸峽州荆門軍公安軍鎮德使　按鎮德當是鎮撫之誤

人物

李景威　按景威係五代時南平高氏國人　上當補五代二字○命王仁瞻厚卹其家　東都事略及宋史瞻當作贍

何參　按自參至向氏女皆宋人何上當補國朝二字

張商英　盜鍾相劉超等過公墓轉相禁戒拜酹而去　按酹乃醉之誤

胡勉　鍾相徒至長陽　張氏鑑云徒上當有之字

向氏女　按注云向之子後誘賊醉而殺之以復母之讎此句女字疑母字之誤○人見其白乳白吭

流踵　按下白字當作自

碑記

廢波陽觀碑　碑目波作汝　按注引寰宇記云在遠安縣梁大通五年荆州刺史湘東王繹碑今考寰宇記無此條俟考

李刺史墓碑　在廢很山縣南　碑目很作佷下同抄本作狠誤○墓前有碑篆蓋云南郡太守李己酉墓碑目己酉作巴西

曹王皋墓　｜｜｜爲江陵節度　碑目度下有使字抄本無

李冢石碑　抄本碑目冢作家○荊州記云縣長南陽張朔撰　抄本碑目朔作翔○鈌落不可辯

抄本碑目不作亦誤

李將軍墓經幢　高氏納土　抄本碑目土作士誤

○子孫因家墓傍　碑目傍作旁抄本作傍

詩上

山隨平野盡水入大江流李白　按太白集水作江江作荒是也

詩下

江水流清漳猿聲在碧霄　張氏鑑云清漳當作青

嶂

時節同荊楚民風載楚謡歐詩 張氏鑑云上楚字當作俗

昔宫西陵江峽間野花紅紫多闌斑歐詩 按歐集闌作爛是也

楚塞樓詩

史君重倣最高樓 張氏鑑云史當作使

楚國封疆六千里荊門巖巒十二碚□□□ 張氏鑑云人名原闕

四十六

荆楚倚爲根抵　按方輿勝覽抵作柢是也

卷七十四　歸州

州沿革

元和郡縣志云又樂譚曰昔歸典樂叶聲律注曰歸卽夔　張氏鑑云譚似當作緯

秦白起攻楚拔郢遂屬南郡昭襄王二襄元年　按白起拔郢事據史記秦本紀在昭襄王二十九年此注襄元二二字當是十九之誤

孫權以劉璋爲益州牧住秭歸此據華陽國志在建炎二十四年

按炎乃安之誤建安乃漢愍帝年號建炎則宋高

宗年號也

晉武咸寧四年領改都尉爲郡於吳晉各有建平郡

按據上文此數句係宋志之語今考宋書地理

志武下有帝字無領字於下有是字

縣沿革

秭歸縣　唐武德置歸州　按據上文此係舊唐志

之語今考舊唐書地理志唐武德作武德二年

風俗形勝

三國志晉將王濬自蜀沿江伐吳守將吳彥表皓曰

張氏鑑云下吳字當作吾

景物上

吒溪　一統志二百五十九吒作叱下同　按方輿勝覽五十八作吒方輿紀要七十八作叱下同○在雷鳴洞之南　一統志在作謂之叱溪○分三吒　一統志作分爲三叱○官槽口　一統志槽作漕　按下文新灘注兩言官槽則此句當作官槽方輿勝覽亦作槽○黃石口　一統志石作牛　按方輿紀要同

女布　後漢書云盛洪之荆州記曰　張氏鑑云書下當有注字

金[氵鄉]　張氏鑑云[氵鄉]字疑誤

景物下

水月院　院有水池　一統志無水字

三游洞　一統志游作遊○三人同游　一統志同游作遊此

鎖水頭　爲鐵鎖横斷江面得名　一統志面作路得名作即此

空舲峽　舲中載物盡悉下　一統志載上有所字盡作必

覆磬山　一統志磬山作罄灘

石門寨　統志寨作砦○其鄉民作木梯經由一統志民作人○則斫斷木梯　一統志作則斫斷之

石門山　走逕北門　按據上文此係寰宇記之語今考寰宇記一百四十八作退經此門

雷鳴洞　聲若雷鳴　一統志鳴下有故名二字

白狗峽　隱出白石如狗形其足故名　按據上文此句係荆州記水經注之語今考水經注七十四作石隱起有狗形形狀具足故以狗名

古迹

回鶻營　在郡西之二里　按之當在西上

向王山　山傍有鐵槍頭長數丈　一統志無山字

淸烈公廟　晏公類要云三閭大夫祠在秭歸縣在州東五里卽屈原之故宅也　張氏鑑云下在字似當作今

明妃廟　本縣人王攘之女也　張氏鑑云據琴操攘當作襄據世說注引琴操攘當作穰

官吏

蜀李嚴　按上文羅憲上已有蜀字此句蜀字係衍文

寇準　按自準以下皆宋人寇上當補國朝二字

趙誠　象之切謂贊山塹江流　按上文云贊唐山崩蜀江斷流此句　下當有唐字　又按切當作竊○皆趙史君誠之功　張氏鑑云史當作使

人物

屈伯庸　按伯庸至宋玉皆[illegible]人屈上當補楚字

屈原　與王圖議政事王　按據史記屈原列傳珍當作任

唐譚伯亮　臨歿聚其親書曰　按書乃舊之誤

譚述　按自述以下除李景威外餘皆宋人譚上當

補國朝二字

李景威　按景威係五代時南平高氏國人未嘗仕宋李上當補五代二字此條當移上文譚進之上

仙釋

僧道琮　號清散和尙張無盡鄒道卿龔彥和張才叔皆爲之序云　按鄒浩字道鄉與張無盡等同時此處卿字乃鄉字之誤

碑記

古松枝碑　相傳云昭君祖塚碑　碑目塚作冢抄本作塚

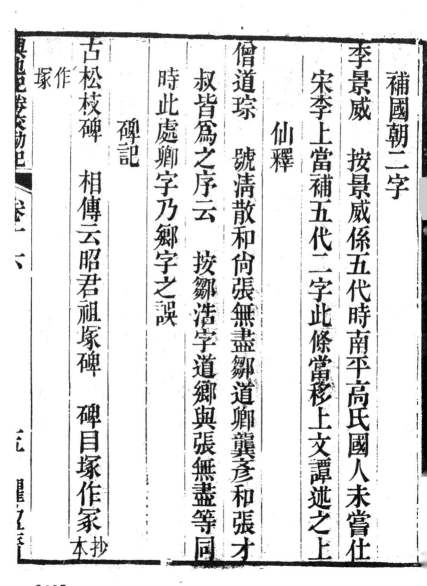

唐黃魔神廟記　夢神將祐助公出　抄本碑目將祐作蔣佑　按上文古跡門紫極宮黃魔神注云將祐助明公出于此境抄本碑目非也○乾符丁巳　抄本碑目巳作酉　按乾符係唐僖宗年號有丁酉無丁巳丁酉係乾符四年抄本碑目是也○司戶袁循記　抄本碑目循作婚誤○及張無盡正訛碑　抄本碑目訛作詭誤

混元皇帝像　天寶元年劉守瑫刻之石　抄本碑目瑫作滔

唐元皇帝像及唐銅鐘　歸州刺史董寄生所造銅

鐘重十斤　碑目十作千抄本作十　按上文景物下龍興觀注叙此事亦作千碑目是也

懷忠堂記　謂戰國詎今　碑目詎作距是也抄本作詎○如宋玉則止於辨　抄本碑目辨作辯○梁悚則悼騷而已　碑目悚作竦則下有止于二字抄本悚作宋無止于二字　按據後漢書梁竦傳竦嘗作悼騷當以竦字爲是作悚作宋者皆誤○蔣槩有三游洞記與周茂叔俱游則處交必端矣　碑目交作友抄本矣下有六空格

總歸州詩

況經宋玉愁秋處不特秋悲冬亦悲　張氏鑑云愁
當作悲

東都男兒得湘纍西舍女兒生漢妃城郭如村莫相
笑人家閥閱似渠稀范成大　按都乃鄰之誤

秦地昔聞償六里楚人今尚祀三閭關中屈大夫詩　張氏
鑑云關中疑有脫誤

身乘華輅思熊繹　張氏鑑云輅當作路

大家齊拭自看我過龍門　張氏鑑云自當作目
按方輿勝覽正作目張說是也

秭歸通遠徼巫峽注驚波韋應別譚孝廉　張氏鑑云應下

當有物字

巴東詩

澶淵一斷奇功業句在孤舟野水王十朋　按方輿勝覽斷作段是也

興山詩

隋煬帝在維陽　張氏鑑云陽當作揚

羣山萬壑赴荊門生長明妃尚一村一去紫臺連朔漠獨留青塚向黃昏杜甫古迹　張氏鑑云上一字當作有　按杜工部集及方輿勝覽皆作有張說是也

誰能殺畫工於事竟何益　按據下文此二句係歐公詩今考歐公集誰作雖是也

可憐羞殺漢廷臣石麖　張氏鑑云麖當作麔下同

四六

四六　按六下當注闕字

卷七十五辰州

州沿革

酉陽西水所出　按西乃酉之誤

置都督府督巫業錦三州舊唐志在景雲二年尋罷舊唐志在開平十七年　按據舊唐志平當作元十上當有二字

除徭人秦再雄爲辰州刺史蠻猺悉皆[illegible]化　張氏

鑑云猺亦當作徭

縣沿革

盧溪縣　舊唐志亦云　武德三年分沅陵縣置

按舊唐志無在字

辰溪縣　隋志云辰溪舊曰張陽　按隋志張作辰

是也○十八年改爲兖州　按隋志兖作充

風俗形勝

諸蠻不由此則商販不通武陵不得此則諸蠻通境

按方輿勝覽三十通境作不通是也

今連甍接棟皆覆以拔竹　按方輿勝覽拔作板是也

景物上

辰溪　有自璧灣灣如半月亦號半月灣　按下文景物下有白璧灣注云亦號半月灣此句自字當是白字之誤

沅水辰水　——在州西南五里——在州西北五里至並合流　張氏鑑云並當作州

景物下

磨嵯山□□□□　按此條脫去注文

壺頭山　在沅陵縣百三十里　按據元和郡縣志三十方輿紀要八十一縣下當有東字

楠木洞　在敘浦縣二十里　按據方輿紀要縣下當有北字

景星寺　唐高宗東討景星見南方因令天下置寺以景星爲名　按以新舊唐書考之高宗以乾封元年東封此處討字必封字之誤蓋當日以景星爲東封之瑞與東討無涉也

古迹

酉陽縣　九域在巫陽古城下註曰漢書地理志武

陵郡有｜｜｜　張氏鑑云域下當有志字

黔中故城　元和郡縣志云秦在沅陵縣西三里

按據元和志秦下當有黔中故郡四字三當作二

十

車靈故城　靈則吳之叛臣　方輿紀要八十一作靈

吳叛臣也○後爲吳將鍾離牧殺之　方輿紀要

作吳將鍾離牧討殺之城址尙存○見元和郡縣

志云　按云字係衍文

槃瓠跡　輿地廣記曰盧溪縣源石上有｜｜｜猶

存　按據輿地廣記二十八源上當有武溪二字

又按輿地廣記槃作磐○磐瓠者　按輿地廣記
磐作盤今考後漢書南蠻傳作槃當以槃爲正字
槃瓠石窟　元和郡縣志云盧水在盧溪縣西二百
五十里卽武陵所出　按元和志陵作溪是也

官吏

王翃　按翃及温造皆唐人王上當補唐字
温造　事見仙釋瞿栢庭下註　按下文仙釋門瞿
栢庭注無温造事惟常德府仙釋門瞿栢庭注云
事見温造記此處疑有脱誤
張綸　按自綸以下皆宋人張上當補國朝二字○

後蠻爲辰澧沿邊安撫諭蠻酋使脩貢　張氏鑑云蠻爲字疑有誤　按據方輿勝覽蠻當作擢

碑記

景星寺碑　寺有盧藏用所撰寺碑猶存　碑目盧作盧是也

義蓮塘石刻　溆浦紅旗石壁間　抄本碑目溆作敘

詩

入溆浦而邅迴　離騷　張氏鑑云前景物門溆水注而作余　按景物門迴下仍有兮字以離騷考之當

從景物門爲是

李白以詩送之云云我亦將心寄明月從君直到夜郎西　張氏鑑云前沅州詩門將心作甘心從作隨　按太白集亦將作寄愁寄作與從君作隨風

外人初說歌奴病　按據注此句乃王盧溪詩今考桯史二十二歌作哥葢哥奴乃李林甫小字盧溪借以比秦檜也○程史云　按程史乃岳珂所著程當作桯

書陰疑雨後久冷覺秋先　張氏鑑云書當作晝

栽培新法自山公陶弼　張氏鑑云此下原闕數行

輿地紀勝校勘記卷十六終

輿地紀勝校勘記卷十七　荆湖北路

卷七十六　復州

州沿革

隋改復爲沔州　元和郡縣志在大業三年　按據元和志二十一復下當有州字

縣沿革

玉沙縣　在州口口口口里　按所空四格據方輿紀要七十七當是西南五十四字

景物上

夢野　一統志二百十二野下有亭字○作于子城西南

隅　一統志作在縣子城西南隅一目而盡雲夢之野

鴻軒　右史張文潛謫居景陵日所創　一統志作張耒謫居日所搆

景物下

三色檜　通判丁諷有歌見後又揭金字牌其上刻日圖進神靈老柏徽宗皇帝之所賜也張文潛詩云處處歲寒物生爲千歲身柯條雖自異臭味本相親下有詩云亭亭古柏不知年天寶以前耆舊傳　張氏鑑云下有至舊傳當在張文潛之上蓋

亭亭二句卽丁諷之歌也

三陽湖　故曰三陽　一統志故曰作統名

七里沔　卽屈原逢漁父與言濯纓鼓枻而去卽此也　張氏鑑云上卽字當作昔

覆釜洲　有州如覆釜　按州當作洲

石渠堰　一統志堰在渠上　按注引唐地理志今考唐志堰亦在渠上○唐地理志云咸通中刺史黄元素開　按唐志黄作董○其流自五花山下

通市水　一統志花作華

天門山　唐鄒夫子別墅在焉　一統志作有鄒夫

子別墅即火門山○後俗忌故曰｜｜｜　一統志作後以俗忌改名

撒花臺　嘗有異花撒焉　一統志嘗作常

龍穴山　近山有龍穴坡　一統志作山旁有龍穴陂上有石脊如龍又有石室二曰前後觀

金雞冢　人傳有金雞鬬其上　一統志二百十二人作相有上有嘗字○黃巢發之　一統志發上有欲字○蛇蝎蠭蠆競起　一統志競作羣

甘魚陂　左傳楚公子北爲王次于魚陂　按據左氏昭十三年傳北當作比

緣波亭　按此條脫去注語

廣惠院　是夕水暴至泰兵悉犇　按上文云苻堅寇襄陽堅之國號爲秦此處泰字必秦字之誤

范溉寺　在玉沙縣西四十里　一統志西下有北字

古跡

陸子泉　舊號文學并謂唐陸羽也　按并當作井○王禹偁詩云甃石封口百尺深　張氏鑑云封下原空一字

皮陸讀書堂　在紫口觀　一統志二百十一口作極○

皮日休陸龜蒙讀書於此　一統志皮上有唐字

官吏

梁韋放　韋睿之子也　按以梁書南史韋叡傳考之睿當作叡

崔訂　韓愈送崔復州序曰崔君之仁足以蘇復人云慶復人將蒙其澤　按方輿勝覽三十一無云字將上有之字澤作休澤也

本朝王彥超　後周爲復州刺史　按周下當有時字　又按彥超雖宋人然其官復州既在後周時則本朝二字當作後周

人物

張徹　公清超邁計口受俸　按口當作日

碑記

會景石　上題唐朝寶史君名　張氏鑑云史當作使

陸文學傳　集古錄唐劉昚鴻書陸羽自叙也　抄本碑目昚作宣○并李陽冰寫眞讚　碑目陽下有冰字　抄本并作並無冰字

龍蓋寺碑　集古錄唐徐元弼撰　抄本碑目弼作[弓禺]誤

詩

游人漢女投珠露野火荆山出獵朝蘇紳　張氏鑑云

露似當作路

四六

惟茲七澤之南實在重湖之右舊號竟陵今稱佳郡

按此條未注人名俟考

卷七十七德安府

府沿革

又曰導兖水至于陪尾　張氏鑑云據禹貢導兖水

當作外方桐柏

縣沿革

孝感縣　按據元豐九域志卷六輿地廣記二十七縣下當注中字○因孝子董黯立名也　一統志二百八無也字○後唐改孝感避廟諱也　一統志作後唐避廟諱改曰孝感

雲夢縣　按據元豐九域志輿地廣記縣下當注中字○紹興七年勑移縣於仵落市紹興十八年復名雲夢　按據方輿紀要七十七仵當作許名當作治

風俗形勝

武德七年改安州爲大都督府督安申隋復沔光黄蔪温　按據舊唐書地理志蔪當作蘄

李白娶安陸人許圉師孫女鄖城志等　張氏鑑云鄖城志等當作見鄖城志

景物上

孔山　元和郡縣志在應山縣　按據元和志二十七山作城唐時應山應城兩縣皆屬安州然孔山自在應城不在應山也

章山　左傳吳自豫章與楚夾漢　一統志二百十三傳下有定公四年四字吳下有伐楚舍舟於淮汭七

字

澴水　出應山縣西雞頭山澴繞山谷因名｜｜｜

按據寰宇記一百三十二　澴繞山谷當作遶山環流　上

三山　在孝感縣西北八十里　一統志二百六作八

一百四〇三峯鼎立故名上有大洪山　一統志

作三峯聯峙一名大洪山

黄堂　滕侯口所建　張氏鑑云侯下原本空一字

景物下

鳳凰山　方輿記云安陸縣東四十里南有鳳凰崗

按據方　勝覽三十一　南當在東下〇又謂之乳

鳳崗　一統志作亦名孔鳳崗

四賢堂　歐陽文忠公表共墓　張氏鑑云共當作其　按方輿勝覽正作其張說是也○從學於二宋　一統志二百十三無於字○相繼登第　一統志第下有世謂八才二宋盛德二連十字○張文潛作四賢堂記　一統志作張耒有記

五桂堂　名曰｜｜｜　一統志名曰作因構

五家山　一統志五作伍[illegible]按下文有伍氏所居之語當以伍字爲是○此山伍氏所居故名　一統志居下有之地二字

七相堂　郡守陸世艮詩曰七相聲名俱屬此尚期他日更添君　一統志作郡守陸世艮建七相者唐郝處俊宋張齊賢寇準宋庠呂大防范純仁蔡確

九嵕山　又名九宗山　一統志二八百　又作一　景物幽趣　一統志趣作勝○蓋不滅長安之九嵕也　一統志無蓋字也字

九寶器　宣和間廣揚村又獻鼎三器　按上文云得古器大小凡六此處又字下亦當有得字

洗腳石　俗傳周世宗微時暫於石上濯足　按暫

疑曾之誤

浮雲　杜牧之題安州丨丨丨樓詩周顯德中毀寺改建黃堂　張氏鑑云題上脫有字

古迹

故蒲騷城　左傳莫敖紐於蒲騷之役鄖人軍於蒲騷是也　按據上文此係元和志引左傳今考左傳及元和志紐作狃是也

江夏城　在雲夢縣一十四里　按據方輿紀要縣下當有北字

堯夫亭　在九嵕山　一統志九上有孝感縣三字

○范公嘗爲郡貳餞蘄春守至此　一統志作范
純仁倅安州嘗餞客於此○題名石刻在寺中
一統志作題名刻石猶存
范公亭　後范致君再寓此讀書　一統志二百十三君
再作堯亦○故名　一統志作因改名焉
郝處俊釣魚臺　在安陸縣石淙村　一統志淙作
漴
諸亮寨　一統志作諸葛砦○在府東羅陂村　一
統志府東作安陸縣○俗稱諸葛亮於此立寨
一統志作舊傳諸葛武侯所立

西湖村　離孝感縣九十里　一統志二百八離作去上有黃陂縣有西湖村七字○俗傳本朝太祖潛龍日　一統志作相傳宋太祖微時○太祖貴時　一統志作及貴

蒲騷廟　今廟中神乃楚武王像　一統志二百十三無今字

昭烈張抃廟　即唐張抃廟　一統志二百八作祀唐將張抃○與張巡許遠雷萬春南霽雲等同守睢陽　一統志陽下有者字○皇朝賜名昭烈廟　一統志作宋賜廟名曰昭烈

令尹子文廟　後遷于縣之艮隅　一統志無子字

○元祐賜忠應廟　按賜下疑脱號字

官吏

朱漢賓　五代崇義二年安州守朱漢賓墓記云　按據五代史朱漢賓傳其官安州在後梁時然崇義年號不但後梁所無即歷朝亦皆未有必誤字也

周知裕　按據五代史周知裕傳其官安州在後唐明宗時周上當補後唐二字

孫甫　以諫議大夫慶歷中知安州　張氏鑑云慶

歷中當在以字之上

陳規　安陸民德公爲廟祀之賜號賢城廟　張氏鑑云城當作誠

人物

楚鬭穀於菟　｜｜｜｜生於邙杜佑通典云安州春秋邙子之國　張氏鑑云邙當作鄖　按以左氏宣四年傳及通典一百八十三考之張說是也

又按據左傳穀當作穀

黄琬　子瓊之孫也　按據後漢書黄琬傳子上當有字字

令狐揆　詣張君之第借書　按下文詩門言令狐揆詣張君房借書此處之字乃房字之誤
宋庠宋祁　宋郊祁母鍾氏　張氏鑑云宋字係衍文郊當作庠　按郊即庠之舊名然上下文皆作庠不應此句獨作郊張說是也○己而公生　按下文云遂生子京今考庠字公序祁字子京此句公字下脱去序字
王得臣　有註和杜詩　按和疑釋之誤
仙釋神異
孟靜素　至唐太宗正觀十七年戸解　按戸乃尸

之誤

仲殊 遂自爲殊蜜 按上文云平生嗜蜜此句自當作目蜜當在殊上

碑記

晉董黯墓碑 在孝感縣北一百三十里 抄本碑目在作石誤

玉碑 麈史云 碑目麈作唐 按下文所載係宋治平中事與唐史無涉麈史乃王得臣所作玉碑事見麈史卷中作唐者非是○昔人因葬發地獲一碑石 碑目發地作地發 抄本作發地

金泉寺唐碑 安陸縣長孫達 所建 碑目無縣字抄本長孫作縣誤

卷七十八 荆門軍

軍沿革

前漢南郡有臨沮當陽編都縣西漢東漢志同 按漢書地理志後漢書郡國志南郡有編縣無編都縣紀勝下文亦云而編乃今長林也此句都字係衍文

縣沿革

長林縣 寰宇記云樂鄉縣卽晉至樂鄉也 按寰宇記一百四十六卽晉至樂鄉作晉置樂鄉縣

風俗形勝

說者爲荆州之北門也　張氏鑑云爲上當有以字

景物上

蒙泉　在軍城西出於硤石山之麓　一統志二百卜一無出於二字○南曰蒙西北曰惠泉　統志蒙下有泉字　按方輿勝覽西作泉

魚陂　一統志魚上有甘字　按左傳作魚陂杜注云甘魚陂說詳下文○杜預注云傳去竟陵縣西北有甘魚陂　張氏鑑云云當作左去當作云按此係昭十三年傳次于魚陂之注張說是也

鐵山　山產鐵　一統志山作舊

長坂　在當陽縣東北三十里　一統志三作二

按方輿紀要七十七云在當陽縣北六十里

景物下

武陵山　在長松縣利陽西三十里　一統志作在利陽縣西三十里

郟石山　在荊門之百步　張氏鑑云百上有脫字

杏子山　舊山頂有杏千餘株　一統志作其頂有杏樹千株

靈鷲山　有穴曰龍洞　一統志曰作名○石臺甚

高　一統志石上有有字○二三月間有聲　一
統志作春日有聲○如鐘鼓雜奏笙簧間作　一
統志作如鐘鼓管籥
鐵人谷　有四鐵塊頎然如人形　一統志作有四
石色如鐵狀如人
仙居寺　山今長林縣北一百二十里　一統志山
今作今在是也○其寺橫跨石壁間而流泉出其
下　一統志寺作峰無而字○故得名　一統志
無得字
金薄山　在長林縣武陵山西五里有｜｜｜　按

在字係衍文
玉泉寺　浮屠知覬自天台飛錫來居此山　張氏
鑑云知當作智
柴紫山　與紫蓋山連　一統志連上有相字
班竹岡　一統志班作斑○在長林樂鄉之北　一
統志作在故樂鄉縣之北
中城山　今山在荆門軍磨林溪之東　一統志作
在長林縣北一百二十里磨林溪之東
都亭山　自吳以來諸臣多都亭侯者　張氏鑑云
多下當有封字

磨劒山　一統志劒作劍下同

順流橋　一統志二百十二順作倒　按方輿紀要亦作倒是也○張飛據水斷橋之所　一統志張上有即是

古迹

子推山　在城南三十里　一統志二百十一城作長林縣

官吏

孫鏞　按自鏞以下皆宋人孫上當補國朝二字

人物

唐介　按自介以下皆宋人唐上當補國朝二字

仙釋

隋智者　後遊天台東陽左谿智者　張氏鑑云本智者二字疑有誤

碑記

玉泉二碑　其一邵子明　抄本碑目邵子作郡了誤

三星院石塔刻　在當陽縣東莒堰　按本碑目堰作匽誤

餐霞觀碑　其碑中云前粱尙書侍中基州長史云

云　碑目中下脫云字（抄本基作墓誤）

唐南泉大雲寺蘭若和尚碑　天寶中作　碑目作天寶中李華撰（抄本作大寶中作）　按唐時年號有天寶無大寶抄本碑目非也

二聖金剛碑　集古錄云唐瞿撰并書　碑目瞿下有參字書上有分字是也（抄本無亦無并字）○遇洞庭遇風　碑目上遇字作過是也○皆禱祠之　碑目祠作祀（抄本作祠）

詩

嵩嶺便從雲外見峴山應向雪中看（張俊送舒殿丞）　張氏

鑑云南宋張俊不聞能詩疑別一人俟考

蒙泉詩

喻陟詩曰游蜂與狂蝶無計旁檀心　張氏鑑云旁當作傍

卷七十九漢陽軍

軍沿革

晉立託陽縣元和郡縣志　按元和志二十七立作置託作沌是也紀勝下文縣沿革漢陽縣下注云東晉置沌陽縣亦其明證

舊唐志云朱粲分沔陽郡置沔州治漢陽縣　按舊

唐志朱上有平字是也紀勝上文云唐平朱粲置
沔州亦其明證
尋以通判鄂州孔戌知軍事　張氏鑑云戌當作成

風俗形勝

路通荆雍控引秦梁（通鑑齊中興元年梁武帝曰漢口）　按口下當
有云云二字方與他處之例相合云云者卽路通
以下二句也
波漢之陽（史記諸侯王表序）　按史記當作漢書
故左傳桓公四年載鄖夫人使棄諸夢中　按桓當
作宣

表裏淸曠荆楚之莊觀也　張氏鑑云莊當作壯
而載沔守記賈載作亭之因　按上文云秋興得名
於翰林賈至下文引賈至秋興亭記景物下秋興
亭注云唐刺史賈載建此處載沔守記當作賈至
記沔守○蓋張謂李白於流竄之中其官稱寓於
亭湖　按李上當有遇字說詳下文古跡門郎官
湖
宣和蔡純臣寥廓臺記　按廓乃廓之誤
景物上
魯山　史本新經云上有横江將魯肅祠　按下文

古迹門橫江將軍廟注云吳魯肅破皖城轉橫江將軍此處將下脫軍字○梁武帝曰漢口不濶一里以前道交至　按據梁書武帝紀及通鑑以前乃箭之誤

汉川　周世宗平淮南以漢陽漢川二縣置漢陽軍　按據上文縣沿革漢川縣注此注之漢川當作汉川

鎖穴　在大別山之陰　一統志二百八無之字○郎孫皓時以鐵鎖斷江處　一統志無時字　按方輿勝覽二十七亦無時字

赤壁　軍敗引還南郡周瑜水軍退並是大江中張氏鑑云退當作追之○漢南郡今江陵華容今監利也武昌華容鎮豈赤南郡路乎　張氏鑑云赤當作亦○酈道元注云石逕赤壁山北　按據水經注三十五石當作右○然疑烏林赤壁一戰相繼　按上文云然曹操初敗赤壁再敗烏林下文云如此此則二戰初不同日此句一字必二字之誤○及觀江表傳赤壁敗後黃蓋與操詐降書始操以衆寡不敵　張氏鑑云始乃紿之誤

景物下

秋興亭　中書舍人賈至詩云詩人之興秋最高

按據全唐文三百六十八詩當作記秋下當有興字○

故以名亭　按全唐文作因以命亭焉

却月城　魏將黃祖所守吳遣董習破而擒之　按

據三國志吳主孫權傳及董襲傳習當作襲

煙波灣　旁有里曰煙波里　一統志里下有亭曰

煙波亭五字

梁城山　即魯山也　一統志作漢陽縣有梁城山

即魯山

寶花臺　上有雷史君廟　張氏鑑云史當作使

湖蓋山　山形似蓋　一統志似作如

漢南山　以在漢之南故曰｜｜｜　一統志以在漢作漢水

九眞山　卽五藏山　一統志作縣有五藏山在縣西南○九仙女煉丹於此　一統志九上有相傳有三字

古人山　在漢陽縣南七十八里　一統志南上有西字

柏泉山　古柏根蟠其中　一統志蟠作盤

蕭公城　在軍城西五里　一統志作在漢陽縣西

北五里○梁武帝所屯處　一統志梁上有相傳二字

劉公洲　因號｜｜｜　一統志作故名○後因李家請佃改改曰李家洲　一統志因作有曰作名

仙潛山　即五藏山　方輿紀要七十六山下有也有九泉皆淸澈七字○咸通八年改爲｜｜｜　一統志咸上有唐字爲作名

雞翅山　水經注云江水右東逕｜｜｜　按此水經之語注字係衍文逕當作徑末｜下當有北字

雞鳴鎮　在漢川縣西一百八十里　一統志無一

百二字○舊傳曹操敗於赤壁戍於城門　一統志舊作相門作間

鳳栖山　一統志栖作棲○亦有鳳栖閣○一統志作山上有閣○昔有鳳栖于城隅之山間　一統志鳳栖作鳳凰棲

古迹

沙羨縣　黃祖祈守也　張氏鑑云祈當作所

沔陽縣　元和郡縣志云因此水以爲官　按元和志無以字官作名　又按元和志上文云漢水一名沔水西自汊川縣界流入漢陽縣與沔陽縣無

涉葢唐時沔陽縣久廢也紀勝所引疑有脫誤俟
考
郎官湖　故人尚書郎張謂出使夏口　按據上文
此句係李太白郎官湖詩序今考太白集故上有
遇字是也○時李白詩曰泛沔州城南郎官湖今
乃在城北不同耳　按據方輿勝覽時當作但
胡公祠　考晉武代吳胡奮出夏口　張氏鑑云代
當作伐　按以晉書及通鑑考之張說是也○今
碑立祠亦廢　按立當作亡
陽臺廟　今誤傳在巫峽今裴敬碑登其事　張氏

鑑云下今字係衍文

息夫人廟　畢竟息亡緣底事　張氏鑑云畢一作至○卽烈女傳息夫人也　按烈當作列

官吏

沔州杜公　按自此至虞當皆唐人沔上當補唐字

彭乘　按乘及游酢皆宋人彭上當補國朝二字

仙釋

法照禪師　其題疏皆韓忠獻趙清獻蘇文忠公親筆　按公上似當有諸字

碑記

南平將軍黃廣之碑　碑目平在南上　車氏持謙云黃廣水經注作王世將　按水經注平在南上與晉時官制相合車氏刻碑目蓋即據此以改也

詩上

江夏黃鶴樓靑山漢陽縣李白江夏漢陽輔錄事　按據太[illegible]集漢上當有寄字

日暮鄉關何處是煙波江上使人愁唐崔顥題黃鶴樓詩令漢陽有煙波灣又有煙波里　按令當作今

詩下

楚國封疆最上流夾江分命兩諸侯曾子固送雙漸之漢陽

按方輿勝覽雙漸之漢陽作漢陽守詩

酒給公厨不用酤朝吟暮醉醉復醒郎官湖上秋興

亭江山四向盡可眺　張氏鑑云此詩韻不可解

四六

施士衡秋興上梁文　按上文景物下有秋興亭此

處秋興下脫去亭字

卷八十　信陽軍

軍沿革

申息之北門不啓卽此地也左傳文公二十六年　按據左傳

二字係衍文

元嘉末立司州於汝南垂瓠　按據南齊書州郡志

垂當作懸

齊有南義陽北義陽郡　按北上當有郡字

正元已後　張氏鑑云已當作以

風俗形勝

齊宋以來嘗爲邊鎭寰宇記　按寰宇記一百三十二齊宋

作宋齊是也

所謂大隧卽黃峴關　一統志一百二十七作左傳之大

隧卽黃峴○直轅冥阸乃武陽平靖也　一統志

作直轅卽武陽冥阸卽平靖

景物上

溮水　南至隨縣界流入注水經云｜｜　張氏鑑云注字疑有誤　按據寰宇記注當在經下｜｜下當有翼帶三川亂流北注逕賢首山西十三字

峴山　通鑑梁天監曹景宗等救義陽鑿峴　按據通鑑監下當有三年二字鑿上當有據字

金山　在軍南一十里　一統志南一作東南○通鑑梁天監七年魏辛祥堅守義陽梁遺將胡武成陶平虜州南｜｜之上連營侵迫祥夜出襲其營　按通鑑作魏義陽太守狄道辛祥與婁悅共守

義陽將軍胡武城陶平虜攻之祥夜出襲其營

三關　又按初學記三關記云齊志曰後魏置平靖關於義陽　按以初學記卷八考之下記字乃註字之誤

景物下

淮源城　在軍西北六十五里　一統志軍作信陽城

古跡

故鍾山縣　寰宇記云在州東西十八里　張氏鑑云西字當誤以下文故羅山縣注校之當作北

按寰宇記故作慶西作南十八作八十

故羅山縣　寰宇記云在州東北一百一十里　按寰宇記故作廢無北字

官吏

宋劉昶　文帝封皇子爲義陽王　按據宋書文帝紀及晉熙王昶傳子下當有昶字

仙釋

董奉　有祠在焉又南董仙君祠在賢首山　按南當作有

碑記

唐李刺史墓神道碑　爲申州刺史　抄本碑目申作中　按宋時信陽卽唐時申州作中者非也○有神道存焉字漫滅不可讀　按道下當有碑字

新圖經　郡守闕員臣序　抄本碑目序作守誤

詩

詩　張氏鑑云詩後無四六例當有四六闕三字原本脫　按他卷頗有似此者當以此意求之

城邊一水抱城流城外羣山擁郡樓守雉腳之路見南史　張氏鑑云守雉以下八字有誤　按方輿勝覽作郡志載古詩

龜魚橋不隔霞鶩鎮相看　張氏鑑云鶩當作騖

卷八十一　壽昌軍

軍沿革

蓋吳初江夏太守黃祖來沙羡置此　張氏鑑云江上當有漢字

縣沿革

武昌縣　切考江左武昌爲江州治所　按切當作竊

風俗形勝

晉楚東鄂晉地理志　按據晉書地理志當作故東鄂也

沿西塞之峻崿袁宏惠征賦　按據晉漢袁宏傳惠乃東之誤寰宇記一百一十二方輿紀要七十六皆作東是也

武昌鼎據實為帝里李白武昌寄韓君去思碑　按據太白集寄當作宰

景物上

南湖　事見五丈湖下　按下文景物下五丈湖注云舊曰南湖此處文字乃丈字之誤

石臼　東坡西山唱和云泿翁醉處今尚在丨丨柸飲無樽罍　張氏鑑云柸似當作抷　按東坡集作杯一作抷當以抔字爲正　又按東坡集罍作

罍是也

退谷　作柸湖銘曰　按據上文此銘乃元次山所作今考次山集柸作抔是也下文言柸湖柸樽柸飲者皆本於次山之文俱抔字之誤

釣臺　張昭傳權臨｜｜飲酒大醉曰今日酣飲惟醉惰臺中　張氏鑑云惰字疑誤　按據三國志張昭傳惰當作墮

螺崗　見仙釋門　按仙釋門成武丁注云逢武丁乘白騾而行改其岡曰騾岡此條螺字當是騾字之誤

景物下

五丈湖　舊曰南湖以荷自蔽即此　按據宋書南史臧質傳湖下當有宋臧質入南湖六字

九曲嶺　蘇子由有記將適西山行於松柏之間羊晹九曲而獲少平是也　按方輿勝覽八二十晹作腸是也

郎亭山　朱梁時朱友恭鑿山開道　按方輿勝覽朱作朱是也

牧馬港　其上即吳王故城蓋領馬處　按據方輿紀要領當作飲

古迹

故鄂縣城　寰宇記云本漢舊鄂縣晉太康年廢此
按寰宇記無本字廢縣作復立鄂州此縣廢矣

樊山戍　及唐有樊山府府兵雖置僞吳僞唐時爲

樊山北石　張氏鑑云雖當作雞　按據方輿紀
要北石二字乃砦字之訛

安樂宮　黃龍吳徙建鄴　按據三國吳主孫權傳
龍下當有元年二字

陶公宅　今爲羅漢縣　張氏鑑云縣乃院之誤

人物

孟嘉孟陋　按嘉陋及郭翻皆晉人孟字上當有晉字

郭希林　按據宋書南史郭希林傳希林係宋人郭上當有宋字

元結　按結係唐人元上當補唐字

仙釋

戚武丁　遇異人與藥一元　按元乃丸之誤

馬祖禪師　初寓于禪房寺又徙于新開一處皆其道場也　張氏鑑云開下當有寺字

碑記

夏侯宋客墓表　碑目客作容抄本作容　車氏持謙云按此碑已見岳州　按岳州碑記門夏侯宋客墓碑注云墓碑見在華容鎮北一里元次山文事見鄂州舊圖經此條注云唐元結撰在武昌縣今考壽昌軍舊屬鄂州次山即元結之字惟華容鎮係岳州地非武昌地未免兩歧俟考

怡亭記　蔣之奇序云　抄本碑目之作武　按方輿勝覽之奇作穎叔穎叔即之奇字作武者非是

○刻于江濱巨石之上至今存焉　抄本碑目存作有誤

唐令君馬向石門石刻　剔蘚認題識　抄本碑目

蘚作蘇誤

退谷銘　柸湖銘序云柸湖東抵柸樽西浸退谷

碑目浸作侵　按次山集亦作侵三柸字皆作抷

○北匯樊水南涯郎亭　抄本碑目涯作匯　按

次山集作涯上文云東抵西侵此處自當言北匯

南涯不應有兩匯字

詩

秋來倍憶武昌魚夢着只在巴陵道唐岑叅　張氏鑑

云叅當作參

叔閑修農具直者伴我耕元結詩叔閑漫叟韋氏生直者漫叟長子　張氏鑑云生乃甥之誤

叔靜能鼓橈正者隨弱翁叔靜漫叟李氏生正者其仲子也　張氏鑑云生亦甥之誤

詩下

步上西上尋野梅　張氏鑑云西上之上當作山按據下注此句係東坡武昌西山詩今考東坡集西上作西山張說是也

四六

春雲卷而錦綉俱呈秋潦澄而屏風倒立　張氏鑑

云卷當作捲

以上荆湖北路卷六十四江陵府至卷八十一壽昌軍

輿地紀勝校勘記卷十七終

輿地紀勝校勘記卷十八 京西南路

卷八十二 襄陽府

府沿革

自樵縱之亂 按據晉書通鑑樵當作譙

唐置襄州舊唐志在武德四年王世充平改爲襄州因隋舊名 按舊唐志隨作隋是也

以襄州爲襄陽府韓文順帝實録在順宗即位之三年 按文下當有公字據昌黎集帝當作宗三當作元

爲京西安撫使慶歷元年陞 張氏鑑云原本第四五兩頁闕漢陽軍第十一十二兩頁不知何以重出在

此　按以他卷之例推之所闕者係府沿革後半
及縣沿革并風俗形勝前半　又按據方輿勝覽
三十一有京西轉運提刑提舉置司則紀勝縣沿革
後仍當有監司沿革
風俗形勝
足食庚亮表　按自此以上原本脫去兩頁　又按據
方輿勝覽足食上當有北接宛許南阻漢水其險
足固其土十四字
齊志尙書殷融言襄陽石城疆場之地對按荒寇
按齊書州郡志場作埸按作接

元嘉二十二年以武陵王駿爲雍州封皮　按據宋
書文帝紀孝武帝紀封皮乃刺史之誤
蕭子顯齊志云疆蠻帶沔阻以重山　張氏鑑云疆
當作彊　按以齊志考之張說是也
据蜀粤之上游壓平楚之千里魏泰文選樓　按據方輿
勝覽樓下當有賦字紀勝下文所引亦有賦字是
其明證
臂淮楚與巴蜀足交廣而首畿甸孫沖登襄陽城樓　按據
方輿勝覽樓下當有賦字
疆蠻帶江阻以重山北接宛洛蕭子顯齊志　張氏鑑云

江當作沔　按以齊志及紀勝上文所引齊志考之張說是也

峴首春風李綽濠州四望亭記　張氏鑑云濠當作襄

四葉表閭王荆公詩｜｜｜｜唐尹仁恕有唐旌表孝子碑萬歲通天二年張東之立

按據下文碑記門唐旌表尹孝子碑又龐德公諸葛亮孟浩然詩門引王荆公寄張襄州詩尹下當有氏字孝上當有尹字仁恕二字當在子字下

羊公問望與峴山俱傳　按注云令聞令望必與此山俱傳此處問字必聞字之誤

通鑑敬宗寶[歷]元年牛僧儒以武昌軍節度使過襄

陽山南東道節度柳公綽服櫜鞬　按據通鑑敬
上當有唐字儒當作孺櫜當作橐
殿于襄邸即晉志魏泰文選賦　張氏鑑云即晉當是見舊之
誤　按據下文景物上襄邸注所引賦上當有樓
子

景物上

鳳山　唐孟浩然傳云楚澤爲刻碑鳳林山南即此
按據唐書楚乃樊之誤
峴山　寰宇記云在襄陽府十里　按據寰宇記一百
四十五府十當作縣南九

租山　吳時朱然諸葛謹　張氏鑑云謹似當作瑾

檀溪　聞齊始安王蕭遥先等五人輔之　按據上文此係元和郡縣志之語今考元和志二十作聞一

齊主崩令蕭遥等五人輔政

孟亭　初三維過郢州畫浩然像於刺史亭園　按據唐書孟浩然傳三乃王之誤

蠻水　桓温避父諱改名曰夷水　按方輿勝覽長渠注云春秋之世曰鄢水其後曰夷水又云其後避桓温父名改曰蠻水是也今考温父名彝故夷字爲嫌名自應改　蠻斷不改蠻爲夷紀勝此

處顯有脫誤

荊山　元和郡縣志云在南漳縣西北八十里西絕險惟西南一隅纔通人徑　按元和志西絕險作四面險絕西南作東南

觪山　襄谷以姑遊爲事　按姑乃嬉之誤

襄水　在襄陽縣西北五里源世世柳子山下　按據方輿紀要七十九　檀溪注世乃出之誤

清溪　東漢志沮臨沮侯國有｜｜漢北卽荊山　按據後漢書郡國志上沮字係衍文溪與漢皆當作谿

景物下

善謔驛　驛在襄州之南卽淳于髡放鵠之所　一統志二百十六作在宜城縣北卽淳于髡放鷹處

刻木谷　在南漳縣卽孝子丁蘭所居　一統志作南漳縣有刻木谷相傳爲孝子丁蘭所居

中峴山　帥高蕞改爲｜｜｜　張氏鑑云蕞乃夔之訛

百丈山　傳云有麝香獸　一統志傳云作舊傳

鹿門山　鹿門月照開烟樹忽辯龐公棲隱處　按據上文此二句係孟浩然詩下文龐德公諸葛亮

孟浩然詩門引浩然此詩辯作到

馬鞍山　昔劉洪山簡九日宴處　按劉宏山簡皆晉人改宏爲洪者避宣祖諱後凡改劉宏爲劉洪者仿此

漁樂亭　淸流貫其閒　張氏鑑云閒當作間

羣羊壇　羊行六遭不止果八年而遭　張氏鑑云下遭字當作遷　按上文云以其遭數驗治州之年張說是也

金沙泉　造酒極美世謂之宜城春又謂之竹葉盃

一統志盃作春

6103

臥佛寺　以山坐東南西因作臥佛以鎮之　按南
乃面之誤
廢樂鄉縣　本春秋鄀國地今周顯德二年併入宜
城縣　按今乃後之誤
故鄀城縣　紹興七年廢鄀城縣爲鎮　一統志廢
作省鎮下有入襄陽三字
中廬故城　紹興七年廢中廬縣爲鎮　一統志作
紹興五年省爲鎮
習家池　按郁後漢人爲黃門侍郎封襄陽公卽晉
鑿齒之先也　按下文鹿門廟注引寰宇記言習

郁封襄陽侯此處公字亦當作侯蓋後漢止有侯爵無公爵也

王粲宅　在襄陽縣西一十里　一統志作襄陽縣西北○萬山東坡下　一統志坡作陂○又有王粲井　一統志無又字井下有蘇軾萬山詩有云下有仲宣闌綆刻深容指是也十九字

文選樓　梁昭明太子統建　一統志統建作所立○以撰文選　一統志作著文選於此在是條之末○聚才人賢士　一統志作延賢士○劉孝感一統志感作威　按據梁書劉孝威傳作威者

是也○王囿　一統志囿作圃

楚襄王廟　韋應物詩云却因恍惚高唐夢羸得風流千載名　張氏鑑云羸當作贏

鹿門廟　與光武通夢見蘇嶺山神　按據上文此係寰宇記之語今考寰宇記通作同是也○使立蘇之祠　按寰宇記蘇下有嶺字是也

張漢王廟　按張柬之封漢陽王漢下當有陽字○在鄀城鎮東南于家洲十七里　張氏鑑云于家洲當在十七里之下

楚王冢　初習池北有大古冢　一統志二百十七無古

字○盜發此塚　一統志作盜嘗發之

桓溫冢　寰宇記云冢間鼓角聲即襄陽必有軍旅

按寰宇記間作聞是也

官吏上

鄧遐　按遐係晉人當移下文庾亮庾翼之後朱序之前

劉表　表爲荊州刺史軍馬入宜城　按據上文府沿革引通鑑軍作單此處軍字乃單字之誤

羊祜　按自祜至朱序皆晉人羊上當補晉字○鈴閣之下侍衞不過數十人　按據晉書羊祜傳十

當在數上

曾景　據新舊唐書景作炅此避太宗諱後凡改曾炅爲曾景者仿此

官吏下

陶侃　按陶上當補晉字

沈慶之　按沈上當補宋字

曹景宗　按景宗爲參軍及沈約爲記[redacted]皆在齊時曹上當補齊字

韋叡　按叡爲雍州主簿在宋時當移至上文沈慶之後

江革　按革爲征北記室參軍在梁時江上當補梁
字
宋郊　天聖二年登第大理評事同判襄州　按據
東都事略宋庠傳大上當有爲字
人物
宋玉　按宋上當補楚字
王逸　按自逸至楊顒皆漢人王上當補漢字
龐統　魯肅遺先主書曰士元非百里才别駕始展
其驥足　張氏鑑云别駕上當有治中二字
羅憲　按憲雖始仕蜀漢而終爲晉臣羅上當補晉

字移下文李衡之後

張悌　按悌及李衡皆吴人張上當補吴字

柳元景　按柳上當補宋字○元嘉末北詩入武關

按據宋書柳元景傳詩當作討

張柬之　按自柬之至尹氏皆唐人張上當補唐字

龐藴　但願空諸所有謹勿實諸所無　張氏鑑云

謹當作慎　按此避孝宗諱

胡旦　國朝鄧城人也　按國朝二字當移至胡字

之上

仙釋

青溪道士　郭璞爲臨沮長常遊其處詩云青溪千仞餘中有一道士　按文選餘在仞上

碑記

漢元儒婁生碑　碑目生上有先字是也○舊在谷城　碑目谷作穀下同　按穀城係襄陽屬邑作穀者是也

漢南陽太守秦頡碑　碑在今宜城縣故牆中　碑目中作下抄本作中

漢郭先生碑　在穀城縣　碑目無縣字

東漢襄陽太守胡烈碑　皇朝郡縣志云在南漳縣

之固城　碑目皇上有景元四年九月六字抄本無

魏劉熹學生冢碑　謂之學者冢　碑目者作生

南陽太守司馬整碑　碑目無此條抄本有　按此條

脫去注文

晉南鄉太守頌　碑目無此條抄本有○在今副都統

司　抄本碑目今作令誤

墮淚碑　歲時饗祭　碑目饗祭作享祀抄本作享祭

按據上文此係寰宇記之語今考寰宇記作享祭

梁改墮淚碑　太常卿劉之遴撰　抄本碑目遴作

迺誤

梁檀溪寺禪房碑　集古錄云梁劉建之撰　碑目建之作之遴是也

後周儀同碑　崔猷建議請稱皇帝　抄本碑目猷作猷請作諸　按據上文係通鑑陳武帝永定三年事今考通鑑與紀勝正同抄本碑目非也○故此碑但稱元年　抄本碑目故作汝誤

後周席肅公神道　抄本碑目道下有碑字是也

周襄州靜眞觀碑　碑目無此條抄本有　按此條注云今在府中下文又有周襄州靜眞觀碑注云何彥先撰登封元年立碑在府中武后時碑也彼注

較此注爲詳故刻碑目者删此存彼耳

故處士羅君墓誌銘　容齋隨筆云其字畫勁楷抄本碑目楷作模　按隨筆卷一作楷○然其父子皆名清爲不可曉　抄本碑目清作靖　按隨筆亦作靖

周襄州靜眞觀碑　何彥先撰　抄本碑目先作光

唐旌表尹孝子碑　集古錄云天寶五年立　碑目年作載是也抄本作年

唐襄州編學禪寺碑　碑目編學作偏覺是也抄本作偏學　○集古錄云在襄州今在轉運司愛峴閣下

抄本碑目今作本誤

唐靳公遺愛碑　在峴山　碑目在上有今字抄本無

唐金剛經石幢　碑在龍興寺　碑目無碑字抄本有

唐故襄州處士孟君墓碣銘　碑目碣作碑抄本作碣

唐侍中王粲石井欄記　張氏鑑云粲爲魏國侍中注有移井欄之語唐下當有移魏二字○集古録云正元十七年于頔撰胡鉦書　碑目鉦作証是也○故甄濟撰　碑目撰下有記字○彭朝議書碑在都統司　碑目書上有行字司下有内字抄本議作儀餘與紀勝同

唐蜀丞相諸葛公碑　大中三年李景遜撰　車氏持謙云按李景遜之遜當作讓象之蓋避宋諱也

按此避濮安懿王之諱後凡改李景讓爲李景遜者仿此

唐漢光武新廟祝文　今在襄陽之八疊　碑目無今字

唐延慶洞行記　唐咸通蔣係盧滔等遊山所題碑

唐故麾雲將軍宋公墓誌　碑目雲在麾上　按唐時官制有雲麾將軍無麾雲將軍當從碑目（）咸

碑目所作新誤

通九年立　抄本碑目九作十一

唐新修後漢荆州劉公廟碑　廣升二年　碑目升作明　按廣明係唐僖宗年號至於廣升年號不特唐時所無卽歷代亦所未有當從碑目○碑劉巨容所立　碑目作并書（抄本與紀勝同）　按以唐書僖宗紀劉巨容傳及通鑑考之廣明二年正巨容官襄陽之日碑必巨容所立此六字不可删至於碑目所有并書二字當移至上文劉權撰之下

唐改封諸葛亮爲武靈王廟記　碑今在隆中　碑目無碑字（抄本有）

唐延慶寺重修法堂碑　碑皆殘闕　抄本碑目皆作背誤

後梁新修峴山亭記　碑在峴首　碑目首作山抄本作首

石晉新𨙸臥龍山武靈王學業堂記　碑目𨙸作創抄本作𨙸○碑在襄陽之伏龍　碑目龍下有山字抄本無　按上文古迹諸葛威烈武靈仁濟王廟注云在襄陽縣伏龍山碑目有山字是也　又按此條正文作臥龍山注作伏龍山古迹門亦作伏龍山當以伏字爲是據方輿勝覽方輿紀要襄陽縣有

臥龍山又有伏龍山并因武侯得名然其廟則在伏龍山非臥龍山也

盧僎碑　碑目作襄陽令盧僎遺愛碑抄本作盧僎碑○集古録云唐閻寬撰史惟則八分　碑目分下有書字抄本無

劉袁強碑　唐詩紀事云　抄本碑目紀作記誤○墳去襄陽郭五里曰柳子關　抄本碑目關作開誤

峴山亭記　熙[甯]三年歐陽修記　抄本碑目記作撰

東坡帖　在高齋　碑目齋作陽抄本作齋　按上文古迹門文選樓注云號曰高齋學士當以齋字爲是雖古迹門亦有高陽池然不應删去池字但言高陽也

鄒道鄉碑　抄本碑目鄉作卿　按道鄉乃鄒浩之號作卿者非也

總襄陽詩

總襄陽詩　張氏鑑云此下原本闕一頁漢陽軍末頁不知何以重出於此

天

楚山碧巖巖漢水碧湯湯　按原本此上闕一頁

尉斗坡前春草色香爐峰頂暮烟時韓雄　張氏鑑云

雄乃翃之誤

楚王城堞空秋草羊祜江山祇瞋光吳融　按瞋乃瞋

之誤

唯有白銅鞮上月水樓閑處待君歸羅隱送人歸襄陽　按

羅乃雍之誤

漢江風流見羊杜相門經術有韋平陳師道　張氏鑑

云江字疑誤

習家池大堤銅鞮詩

唱盡新詞歡不見紅霞烟樹鷓鴣鳴前人塔歌詞　張氏

鑑云塔當作踏習家池大堤銅鞮詩始於此首前人二字無所指必有脫誤

習池風景異歸客滿塵埃（前人登襄陽城）張氏鑑云上文係古白銅鞮歌此處前人二字亦無所指疑有脫誤

閑想習池公宴罷水蒲風絮夕陽天（容齋隨筆薛能）按據隨筆卷七薛能當作引薛能詩

的廬何處埋龍骨流水依前遶大堤（胡曾檀溪）張氏鑑云廬當作盧下同　按此據三國志先主傳注所引世語而改也

欄街爭唱白銅鞮　按據下文此句係李白高陽歌今考太白集欄作攔是也

沉碑墮淚碑詩

羊祜碑字在讀罷淚沾襟孟浩然與諸子登峴山　按本集祜作公是也

龐德公諸葛亮孟浩然詩

可憐垂世詩千首換得荒墳數百碑顏蕘題孟浩然墓　張氏鑑云百當作尺

宜城酒詩

已能爲客留遺愛何必栽花遺後人前人　張氏鑑云

上文係李肇國史補此處前人二字亦無所指疑有脫誤

四六

羊叔子之事業方爲用武之邦庾元規之風流更是徵交之地李義山集　按據義山集上漢南李相公狀交作文是也

卷八十三　隨州

州沿革

南齊志隨郡領隨縣永陽門西安化四縣　按據南齊志門當作闕

梁簡文帝時西魏將楊忠拔隨州通鑑在簡文帝太清三年　按據通鑑州當作郡紀勝下文云西魏於隨郡置并州則此處州字必郡字之誤

又新舊唐志云隋爲漢東郡寰宇記大業初年　按寰宇記一百四十四云大業廢州以其地方分置漢東春陵二郡紀勝所引有脫文寰宇記亦脫初年二字當互相補正

縣沿革

隨縣　後漢朱祐傳云今隨州——是也　按此朱祐傳注中之語傳下當有注字彼注今上有故城

二字無是字

應山縣 隋改爲應山以縣北山爲名應山縣 按據上文此二句係舊唐志之語今考舊唐志名下無應山縣三字是也

風俗形勝

泉甘石潤 荆州記云驢泉山石潤 按寰宇記引荆州記石下有滷字紀勝下文景物下驢泉山注載寰宇記引荆州記石下有鹵字滷與鹵同

僻居荆蓋於蒲騷鄖蓼小國之間特大而已 歐陽修李秀才東園記 按據歐公本集荆下當有夷字

景物上

檀溪　通鑑齊永光元年蕭衍爲雍州刺史多伐材竹次之｜｜　按據通鑑光當作元次當作沈

梅邱　在州北西有東西有｜｜　張氏鑑云梅邱注有誤　按一統志二百十三下有字作二是也　又按北西當作西北

三關　今名大寨嶺　一統志寨作寨

景物下

湞陰亭　何弃湞陰亭記云　張氏鑑云弃字疑誤

珊瑚泉　在七寶山　張氏鑑云實疑當作寶　按

下文雙泉山注云有雙泉號珊瑚七寶泉七寶泉注云在雙泉山下有珊瑚｜｜｜據此則七寶山卽雙泉山之別名張說是也

硫黃池　氣如琉黃　按琉當作硫

白泉河　源出八十母山　按據方輿紀要七十八七十母山當作孔山

大洪山　四面斗險　一統志斗險作陡絶

雲公城　高六丈東臨環水　一統志作東臨澴水高六丈

龍關崖　後龍關擗開層崖　一統志無擗字層字

鸛子山　一統志鸛上有奇峰二字山作峰　按注云在大洪山則鸛子山自應作鸛子峰爲是蓋大洪乃全山之名鸛子特一峰之名耳奇峰亦然

驌驦陂　今唐城鎮有驌驦馬驌驦橋有石刻三字猶存　按據棗陽軍古迹門驌驦馬注馬當作陂

石龍山　後漢王常傳在刧略龍鍾　按後漢書王常傳作刧略鍾龍間

古迹

平靖縣城　今日爲平靖村　一統志無日字

隋文帝宅　宇記云在州東南一里天寶七年置

按據寰字記字上當有寰字天上當有唐字

官吏

周章　按章係漢人周上當補漢字○剖符大臣千里重任不可　張氏鑑云不可句有脫誤　按後漢書周章傳不可作其可輕乎

宗殼　按據宋書南史宗慤傳殼當作慤自慤至蕭敷皆宋人宗上當補宋字

柳世隆　卿昔以威武之號爲隨郡　按據南史柳世隆傳部當作郡

王寬　請西行襲隨收其母明帝嘉之佢圖寬形以

上　按南史王元謨傳襲隨作遂襲破隨郡但作使是也

令狐綯　按自綯至温庭筠皆唐人令上當補唐字

董宗本　按宗本爲隨州刺史在五代後漢時董上當補後漢二字

人物

季梁　按季上當補周字

宋綬　按自綬以下皆宋人宋上當補國朝二字

連舜賓　及歐陽文忠公表其墓　張氏鑑云及歐以下疑衍　按上文云惠及旁邑歐陽公表其墓

此句顯係衍文張說是也

仙釋神

洪山兩將軍立化　後尊者密諸神龍截足代牲

張氏鑑云諸當作禱

大洪山監寺　汪彥章集有補大洪山監寺承信郎

按下文僧守珍注云汪藻外制有大洪山丨丨丨丨補承信郎誥彥章卽藻之字郎下亦當有誥字

封長源公長源王　唐天寶六載赦文五岳四瀆雖差秩序興雲播潤蓋同利崇號所及錫命宜均

按據下文此條係唐會要之語今考唐會要四十七

赦作敕利下有物字是也

僧守珍　汪藻外制有大洪山丨丨丨補承信郎誥汝營壁塢輯鄉閭繫年録以爲恐與丨丨事相關

按上文大洪山監寺注引汪彥章集補大洪山監寺承信郎誥此注山下丨丨丨疑當作監寺僧蓋守珍卽監寺之名兩注皆言承信郎卽其官階紀勝因未有明證故分作兩條耳

碑記

舜井斷碑　相傳秦時碑　車氏持謙云此係漢碑非秦碑詳見隸釋

紫陽先生塔銘　碑目生下有蔡昭二字抄本無

金剛經碑　亦在普安寺　碑月寺下有中字抄本無

歐陽文忠公送襄城李令小詩送張文潛三小簡碑刻　在漢東閣下壁門皆眞蹟　碑目眞作其誤

舊志　林薿序　碑目薿作嶷抄本作薿

新志　董之奇志　碑目志作記抄本作序

詩

嬴童牽瘦馬不敢過危橋蔣吉漢東道中　按嬴當作羸

方城若比長沙遠猶隔千山與萬津唐詩紀事溫庭筠紀唐夫送詩云　按溫庭筠當在送字下

四六

初敘成命想慰輿情張浚除崇信軍節度[redacted]制　按敘乃頒之誤

俾易地而作藩已告廷而敷號史浩除崇信軍節度　按度下

當有制字

卷八十四　鄂州

州沿革

志乃還　按據上文係通鑑簡文帝大寶元年魏將

楊忠事今考通鑑志作忠是也

縣沿革

長壽縣　温州廢又隸郡州　張氏鑑云郡州當作

鄀州　按據上文此係舊唐志之語今考舊唐志亦作鄀張說是也

風俗形勝

晉羊祜立石城因山以爲固輿地廣記與圖經載不同　張氏鑑云載上當有所字

景物上

蘭臺　即其地　一統志二百十一作即此

梅臺　在城一十里　一統志作去城十里○舊傳梅福所築於此　一統志舊作相無於此二字

石城　令楊忠等率精騎據江津斷東路祜又克武

霤 按據通鑑祜常作宇文護此蓋涉上文羊祜而誤

章山 立基州統章山郡 一統志統作及○則隨章山縣在漢之西 一統志漢下有水字

宂河 在長壽縣一百三十里 按據方輿紀要十七七一上當有南字

唐山 圖經 張氏鑑云唐山注止圖經二字疑有脫誤

晉栢 栢牙誰謂晉時裁 張氏鑑云牙疑芽之誤

景物下

白雪樓 圖經子城三面墉基皆天造 一統志經下有云字

寶香亭 在龍興寺北 一統志北下有蘭臺之西皮日休為記九字

潮水泉 一統志無水字○有泉隱于石 一統志石下有間字○日再潮至則有聲如雷水遂泛溢 一統志作每潮至則水溢有聲如雷

內方山 西魏嘗立章山郡 一統志作西魏於此立郡

會仙橋 張楷嘗[illegible]驢過此 一統志二百十二張上有

漢字

新羅泉　舊云新羅僧修行于此　一統志[二百十一]作相傳有新羅僧居此○卽有泉出　一統志作泉卽湧出

昇仙橋　與長壽縣門相值　一統志[二百十二]値作直梅福飛仙于此　一統志作舊傳梅福飛昇於此

衮鐘潭　昔有寺鐘忽自樓出衮衮入于河　張氏鑑云衮卽滾之正字

曲池水　一統志[二百十一]水在池上○寰宇記云梁太清四載　一統志四載作中

白沙水　唐志云郢州富水有白沙山白沙水出
一統志出下有焉字
寶香亭　在龍[illegible]寺北　按此條已見上文係重出
當刪
龍鳳港　舊傳楚王嘗乘彩舫載嬪御往來游戲
一統志作相傳楚王乘綵舫戴嬪游此
五華山　唐地理志去竟　有五華山　按去乃云
之誤唐志華作花
興陽寺　郢[illegible]漁人網于漢水一石長丈餘　張氏
鑑云一上當有得字○首尾無霑漬土豪李孝源

所得　按土上當有爲字

司戸潭　舊傳昔有司戸禱于此遅其應也　一統志作昔有曹司戸於此禱雨　應○因名司戸潭　一統志作故名

古迹

新市故城　圖經在京山縣二十里　按據寰宇記一百四十四方輿紀要縣下當有東北二字○劉伯升招新市平林兵注云在今郢州富水縣北　按劉上當有後漢書光武紀六字北上當有東字

廢富水縣　坦平可容數千家　一統志作其地平

坦可容千餘家

漢城基　一統志漢作荊無基字○在長壽縣南七十里濱大江　一統志大作漢

曹武市　舊傳魏武從孫權過此　按從疑征之誤

宋玉石　唐李昉守郡日　一統志無日字○今移在白雪樓前　一統志無今字在作置

莫愁村　又李義山詩曰如何四紀爲天子不似盧家有莫愁　張氏鑑云似今詩作及○莫愁中三能織綺中四采桑南陌頭十五嫁爲盧家婦　張氏鑑云兩中字皆當作十

宋玉井　橘木山之後　一統志後作下

楚賢井　俗名琉璃亦名宋玉井　按璃下當有井字

子陵山洞　翩翩鈞臺翁　按鈞乃釣之誤

仙女洞　嘗有道者秉燭入其中　一統志作有道人入游○數日而出則隨州也　一統志則作乃

許相公墓　建炎間寇伐得黃金燈檠　按伐乃發之誤

官吏

袁恕己　按自恕己至許渾皆唐人袁上當補唐字

朱台符　按自台符以下皆宋人朱上當補國朝二字

人物

申包胥　按包胥及宋玉皆楚人申上當補楚字

陸羽　按陸上當補唐字○盧于太門山　按復州景物下天門山注載陸羽事此處太字乃天字之誤

仙釋

楊仙　朱往京師見于通衢顏笑如舊　張氏鑑云顏疑當作言或笑字乃色字之誤

碑記

唐毗沙門天王祠堂記　碑目毗作毘

孟亭記　王右丞筆先生于郢之亭　碑目生下有貌字抄本無　按據上文孟亭記係皮日休所作今考全唐文七百九十七載此記生下亦有貌字○先是亭之名取先生之諱　碑目諱作名　按全唐文作諱○後易之以先生之姓云　抄本碑目易作畧誤　按全唐文後作命無之字云字○于郢州白雪樓之倉側　碑目雪作雲抄本作雪　按上文景物下有白雪樓下文詩門言白雪樓者甚多作雲

者非也

風土考古記　教授石才儒作　抄本碑目儒作孺

○宋玉之宅有井　抄本碑目井作并誤○崔耿

建大王之祠　碑目大作天抄本作大

詩上

莫愁在何處住在石城隈艇子打兩槳催送莫愁來

唐樂書志云莫愁者出石城樂石城有女子名莫愁善歌謠古詞曰｜｜　按此舊唐書音樂志之文樂書當作書樂｜｜當作云云云云者卽莫愁以下四語也　又按唐志住在石城隈作莫愁石城西者作樂出下有於字歌作謌古

詞曰作故歌云

輿地紀勝校勘記卷十八終

輿地紀勝校勘記卷十九 京西南路

卷八十五 均州

均州

始平郡齋興浙陽郡　按據下文州沿革齋當作齊興下當有郡字　又按據寰宇記一百四十三方輿紀要七十九浙當作淅下文浙州浙陽縣之類仿此

州沿革

梁又置興州寰宇記云在梁太清元年隋志云梁置興州不載　按不載下疑當有何年二字

太宗時州廢浙州之浙陽縣舊唐志云正觀元年廢均州又省堵陽安福二

縣以武當鄖鄉二縣屬浙州 按以注語核之正文廢字下當有屬字

風俗形勝

寰宇記云隋改均州蓋界內因均水以爲名　按寰宇記蓋界內因作因界內無以字

景物上

星牖　傳號爲一一一　按據上文此係寰宇記中之語今考寰宇記作相傳爲星牖是也

朝山　蓋衆山朝揖之主也　按據上文此係武當山記之語今考寰宇記引武當山記衆山作以重

楫作揖

聖木　圖經云在武當縣東洲渚漢江中　按漢江當在洲渚之上

社樹　梁蕭欣爲郡守伐之言大蛇從樹腹墮下　按據寰宇記言下有有字據方輿勝覽三十三言作忽有

景物下

武當山　趙康凝唐記云　按趙匡凝新唐書有傳改匡爲康者避太祖諱後凡改趙匡凝爲趙康凝者仿此　又按唐當作廟下文碑記門有大唐威

武公廟記卽匡凝之廟記也說詳下文

金鎖嶺　古記云國師鎖獮猴於此水涸放汝去

按方輿勝覽放汝作乃放

梳洗臺　一統志二百十八洗作粧○在鄖鄉東六十里

一統志鄖鄉作府東　按作紀勝時屬均州修一統志時屬鄖陽府故改鄖鄉爲府東也

錫義山　相傳以爲死仙所居　按據上文此句係水經注之語今考水經注二十七作世傳列仙所居是也

乾明寺　本唐濮王泰葬　一統志無本字泰字○

如闍氏捨宮地建延福寺　一統志無地字建作爲寺下有卽今乾明寺五字

明道觀　前赴行在　按自此以下原本闕一頁

泉在武當山　按自此以上原本闕一頁

古迹

舊豐利縣　武德初屬上洲州廢屬均州　按據上文此係舊唐志之語今考舊唐志洲作州是也

謝羅山　歷陽謝允捨羅邑宰隱遇斯山故田丅丨丨　按據下文仙釋門謝允注遇當作遊田當作曰

俞公巖　住巖中誦蓮經有白衣老人自謂俞公三

反來聽　張氏鑑云反當作次

官吏

曹翰　按自翰以下皆宋人曹上當補國朝二字

司馬周卿　躋攀崖巘看之終盡條目公私俱利

按終盡乃經畫之誤

尹洙　董士廉城永洛　按據上文此係事畧之語

今考東都事畧尹洙傳永乃水之誤○董上書訟

洙　按事畧作士廉至京師上書訟洙○乃責監

均州稅　按事畧作徙監均州酒稅

人物

龐德公　按龐上當補漢字

張士遜　按士遜宋人張上當補國朝二字

仙釋

眞武　功成飛昇遂鎮北方及召而至語以其故妖氣遂息　按方輿勝覽及作人

碑記

魏興太守碑　碑目作舊魏興郡太守譚毅德政碑抄本與紀勝同　按下文有舊魏興郡太守譚義德政碑碑目改義爲毅移置於此○在豐利縣　碑目作

在鄖鄉縣一百五十里抄本與紀勝同　按此亦下文舊魏興郡太守譚毅德政碑之注碑目移置於此又按據上文古迹門舊豐利縣注宋乾德二年廢豐利入鄖鄉作紀勝時有鄖鄉無豐利蓋在舊豐利縣之地也

韋氏神道　並漫滅　碑目並作并抄本漫作浸

隋顯崇觀碑　爲至尊皇后祝壽之所　碑目無之字抄本有　○記銘存於州治後碑云大業五年已巳歲今五百餘年　碑目後作后抄本作後　張氏鑑云今上當有至字　按後字屬下後碑者宋時之碑

對隋碑而言故有五百餘年之語碑目作后者涉上文后字而誤

大唐威武公廟記　乾道三年翁洮撰山南東道觀察使趙凝立　抄本碑目凝作疑　按據新唐書趙匡凝傳匡凝官山南東道節度使唐時節度使例兼觀察上文景物下武當山注引趙康凝唐記卽此廟記也此注但稱趙凝亦避太祖諱後凡稱趙匡凝爲趙凝者倣此　又按乾道乃乾符之誤

唐延禧寺碑　後火焚　抄本碑目火焚作大樊誤

○於坎埳中　抄本碑目埳作滔誤

石橋記　在武當山落帽峯　抄本碑目落作莽誤

舊魏興郡太守譚義德政碑　碑目無此條　按說詳上文○在鄖鄉縣一百五十里　按上文古迹門舊豐利縣注引寰宇記云在鄖鄉縣西二百四十里此句縣下當有西字蓋此碑本在舊豐利縣之境也說詳上文

大唐延福寺浮圖記　咸甯五年創　碑目甯作亨抄本作甯　按咸亨係唐高宗年號至於咸甯乃晉武帝及後涼呂纂年號唐時無此年號也當從碑目

詩

三匹衣魚聯貴仕十洲軒冕接清塵　按方輿勝覽

匹作世魚作冠是也

四六

巨流之澄練遶郭羣山之秀色參天武當郡□□□　張氏

鑑云郡下原闕

卷八十六房州

州沿革

新唐書宰相系表房氏下云　按系上脫去世字

然自秦時已從趙王遷於房陵矣　按上文云始皇

徙趙王遷於房陵此處從字乃徙字之譌

唐改遷州 唐會要云武德元年改爲仙州又於竹山置房州正觀八年廢房州入仙州

張氏鑑云注中仙字似當作遷 按唐會要七十一

仙皆作遷張說是也

縣沿革

竹山縣 尙書泰誓曰庸蜀羌矛 按泰乃牧之誤

矛乃髳之誤○秦置上庸縣故靳尙言秦將以上

庸六縣易張儀于楚通鑑赧王四年 按鑑下當

有在周二字

風俗形勝

房陵宋仲之李 潘岳閑居賦 按據文選宋乃朱之誤紀

勝下文景物上定山注引吳曾漫錄亦云朱仲李園是其明證

房陵迺古房庸二國漢李並列爲郡　按李乃季之誤

景物上

廣仙　廢帝二年改新城郡爲光遷圖　按據隋書地理志舊唐書地理志寰宇記一百四十三方輿紀要七十九圖乃國之誤

東谷　在竹山縣東長腰山相接　按長上當有與字

堵水　即今南江水通漢江　一統志二百十八無水字

艷谷　在竹山縣神武山相對　一統志神上有與字是也

霍水　至竹山入于渚　一統志于渚作堵　按上文堵水注云在竹山縣作堵者是也

鰲水　寰宇記云在竹山縣西十里其水足蛇　按寰宇記在作源出足作有

景物下

至喜館　俚俗流傳不雅循　按改雅馴爲雅循者避理宗嫌名

雞鳴山　在房陵縣北百里　一統志無陵字百上有一字

龍光寺　在州治南　一統志州治作房州○卽盧陵王故宮　按盧乃廬之誤

鷰子山　一統志鷰作燕

白馬山　曹孟達嘆金城千里卽此山也　按曹疑昔之誤

橫鞍山　在竹山縣庸城山相連　一統志庸上有與字是也

爛柯山　卽樵人爛柯也　按據下文仙釋門陳摶

注也乃處之誤

礐石山　一統志礐作礬○舊云山有礐石　一統志作舊產礬石

獨松驛　在房陵縣房山相連　按縣下當有與字

受陽水　在南山之南卽唐所析受陽縣是也　方輿紀要七十九作竹山南有受陽水以受陽縣名

倉樂山　發倉粟以救飢　一統志飢作賑

望仙山　在竹山縣南九女山相連　按九上當有與字

望楚山　房州圖忠云　一統志忠作志是也

九室宮　在爛柯山唐置以山有九室故名　一統志作爛柯山下有九室唐置九室宮　陳摶修煉之所　一統志陳上有後爲二字

古迹

岐州　張氏鑑云此行前空一行當補古迹二字白文

秦王城　掘得石云　一統志石下有刻字○於此下寨　一統志寨作砦

女媧山　在竹山縣燕子山相對　一統志燕上有與字是也

尹吉甫廟　唐咸通中置　一統志置作建

樊噲冢　在房陵縣七十里　張氏鑑云縣下有脫字

官吏

唐知謇　按此注所述官階事迹與新舊唐書張知謇傳相同知上當補張字

李國正　按注引權載之集今考本集李公神道碑正作貞據新舊唐書亦當作貞此作正者避仁宗嫌名後凡改李國貞爲李國正者仿此○爲襄州司馬且介戎政　按本集州作陽郡介作分

晉隱　適桑仲揉踐之餘軍民絕糧　按揉當作蹂

人物

黃香　按黃上當補漢字○有冢在郡東　按上文古迹門有黃香冢此句家字當是冢字之誤

尹吉甫　按尹上當補周字移至上文黃香之上○今城西里有廟　按據方輿勝覽里上當有三字

仙釋

三花仙　問扣以前事則云至房中說之及候守房三花曰記房中之言否　張氏鑑云前下當有途字

誌公　鳳凰山道林巖寺有僧寶誌掛錫之地也

張氏云有疑當作高

碑刻

後唐刺史修廨斷碑　巧安池榭光衙府之威稜

碑目府作門抄本作府

唐述聖碑　唐廬陵王嗣聖元年遷房州神龍元年

復闢　碑目闢作辟抄本作闢　按復辟指反正復位

而言作辟者是也○故宮爲龍光寺　抄本碑目

宮作官誤

房陵懸說　不知何人所撰　碑目撰作作抄本作撰○

配隸房陸　碑目陸作陵是也○本州陳請願負夫骨歸葬故鄉　碑目陳請在本州上是也抄本與碑目同○此節婦義女之篤及斃於道　碑目及作反是也抄本作及

詩

旨麾如旋風　張氏鑑云旨當作指

卷八十七光化軍

軍沿革

今縣北一五里故穀城是也　張氏鑑云一似當作十

左傳云遷陰子下陰者是也　張氏鑑云子當作于按左氏昭十九年傳正作于紀勝下文縣沿革光化縣下引左傳亦作于張說是也

輿地廣記於鄧州淅川縣下載云　按據輿地廣記卷八浙當作淅下同則江左初已有南鄉及淅川矣　張氏鑑云初下當有年字

風俗形勝

在何反縣却在沛郡　按據上文此係通典之語今考通典一百七十七在上有鄗字何作河無却字是也

○漢蕭何受封于鄧　按通典漢下有有字鄧作鄼是也○戾鄧城而倚軒　按通典鄧作鄼是也○近代戴規將衆說斷云　按通典作近代戴規辯字與姚察訓纂傍將俱因此論規卽斷云○又謂蕭何與夫人同與何夫婦各封一酇尤爲不經　按上文引漢書蕭何本傳云高后封何夫人同爲酇侯又引戴規說云何封沛之鄼夫人封南陽之酇以前後文義核之與何二字疑是衍文

景物上

漢水　出嶓冢尙書禹貢云嶓冢導漾　按兩冢字

皆當作彖

白河　流出襄陽界　一統志二百十六出上有又字

泌河　泌白二河乘一二百石舡　一統志乘一作

勝是也

景物下

馬窟山　唐天寶六年改爲｜｜｜　一統志年作

載爲作名

固封山　在軍城西北九里晉順陽王城西　一統

志無軍字晉字○唐天寶六年改爲固封山　一

統志年作載爲作名

朱寨河　經葛堰至朱寨　一統志經作逕無至字

○出吴庄　一統志庄作莊○入襄陽縣界入漢江　一統志上入字作至

古跡

元儒婁先生墓　有碑　一統志作有漢熹平初所立碑

官吏

歐陽脩　按自脩以下皆宋人歐上當補國朝二字

人物

漢婁壽　又曰有朋自遠晃紳萃　張氏鑑云據碑

本萃字乃莘莘二字之誤

張全操　按自全操以下皆宋人張上當補國朝二字

張士遜　未幾薦爲御吏　張氏鑑云吏似當作史　按據東都事畧張士遜傳士遜曾官御史張說是也

石滌　子嵲字巨山　按字書無嵲字疑嶋字之誤卽島之或體也

碑記

漢元儒婁先生碑　車氏持謙云按此碑已見襄陽

府○集古錄云　碑目錄下有目字抄本無○書不著書撰人名氏　碑目上書字上有隸字○今遷于縣門下　抄本碑目脫遷字

晉南鄉太守整碑　碑目整碑作司馬整碑並陰抄本與紀勝同　按注引容齋隨筆論碑陰題名碑目蓋據此以改○集古錄云古南鄉太守碑　碑目古作晉是也○據此碑所載縣令名氏　抄本碑目載作再誤○有武陵筑陽丹水陰城順陽析六縣　抄本碑目城作成　按上文軍沿革縣沿革所引史志皆言光化軍本陰城縣之地作成者非也○

又容齋隨筆亦嘗有云今石刻有晉南鄉太守司馬整碑　碑目今作金抄本作今　按隨筆一十與碑目同○其陰刻掾史以下姓名合三百五十一　抄本碑目一作人　按隨筆作一○南鄉本南陽西界　抄本碑目西下有面字　按隨筆無面字○掾史既然吏士又可知矣　抄本碑目吏士作變上誤

詩

似續惟人傑危忘盡狗功　按忘當作亡

雨蓬宜倦枕鄉夢入寒衾　按蓬當作篷

卷八十八　棗陽軍

軍沿革

武帝以零冷道之春陵封長沙王子買爲春陵侯

張氏鑑云冷似當作陵　按據漢書地理志及後漢書世祖紀注零下當有陵字冷當作冷蓋零陵郡冷道縣也

密迹敵境彈壓爲先　按方輿勝覽三十三迹作邇是也○切盧棗陽設有緩急　按盧乃慮之誤○庶幾順使　張氏鑑云使疑便之誤

景物上

資山　脩竹大木　一統志二百十六脩竹作修篁

白水　西流三十里名襄河　一統志襄作滾　按方輿紀要七十九　三作四名作合襄作滾○又西流二十里入瀘河　一統志二一作三入作合

中河　又西南流十里合袞河　一統志無南字袞作滾　按方輿紀要亦作滾

景物下

嘫草陂　按此條脫去注語

桑田河　發源自牛河西南流十十里　張氏鑑云兩十字有一誤

黃溪陂　按此條脫去注語

青龍堰　按此條脫去注語

南黃村　按此條脫去注語

赤眉山　世傳赤眉嘗軍此山下　一統志作相傳

漢末赤眉賊嘗軍於此○地名爲北寨　一統志

無地字爲字

八廟灣　按以下二條脫去注語

楊家宅　按以下二條脫去注語

石羊崗　按此條脫去注語

石虎山　在棗陽縣七十里亦名東石虎山　張氏

鑑云縣下當有東字

餓虎峪　按此條脫去注語

臥牛臺　世傳漢光武騎青牛于此　一統志武下有帝字

亭子坡　按以下二條脫去注語

望樓崗　按此條脫去注語

古迹

岑彭馬城　按據方輿紀要馬上當有牧字

人物

岑彭　按彭及岑熙皆漢人岑上當補漢字

鄧艾　按鄧上當補魏字○辟爲椽　張氏鑑云椽乃掾之誤

令之敬　按注中所敘事迹與陳書南史岑之敬傳相同令當作陳岑○仍除童子奉東郎　按據陳書南史東乃車之誤

岑文本　按文本及岑羲皆唐人岑上當補唐字○孝恭善之下令上侵署　張氏鑑云上當作止　按以新舊唐書岑文本傳及通鑑考之張說是也

碑記

唐隨州棗陽縣普照寺毗沙門神素像頌并序驌驦

橋石刻三字在唐城鎮碑目驌上空一格抄本棗陽軍碑記誤列廣州碑記之後按上文古迹門唐成公驌驦馬注云驌驦橋有石刻三字存焉此注所云三字專指驌驦橋而言與普照寺無涉序字下原本當有注語傳寫者脫去遂致誤聯爲一碑目空一格以清界限是也

詩

邱墳發掘當官道何處南陽有近親韓文公題廣昌館按據本集及方輿勝覽宧當作官

閭閻林鳩起　張氏鑑云閭閻當作闍闍

四六

四六　按六下當注闕字

以上京西南路卷八十二襄陽府全　卷八十八襄陽軍

輿地紀勝校勘記卷十九終

輿地紀勝校勘記卷二十 廣南東路

卷八十九 廣州

廣南東路 以今日地理論之廣南卽 海地也

廣西卽秦之桂林地也 按注中 當是廣東

之誤

州沿革

獻帝丞孫權以步騭爲交州刺史 按丞乃末之誤

已上並元和郡縣志 張氏鑑云已當作以

唐末分領南節度爲東西道 按領當作嶺○以廣

川爲東道邕州爲西道 按川當作州

縣沿革

南海縣　依舊爲南海鎮寰宇記云仍併番禺縣入焉　按寰宇記[一百五十七]鎮作縣無仍字及入焉二字

清遠縣　按據元豐九域志[卷九]輿地廣記[三十五]縣下當注中字

東筦縣　按據新舊唐書地理志元和郡縣志[三十四]寰宇記元豐九域志輿地廣記筦乃莞之誤下文仿此○宋志東官太守治寶安縣而南齊至東官郡有寶安而治懷安　按至乃志之誤

香山縣　在州東南四百里　一統志二百七十六　州上有廣字○運判徐九思請建爲縣　一統志建下有香山二字○止置寨官一員　一統志止上有不果二字置作設○東莞縣姚孝資請州聞于朝刱立縣也　一統志作東莞姚孝資復請置縣時進士陳天覺復奏允割東莞置縣又以番禺南海新會之地益之治文順鄉之釜沖布鐵沙於地以築城因號曰鐵城

監司沿革

廣南東路轉運司　以王明爲廣西轉運使　按下

文云潘美尹崇珂並兼嶺南轉運使王明爲副使

此句使上亦當有副字

提舉市舶司　詔泉人賈海外者往復必使東詣廣

按泉州在廣州之東不得言東詣廣疑當作詣廣東

風俗形勝

選帥常重於他郡韓文送鄭權序　張氏鑑云文下當有公字下同

景物上

禺山　又番雜記云　一統志二百七十五　又番作番禺

是也

東溪　傍有坦途　一統志傍作旁

西城　熙甯程師孟築　按據方輿紀要一百甯下當有四年二字是也

鼓門　廣州刺史周敝　按寰宇記敝作敞是也

鳳水　在南海東北八十里　一統志南海作番禺縣○巨石激散　一統志激散作衝激○如鳳舞之狀　一統志狀下有故名二字

堯山　寰宇記云在南海縣舊在洽浉縣三十里　按據寰宇記當作在舊番禺縣西四十里王韶之

始興記云堯山在浛洭縣三十里改洭爲洊者避

太祖嫌名後凡改浛洭縣爲浛洊縣者倣此　又

按三上有脫字

眞水　流經縣前過　一統志無過字○至上梅村

四會縣分界　一統志梅作海四上有與字

廉水　因以爲名　一統志無以爲二字

越溪　自景泰山流下　一統志景泰山作州東北

○又東與東溪會俱入于海　一統志會作合無

俱字

峽山　梁武帝時物也　一統志無帝字○南採崑

嵛竹　一統志崑嵛作阮俞之

藥洲　郭祥正遊藥洲詩云驅章欲何適　張氏鑑云章當作車　按方輿勝覽三十四正作車張說是也

桂蠹　漢書陸賈傳曰尉佗獻｜｜二器注云桂樹蠹蟲者也　按以漢書考之陸賈當作南粤二當作一蠹蟲者當作中蝎蟲

景物下

石屏臺　或云南漢時玉液池也　一統志二百七十六或云作卽○劉鋹族盡已無餘此石猶存舊基址

云　按據上文此係郭祥正詩云字當是衍文方輿勝覽亦無云字

雁翅城　長九十丈故樓共有三十三間　按故疑敵之誤

鳳凰臺　一統志二百七十五臺作山○舊名春岡　一統志舊作本○熙甯七年　一統志熙上有宋字○鳳凰集其上　一統志作有鳳凰來集因名

遺履軒　在浮羅山葛洪得仙處　按浮羅當作羅浮

七僊寺八賢堂　張氏鑑云寺下當空一格　按七

僊寺脫去注語

八賢堂　淳熙經略周自強　一統志二百七十六熙下有中字是也

十賢堂　元祐經略張頡　一統志祐下有中字是也○取前代賢牧十八　一統志無十八二字○李尚隱盧奐　一統志盧奐在李尚隱上○立祠　一統志作凡十八祀之

千秋井萬歲井晏公類要云都督劉巨置　張氏鑑云萬上當空一格

石門水　俗云經大庾則清穢之氣分飲石門則緇

素之質變　張氏鑑云前貪泉下緇素作清白

按據上文此數語係寰宇記之語今考寰宇記正

作緇素至於上文景物上貪泉注所引非寰宇記

故不同耳

黃雲山　一行禪師來遊　一統志二百七十五作唐僧

一行來遊

琵琶洲　在南海東　一統志二百七十六作在番禺縣

東

珊瑚洲　昔有人擧網得珊瑚樹故名　按據寰宇

記擧當作捕魚

歌舞崗　一統志二百七十五崗作岡○南越王佗三月

三日登高處　一統志南越王作尉

觀亭山　但扣藤常有人取之　張氏鑑云常當作

當　按據上文此係寰宇記之語今考寰宇記常

作自當○主禮畢　張氏鑑云句有脫誤　按寰

宇記主下有客字

馬蛟山　在成北七里　張氏鑑云成北當作城北

金牛山　在東莞西二里　一統志莞作莞縣

荔枝洲　在南海東四十五里　一統志南海作縣

○周迴五十里　一統志無迴字○劉氏創昌華

苑于上　一統志上上有其字

金芝巖　於此獲靈芝　一統志作得靈芝於此

蓮花峰　在東莞東北四里　一統志莞作莞縣

銅鼎溪　擊其耳而牽之　按據上文此係寰宇記之語今考寰宇記擊作繫是也

摽幡嶺　一統志摽作標○哥舒晃叛廣州遣將平之　一統志平作討○果見掛二幡禺山頂乃有二神之護助　一統志有作知無護字

媚川都　屬東莞縣　一統志二百七十六作東莞縣有媚川都○隸凡三千人　一統志凡在隸上○開

寶五年詔廢媚川都　一統志五作元媚川都作
之　按以東都事略及宋史考之開寶四年平南
漢五年廢媚川都若元年則是南漢大寶十一年
媚川都尚屬於南漢非宋詔所能廢也
玉清觀　犇注潭中　一統志二百七十五犇作奔
龍穴洲　蜃氣結爲樓觀城堞車蓋之狀　一統志
蜃上有嘗有二字蓋作馬
龍山萬壽寺　東西相望僅百步　一統志僅作近
○故老云神龍出入地　一統志故老云作舊傳
爲

古迹

朝漢臺　地名西場硬步臺本名國岡　張氏鑑云句疑有誤　按據水經注三十七下名字當作因據寰宇記國當作圓○後遇正朔於北北向而朝　按上北字當作此

越王臺　臺據北山　一統志二百七十六北在據上

越王井　在番禺越岡半曰趙陀并　按并當作井

甘溪池　一統志二百七十五無池字○晉陸史君　一統志史作使○導以給民　一統志導下有甘溪二字○節度盧公　一統志度下有使字○有泛

盃池濯足渠避暑亭　一統志作有泛杯渠濯足亭

劉王花塢　乃劉氏華林園　一統志二百七十六乃作卽○在郡治六里　一統志治作西○有桃梅蓮菱之屬　一統志菱在蓮上

劉氏銅像　昔劉鋹及子名範銅爲像　按名乃各之誤

南越王弟建德故宅　今爲報恩光孝寺乾明法性二寺　張氏鑑云乾上當有及字

廣安宅　又别撥租米七百餘錢九百餘貫　張氏

鑑云餘下當有石字

助利侯廟　木達奚司空也　按木乃本之誤

劉王墓　漫山皆荔子　一統志子作枝○龜趺石獸　一統志趺作跌是也○歷歷具存　一統志具作俱○其中皆鐵鑄之　一統志其中作內鑄作錮○及南海番禺新會　一統志作又南海新會

大奚山　島民嘯聚爲盜　一統志二百七十五作海濱鹵民相集拒捕○以錢之望知廣州　一統志作知廣州錢之望討平之因墟其地差水軍三百人

往戍宋季始罷　按宋季之語紀勝原文不應有

官吏上

滕脩　張氏鑑云滕脩當移至上文吳鍾離牧之後晉陶侃之前

周文育　按文育官南海令在梁時當移至上文梁王僧孺之後劉權之前

盧奐　宋璟李尚德一一三人而已　按據新舊唐書盧奐傳德當作隱紀勝下文有李尚隱傳亦其明證

王琳　字方慶　按據新舊唐書本傳琳當作綝

奚廷琄　按廷琄乃劉鋹之將奚上當補南漢二字○今兵不識旗鼓而人主不知存亡今眞主已出將盡有海內　按五代史南漢世家亡下有夫天下亂久矣三句紀勝無此三句下今字遂若衍文

官吏下

陳從易　御飛帛書清字以賜之　按帛當作白

邵曄　鑿內濠以泊舟楫不爲颶風所害　按颶當作颶

林遹　當苗劉之亂首請約祿　按約當作納

人物

匾冊　按冊係唐人匾上當補唐字○儀冠甚偉

按據上文此句係韓文公送匾冊序之語今考昌黎集冠作觀是也

何澤　按澤係後唐時人何上當補後唐二字

王定保　按定保乃南漢時人王上當補南漢二字

羅威　張氏鑑云羅威與下文黃舒未知何時人

按寰宇記言黃舒爲寶安縣人今考唐肅宗至德二年改寶安爲東莞以後更無寶安之名則威必唐以前人不當列於南漢王定保之後羅威既列黃舒之上似非五代以後之人俟考

馮元　按元係宋人馮上當補國朝二字

仙釋

菖蒲澗仙　寰宇記云咸平中桃成甫採菊於菖蒲澗側　按據上文此係寰宇記之語今考寰宇記桃作姚採上有常字無於字

一行禪師　名貴峰　一統志名上有本字○後建寺　一統志後作因

碑記

南海神廟碑　孔戣重修南海神祠　碑目孔戣作孫鄭抄本戣作揆　按以唐書及韓文公集考之當以

孔戣爲是

梁羅浮山銘　集古錄云梁蕭宗撰　抄本碑目蕭作蕭是也

廣州古塼　碑目塼作甎下同抄本作塼○忽子城一角頹埶得一古塼　碑目埶作就抄本作埶○塼面範四大字　碑目塼作轉誤抄本作塼○其城一擊而摧　抄本碑目一在城上誤○民逃於中　抄本碑目逃作迯

南海志　郡守陳峴序　抄本碑目守作中峴作見誤

總廣州詩上

冠冕通南極文章落上台　張氏鑑云落當作列按據注此二句係杜工部詩今考本集作落白注云相國製文不必改爲列也

五羊城在蜃樓邊墨綬槌腰正少年　按方輿勝覽綬作緌是也

退公祗旁蘇勞竹移宴多隨茉莉花　按方輿勝覽旁作傍是也

林藏屬屬音拂多殘笋樹過猩猩少落花　按屬屬乃𥝢𥝢之誤即狒狒之古字也

詩下

嵐薰瘴染卻膚腴笑飲貪泉繼吳東坡謝程德孺惠海中柏石

按東坡集膚作敷是也

石有羣星象注云庭除羅亡舊名九曜石　按亡乃立之誤

銅鼓無聲夜析閑　張氏鑑云析當作柝

新酒滿篘蠻嫗店古禪當道海神祠陶弼　按禪當作碑

越王臺詩

憶歸林上越王臺歸思臨高不易裁　按林乃休之誤

尉陀椎髻爾何爲謾占海隅蛟蜃穴祝融之符天下歸豈假陸生三寸舌千金裝槖未爲多更上高臺望堯關 郭祥正朝漢臺 按關當作闕與穴舌爲韻

三城連環鐵作瓮暉晛百世無傾摧 郭祥正越王臺 按暉乃睥之誤

五羊菖蒲澗仙詩

吳中復和承諫議 張氏鑑云和字下未知當作何字 按上文詩下有吳中復寄清海程諫議詩此處承字疑程字之誤

四六

五嶺之交百蠻之會在昔爲荒服于今爲奧區張舜仁遠堂 張氏鑑云堂下有脫字

治行冠十賢之右威聲聳百粵之間楊汝南設蕃致語 張氏鑑云設蕃疑有誤

尉陀故區隱之遐迹陳景肅步雲僂賦 按僂疑樓之誤

卷九十 韶州

州沿革

晉武平吳以始興郡屬廣州晉志廣州序云太康中平吳遂以荊州之始安始興臨賀三郡來屬荊州 按據晉志屬荊州當作屬廣州

隋平陳改東衡州爲韶州元和郡縣志在開皇九年 吳氏蘭修

云按隋開皇九年始平陳原本九年不誤或疑九當作元非也

通鑑開皇十一年番禺夷王仲宣反　按據通鑑一字係衍文○則是移廣州於韶當在開皇十七年王仲宣寇亂之後　按七當作一

又韶州壁記　一統志二百七十七　壁上有廳字

而五代文劉龔傳云　按文乃史之誤

縣沿革

乳源縣　在州西一百里　一統志無一字

風俗形勝

庾嶠之南舜遊之地許申張曲江祠　按祠下有脫字

景物上

桂山　按寰宇記多菌桂　按記下當有云字

韶石　有飛仙之冠遊二石上　按據寰宇記一百五十九之當作衣

景物下

韶陽樓　使君莫惜通霄飲　張氏鑑云霄當作宵　按方輿勝覽三十五莫作不霄飲作宵醉是也

武溪亭　郭朴正｜｜｜詩云　張氏鑑云朴乃祥之誤

燕譽亭　按此條脫去注語

思古堂　太守狄咸建東坡名并書　張氏鑑云名似當作銘　按下文九成臺注云狄咸建東坡書且銘焉與此注所載相同張說是也

三瀧水　曰新瀧垂瀧腰瀧今與樂昌縣爲分界源出湖南莽山　一統志作源出湖廣莽山與樂昌分界曰新瀧垂瀧腰瀧　按作紀勝時有湖南之名無湖廣之名修一統志時據今制而改之也

松派水　元和郡縣志云在翁源縣與湞水合經縣二十步　按據元和志三十四縣下當有南字

芙蓉崗　郡國志云崗之半有石至伏洞深莫可測
按寰宇記引郡國志至作室是也
蓮花山　形似蓮花故名　一統志作山以形得名
○州治對山也　一統志作爲州治對山
鳳閣石　按此條脱去注語
寶石山　在州南十里　一統志州南十作縣南十
五
錦石巖　其逕彎環　一統志逕彎作徑灣
禪龕石　臨大江　一統志臨上有下字
天慶觀　今韶之｜｜｜自京傳其勝妙以爲出諸

州郡也　張氏鑑云也字似誤　按也疑當作上

雲水源　每至雲霜　張氏鑑云雲字誤　按據上文此係寰宇記語今考寰宇記雲霜作霜雪是也

靈君山　山下有靈君之神　一統志無之字○周圍四十步　一統志無圍字○內有根名九牛根與半夏同　張氏鑑云根疑當作草

南華寺　有天竺國僧智藥　一統志無有字藥下有建字○今六祖｜｜｜是也　一統志作後為六祖演法道場○為嶺外禪林之冠　一統志為上有其寺二字

仙人石室　室外藤蘿交聯　一統志聯作連○仙經七十二福地　一統志地下有之一二字

古迹

古州城　在水西去今州城一里唐刺史鄧文進移州水西改爲之　一統志作在今州西一里卽鄧文進所移

古城　宋武帝討盧循　一統志無帝字○連築一城其傍　一統志傍作旁○今人又呼爲沈將軍壘　一統志無人又二字及沈字

樂昌廢城　周迴五里　一統志無迴字○卽秦時

南海任囂築之　一統志作卽任囂所築

仁化古城　昔尉陀自王南粤　一統志作昔尉佗據粤〇乃築城於此　一統志作乃築此城

書堂巖　在城東十五里曹口里白芒渡之對　按據方輿勝覽之當作相

岑水場　使其子甲詣闕獻其說　一統志其說作之〇朝廷始行其法於鉛山　一統志作朝廷始行之鉛山〇及饒之興利　一統志饒作潮

永通錢監　三司言　一統志言上有上字〇詔爲永通監　一統志爲上有以字

王導宅　按劉史君廳記云　張氏鑑云史當作使

○今光運寺卽導宅焉　一統志作今爲光運寺

張九齡宅　在州東六十里　一統志州作曲江縣

○墳在曲江縣二十五里羅源村　一統志墳作墓縣下有北字

鄧史君宅　張氏鑑云史當作使

余襄公祠堂　在張相國廟治平中建學有祠　按據方輿勝覽廟下當有東偏二字

劉王鋹墓　一統志無王字○在曲江縣獅子崗　一統志縣下有北字崗作岡

官吏

梁范雲　且飲修仁水不挹邪階流　按寰宇記一百六階作渚是也方輿勝覽邪階作背邪非也

唐徐申　申按公田之鑾者募人假牛犂耕墾　張氏鑑云鑾疑當作荒

王明　按自明以下皆宋人下文曹光實上國朝二字當移此句王字之上

人物

蕭雄　俱隸業上庠　按隸當作肄

鄧戡　傳通經登天聖五年第　按傳當在經下

仙釋

寂通證誓大師　元豐賜寂通證誓大師　按賜下當有號字

碑記

漢周府君記　碑尾云太和九年重修　碑目太作大抄本作太

始興郡記　見東漢志注曲江縣下　抄本碑目注作立誤

韶州重修東廳壁記　乾符元年刺史謝肇撰　抄本碑目肇作筆誤

新修虞舜廟碣文　碑目無新字抄本有

六祖賜謚碑　元和十年立　抄本碑目立作文誤

張文獻碑銘　集古録長慶三年立　碑目三作二抄本作三　張氏鑑云三或作二與碑本不合非是

余襄公神道碑　歐陽修撰　碑目撰下有文字抄本無

韶州修衙記　余靖撰　碑目撰下有文字抄本無

韶州泐溪石室記　抄本碑目泐字係空格○余靖撰　碑目撰下有文字抄本無

曹溪銘　蘇頲濱撰　碑目頲作頲無撰字抄本有撰字

濂溪祠堂記　張拭撰　碑目拭作栻是也抄本作拭

又州學濂溪祠堂記　碑目無又字抄本有

朱晦菴韶州學講堂四齋銘　崇德齋曰　碑目崇上不空格下文廣業居仁由義三齋仿此抄本皆空一格○匪忠曷勸匪孝曷程　碑目孝作學　按作學者涉下句詔爾學子而誤○詔爾學子　抄本碑目詔作諸誤○晞聖賢兮　碑目晞作睎誤抄本作希○悅修獨兮　抄本碑目獨作蜀誤○純不已兮　碑目純作仁抄本作純　按此用中庸純亦不已之意作仁者涉上文居仁齋而誤

韶州詩

候曉踰閩漳乘春望越臺宿雲鵰際落殘月蚌中開　按據注此數句係宋之問詩今考本集漳作嶠鵰作鵬是也

韓吏部將至韶州先寄張史君借圖經　按韓集史作使是也

疑山看積翠須水想澄灣柳文酬韶州裴曹長張史君詩　張氏鑑云文當作宗元

韶石詩

暫欲繫船韶石下上賓虞舜整冠裾韓文　按文下當

有公字

張曲江詩

中興創業兩興唐遺列誰如魏與張　按列當作烈

卷九十一　循州

州沿革

甯縣隸東官郡則是割興甯縣屬東官郡耳　按自此以上原本脫去一頁以他卷之例推之係州沿革之前半

旣差乾亨以爲乾甯遂以劉鋹以爲唐末有國耳

張氏鑑云亨字下鋹字下兩以字皆衍文

縣沿革

興甯縣　元和郡縣志云晉於今縣西三里置興甯縣屬東莞郡　按元和志三十四莞作莞是也

長樂縣　移於興甯置鎮　一統志二百八十九於作還○置長樂縣　一統志作後爲縣○廢爲鎮　一統志廢上有又字

風俗形勝

取循州以爲名元和郡縣志云開皇十年置循州丨丨丨丨丨丨丨　按元和志取循州以爲名作取循江爲名也紀勝多一丨

權載之送賈循州序使君以司有佐黔陽之政　張

氏鑑云司有字疑誤　按權文公集作使君嘗以司直佐循陽循陽之政舉紀勝節引其文有字乃直字之誤

韓京遷于城東　一統志二百七十九　韓上有知州二字

○卽尉陀城之故基　一統志無城字

歲出租米僅十萬碩　按方輿勝覽三十七　碩作石

景物上

蚌湖　有老蚌　一統志二百八十九　有上有中字

鼇湖　周圍數里　一統志二十　無圍字

天門　天然如鑿城　一統志　作成是也○遊諸

峯從此門入　一統志峯下有者字

霍山　山多海中草木有石壇　一統志無山字上作土此二句在下文可居者七十有二之下

景物下

淸涼堂　冷氣廹人　一統志廹作逼

白牛塔　在龍川霍山仙遊殿峯之前　一統志作在遊仙峯前　按上文景物上霍山注有白牛塔遊仙峯下文碑記門霍山注有仙殿前峯白牛塔峯蓋遊仙峯卽仙遊殿峯亦卽仙殿前峯名小異而實則同耳〇旃檀佛像乘白牛至此　一統志

旂上有俗傳二字

白雲洞　五代史南唐遇賢據此造宮室　按據五代史南唐書遇上當有張字

辟支堂　藤蘿蒙密仰視萬仞　一統志仰視萬仞句在藤字上

神光山　在興甯　一統志二百八十九甯下有縣字○嘗騰焰燭天　一統志燭作爥

書堂石　僞漢國籍使狄昭嘗謂霍山有丨丨三教聖賢並萃此山　一統志二百七十九作南漢狄昭謂三教聖賢並萃於此

石樓峰　輿大佛迹相亞　一統志迹作跡○勢若樓臺　統志若作如○上有履迹　一統志迹作跡

興甯水　一統志二百八十九水作江○流入梅潮州　一統志作下流入梅州

甯昌溪　上有三源　一統志上上有溪字○一源自本縣隆歸里蚌湖神潭　一統志無源字蚌作蚌○一源自漁產一源自太平村　一統志無兩源字○流及雁池　一統志無流字

羅浮山　東漢志博羅縣有｜｜自會稽浮往博

羅山故曰博羅縣　張氏鑑云注疑有誤　按以後漢書郡國志考之曰當作置

崑崙山　與霍山相接　一統志二百七十九無相字

古迹

武婆城　而武婆者乃能糾合村落之衆　一統志二百八十九而作有無乃能二字

故齊昌縣　南齊縣隸東莞郡　按以南齊志考之莞當作官

大佛迹峰　一統志二百七十九迹作跡下同○一十有四　一統志作十四

小佛迹峰　一統志迹作跡下同

翰林堂　見羅公滌硯池下　按下文洗研池注云在翰林堂之傍其泉清冷羅公嘗滌硯于此是滌硯池卽洗硯池也

官吏

唐張錫　張錫文宗之子也　張氏鑑云宗當作琮

杜元頴　元頴淹之孫也　張氏鑑云孫上當有裔字

李道古　嘗信柳賁能不死藥　張氏鑑云賁當作泌能下當有合字

元仁惠　張說集克己爲政蠻貊化忠信之言　張氏鑑云集下當有云字

本朝林積　補循州判官强盜積詳覆得其實　按據南劍州人物門林積注强上當補有字

陳次升　紹聖復爲御史　按據興化軍人物門陳次升注聖下當有初字○元祐中貿羅恐外臺按察　張氏鑑云羅當作罪○當時有功元祐人爲多　按據興化軍人物門功下當有於字

巢谷　蘇軾責黄州□與谷同鄉從而識之　張氏鑑云黄州下本闕一字　按據東都事略巢谷傳

黄州下無闕字不必空格從當作幼○玭非今世人古之人也　張氏鑑云玭當作此　按東都事略正作此張說是也

韓紃　爲韓京窘全家死　張氏鑑云窘上當有所字

韓京　紹興十六年殿前擢鋒軍統制兼知循州｜｜將所部會之　張氏鑑云紹上當有脱文否則會之無所指

人物

羅孟郊　按注云五代時自南昌遷于興甯官至翰

林學士今考五代時循州興甯地屬南漢羅上當
補五代二字移下文韋思明後
韋思明　按據注所引唐詩紀事思明係唐人韋上
當補唐字移上文羅孟郊前
仙釋
藍喬　後遊洛陽飛昇吟曰下窺夫子不可及矯首
相思空斷腸　按下當作上
碑記
白鹿石刻　此石刻之文也後立于龍川縣治　抄
本碑目也作己誤

霍山記　如大佛迹峯　抄本碑目大作九　按文古迹門大佛迹峯注云在霍山作九者誤○浮邱煉丹之竈　抄本碑目浮作孚誤

輿地紀勝校勘記卷二十終

輿地紀勝校勘記卷二十一　廣南東路

卷九十二　連州

州沿革

四州本屬湖南北師取之足矣其不復南其愚如此

張氏鑑云上其字疑誤　按據宋史紀事本末

其不復南當作吾知不復南也

風俗形勝

由順以降無名而相歆者以萬數迴環鬱撓迭高爭

秀西北朝拱于九疑劉禹錫記　按本集連州刺

史廳壁記歆作欽撓作繞方輿紀要一百歆作依

由湟之外支流而合輪以百數淪漣油流擘山爲渠

東南入于海劉禹錫記 按據本集輪當作輸油

流當作汨潏

山秀而宣 按據下文此亦劉夢得連州刺史廳壁

記文今考本集宣作高○故紆焦爲三服貴 按

據本集及方輿勝覽焦當作蕉○海風毆温 按

據本集毆當作歐○化爲涼廳 按本集廳作颸

湟州八景 按據方輿勝覽三十七州作川是也

景物上

潮泉 每二月已後 一統志二百八十八已作以○每

日丑時水湧流　一統志每上有則字無流字○至申時住　一統志住作止○八月已後　一統志已作以○至丑時住　一統志住作止○又有廟泉在峽峰繩頂　按廟乃潮之誤繩乃絕之誤

温湯　在桂陽縣六十里　張氏鑑云縣下有脫字

方山　對九疑山　一統志作與九疑山對

湘穴　一曰——　一統志曰作名

泉山　一名泉岩阿　一曰十竭十盈　按曰當作日

泉水　寰宇記引始興記云眾岩阿一日十盈十竭　按寰宇記此卷久闕據上文泉山注眾當作泉

景物下

切雲亭　歐陽經詩云峯頭華搆占瓌奇下視湖山迤邐卑　按華疑當作草

引煙塢　花深人不辨似人迷仙路　按下人字當作入

海陽亭　開說殷勤一一事　張氏鑑云開似當作聞　按方輿勝覽正作聞張說是也

雲間亭　傅彥濟詩曰　張氏鑑云傅當作傅

黃蘗嶺　郡國志盧水北出一一一　一統志盧作瀘無北字

箭山溪　｜｜｜有鸕鷀戍狸礪石出焉　按狸字疑衍文

馬蹄山　有石痕如馬蹄因名　一統志因作故

海陽湖　通小舟游泛　一統志游作遊

奉化水　源自宜章縣黃莽山下南流至州城　一統志無下字

輔國水　源自華陰陽龍崗坑界山小溪水流出合爲一江至州城　一統志作源自藍山華陽龍岡坑界山合流南至州城

同冠峽　韓文次同冠峽詩云　按文下當有公字

韋船嶺　在桂陽縣南五十里　一統志桂陽縣作州○東有古路一　一統志無一字

銅沙山　陽山縣有銅　一統志有作產

陽山崗　乃鑒斷連岡　張氏鑑云鑒當作鑿

陽巖山　日出光照此山因名　一統志光作先因作故

冷石瀧　按注云出冷石此句泠字亦當作冷

崑湖山　在桂陽縣西北二十五里　一統志桂陽縣作州○有水流出桂溪入合江水至州城西　一統志桂作封無入字

鄧公山　太守鄧約子葬此因名　一統志作昔太守鄧約葬子於此

古迹

韓退之廟　林槩詩云退之昔負口糸志　張氏鑑云原本破鈌　按所闕者疑是經綸二字

官吏

伊寡海　按自寡悔至武興宗皆唐人伊上當補唐字

韓愈　百姓多以公之姓以命其子　按方輿勝覽無下以字是也

劉禹錫　禹錫云子重領連山郡印綬　按據下文此係問大鈞賦之序今考本集子作余是也

李若谷　按自若谷至王大寶皆宋人李上當補國朝二字○自開寶三年治熙寧戊申　張氏鑑云治當作至

邵曄　曄察其枉不書牘獄　按據下文此係事畧之語今考東都事畧邵曄傳書上有肯字無獄字

張浚　——連州居住臣寮上言——君潭州曾議論講和爲非　按君當作居

碑記

梁廖沖飛昇碑　刺史蔣防立　抄本碑目防字係空格　車氏持謙云按復齋碑錄云廖先生碑爲連州刺史蔣珍立而放生池乃蔣防立耳

詩

山獮知忿很鮮舌紛嘲啁　按據注此二句係韓詩今考本集山作生是也

僶仰不四顧行行詣連州韓愈自陽山移江陵　按本集四作回是也

毒霧怕熏晝炎風每燒夏韓詩　按本集熏作熏是也

姚宋左詩　張氏鑑云左當作佐

卷九十三 南雄州

州沿革

齊復屬始興郡 通典云齊後爲始興郡 按通典一百八十四後作

又是也

寰宇記云南僞漢光和四年置雄州 按寰宇記一百六十南上有廣字

縣沿革

始興縣 至齊志始興縣下始有正階縣 張氏鑑

云上縣字當作郡

景物上

涼水　自贛州信豐縣界律竹嶺分流合階水　一統志二百七十八作源出江西信豐縣界律竹嶺皆西流入邪階水

朔水　出贛州信豐縣界甜菜嶺界　一統志出上有源字贛州作江西嶺下無界字

昌水　貞昌二水合流故縣曰眞昌後以國諱改曰保昌　張氏鑑云凡貞眞字似皆當作湞　按此避仁宗嫌名

景物下

叱馭樓　若使當時嫌遠宦遊隅何得有歡聲　按

遊乃邊之誤

大庾嶺　去城八十里　一統志城作保昌縣○以其姓庾以其多梅亦曰梅嶺　一統志下以其作庾嶺○至國朝嘉祐　一統志作至嘉祐中

龜湖山　在城東南距城八十里　一統志作在保昌縣東南八十里○舊云有二龜游詠湖中因名　一統志詠湖作泳其因作故

丹鳳山　天監中九鳳飛一鳳翔于是山因名　一統志作梁天監中有九鳳飛一鳳翔此故名

仙女巖　謂秦時二女　一統志作相傳秦時二女

子
杜安水　源出贛州信豐縣深窖鐵子源　張氏鑑云深字下不知何字　按一統志贛州作江西深字下係窖字
淩江水　在城西北百步　一統志城作縣○清泠瀰漫　一統志泠作冷○天禧中　一統志天上有宋字○淩皓知保昌縣　一統志淩上有有字○興水利農感德不忘　一統志農下有人字無不忘二字○因號淩江水　一統志作因號曰淩江

斜階水　一統志斜作邪　在始興縣南一百三十五里　一統志無始興二字及五字○源出韶州翁源縣西北丹桂嶺　一統志無韶州二字西作東○流入縣西一十五里　一統志無一字

上封寺　本興國院距始興縣東南三里　張氏鑑云距當作在

古迹

鼻天子故城　寰宇記云在始興縣記又云鼻天未聞也　按寰宇記一百六十天下有子字是也

秦關　南康縣大庾嶺四十里橫浦　一統志無大

字橫上有至字

錫杖泉　張士遜杖錫泉詩云　按杖錫當作錫杖

官吏

范處厚　乃得譚熯歐陽珏許孜三人　張氏鑑云前風俗注下珏作班似以此處爲是○以其行間奏　張氏鑑云間似當作聞　按上文風俗形勝門正作聞張說是也

鮑軻　蕭勃留之雄州　張氏鑑云勃當作渤　按上文蕭渤注云皇祐中守南雄州張說是也

人物

張九齡　按張上當補唐字

鄧戒鄧闢　按自此以下皆宋人鄧上當補國朝二字

仙釋

六祖大鑒禪師　在城北八十里大庾嶺大祖塔前　按大乃六之誤

碑記

唐元傑開東嶺洞谷銘　唐詩紀事云元傑有湞陽果業寺開東嶺洞谷銘　抄本碑目傑字湞字皆係空格

唐修路銘　唐給事中蘇口撰　碑目口作公鈔本作口

修大庾嶺奏　本朝廣南東路蔡機奏　張氏鑑云大庾嶺乃蔡抗所修機當作抗　按抄本碑目作杭杭即抗之訛傳寫者又誤杭爲机復改寫爲機耳

四并堂記并箴　張瑱記　抄本碑目張瑱作根塡誤

道院記　太守李俠新修　碑目李作潘抄本作李　按上文四并堂記并箴注云太守潘俠新修碑目蓋據此而改○黄匪躬記　抄本碑目匪躬二字係

空格

四六

堂號景郇蓮婁閣於呈瑞嶺踰大庾梅可助於賦詩

張氏鑑云婁當作屢

卷九十四　封州

州沿革

宋志有封興令往往卽是封陽縣　張氏鑑云下往

字當作時

風俗形勝

據邕桂賀三江口　一統志二百八十一據上有封川二

字口上有之字

景物上

聖石　在修泰石上有人跡　張氏鑑云泰下疑脫

山字

靈洲　在封川縣西北十四里　一統志無縣字○

洲上平坦　一統志坦在平上○雖春夏波濤漲

溢　一統志無春夏二字

景物下

知津亭　在城西外園　按上文浣花亭注云在城

外西園此句外字當在西字上

風溪水　一統志無水字○在州南三十里　一統
志南上有東字○入大江　一統志入上有南字
龍吟水　在金鏤村　一統志鏤作縷○水源清響
一統志水源作山水○父老呼爲龍吟　一統
志父老作人
開建水　源出廣州游水縣界　按據廣州縣沿革
懷集縣注游水縣於開寶五年卽省入懷集縣此
處縣上當有廢字

古迹

古城州　一統志二百八十二　州在城上是也○在州北

六里　一統志州作今城

官吏

劉幽求　按自幽求至李甘皆唐人劉上當補唐字

曹覲　桂下杲卿存斷節梈間杵臼得遺孤　按方輿勝覽三十五桂作柱斷作大梈作袴是也

吕勣　時趙鼎貶潮州道遇福唐　按遇乃過之誤○勣獨沿檄往明州爲般家　張氏鑑云般與搬同

人物

陳欽　按欽係漢人陳上當補漢字

莫宣卿　按宣卿係唐人莫上當補唐字

劉隱　張氏鑑云劉上當補五代二字

詩

江山足形勢風物半官裳　按官乃冠之誤

輿地紀勝校勘記卷二十一終

輿地紀勝校勘記卷二十二 廣南東路

卷九十五 英德府

府沿革

新經第知罪舊經引隋地理以證漢晉之地理而不知舊經所引者乃秦漢已前春秋戰國之疆域歟

按不知疑豈知之誤

唐平蕭銑以含洭湞陽二縣置洭州唐志云武德五年以含洭湞陽二縣置洭州正觀元年州廢以浛洭湞陽二縣隸廣州　張氏鑑云依他卷州沿革之例正觀以下當改大字

五代時南僞漢竊據嶺表於湞陽縣置英州寰宇記云南僞

漢乾和五年於此置英州　按據寰宇記一百六十兩南字上皆當有廣字

縣沿革

浛光縣　隋志云梁置衡州陽山郡平陳州改曰淮州廢郡二十年州初屬廣州　按隋志淮作洭初作廢是也紀勝上文府沿革引隋志不誤

風俗形勝

其貧無爲生者則採山之奇石以貨焉　按爲上當有以字

景物上

玉塔　塔之頂足皆鹿石惟塔身光潤或者信其爲

玉　張氏鑑云鹿疑當作綠

羅溪　南流一十五里　一統志無一字○會光水

一統志會作合

龜崗　一統志二百七崗作岡○當平野突起　一

統志作平地突起○蓋郡之印山　一統志作爲

郡印山

五溪　源出堯山北流會桃溪　一統志無北字

桃溪　一統志溪作水○源出縣東北重山下會光

水　一統志重作崇會作合

鹽溪　一統志鹽作監

清溪　蓋山有三灣水環山而瀦　一統志作水有三灣環山而瀦○元祐間　一統志元上有宋字○作三灣亭詩　一統志作建亭於此

江泉　在洺光縣西五十里　一統志無縣字○北流會湟水東流入眞水　一統志作北流入光水

湞山　元和志在湞陽縣北四十里須水所出　張氏鑑云須當作湞　按元和志三〔四〕十正作湞

湊水　亦名眞水　一統志眞作湞　按下文云改爲眞水此句自當作湞爲是○避仁宗嫌名　一

統志廟作宗○改爲眞水　一統志爲作曰

眞石　在府北二十八里　一統志府作州　按作紀勝時名英德府修一統志時英德久改爲縣屬韶州府故不同耳後凡一統志稱州及稱英德縣者倣此

景物下

煙雨樓　在府治之東壘　按方輿勝覽三十五無壘字是也○最好空朦山色裏　按朦乃濛之誤

衆樂亭　只道史君能共樂有誰能會史君憂　張氏鑑云兩史字皆當作使

賁茗臺　按以下三條脫去注語

浮雲嶺　大嶺盤欝二十餘里　一統志欝作鬱

通天巖　横崗峻嶺　一統志崗作岡○有大竅通天　一統志天作明

眞陽峽　狖猿不能遊　按據上文此係元和志之語今考元和志狖猿作猿狖所是也

蓮花峯　在鳴絃峯前　一統志作山之陽爲蓮花峯

石蓮崗　一統志崗作岡○有石似蓮花　一統志似作如

黃花水　自拓源九龍山發至地名黃花　張氏鑑云地疑當作此

蛾眉崗　一統志崗作岡○在浛光縣南　一統志作浛光縣南有蛾眉岡

白鶴觀　丞奉郎大理寺丞梅佐記　張氏鑑云丞字本作丞影抄者誤然似當作承　按承奉郎乃宋時階官張說是也

崑崙石　在眞陽北　一統志作在縣北大慶山前

金山寺　及衆人往觀但開金色恍耀遍山及石上字　張氏鑑云開字似誤　按開疑見之誤恍當

作晃
鳴絃峯　因得名　一統志無得字
傘頂崗　一統志崗作岡○形如傘頂故名之　一統志作以形似名

古迹

陽山郡城　陳湞明三年廢　按湞明乃陳後主年號此作湞明者避仁宗嫌名後凡改禎明爲湞明者仿此
天子岡　在府東十五里　一統志府作州○紹興五年聖天子登寶位英爲潛藩此山蓋兆於千百

載之前　一統志作甯宗自英王入位蓋兆於此

按南宋光宗紹熙五年傳位甯宗紀勝聖字乃熙字之誤蓋紹聖乃北宋哲宗年號距甯宗卽位之年甚遠也

寨將夫人廟　在府西十三里麻寨岡　一統志府作英德縣○夫人姓虞氏銀城鄉人故傳唐末黃巢之亂攻破西衡州虞氏與兄弟謀捍禦計夫人躬被甲冑率兄弟領鄉兵禦寇　一統志作唐末黃巢破西衡州有銀城鄉虞夫人率兄弟及鄉兵禦之○遇賊接戰亡於陣間　一統志作遇賊戰

亡○後鄉人卽麻寨崗立廟　一統志作鄉人卽麻寨岡立廟祀之

衡州刺史楊王陳伯信太妃高氏墓　按據陳書南史伯信傳衡上當有西字楊當作衡陽

官吏

唐介　莫作楚大夫懷仯自沉汨　按仯乃沙之誤

鄭俠　羸得盧堂一枕眠　按羸當作贏

洪皓　檜深銜之章出知饒　張氏鑑云章字疑誤　按章疑竟之誤

人物

石汝礪　按自汝礪以下皆宋人石上當補國朝二字

鄭敦義　公不奉命郡劾之鄭上書哲宗　張氏鑑云鄭亦當作公

仙釋

掌丹野人　有丹七粒如黍栗大　按栗當作粟

晞暘　欲招鄉客同齋飲却恐闍黎誤白椎　張氏鑑云下文有心中白玉少人知之語此句白字必有誤○瘐嶺梅酸正及時　張氏鑑云瘐當作庾

碑記

衡州刺史蘭欽德碑 在縣城外 抄本碑目外作
劉誤○梁天監七年立 碑目七作之誤抄本作七○
湘東王蕭釋文 碑目釋作繹是也抄本作釋
南巖亭刻記于石壁 集古錄云唐李蕃撰周夔又
作到難一篇同刻 抄本碑目又作文同作祠誤
張氏鑑云到難下文作難到○元和六年立
抄本碑目六作三
唐人刻賁茗臺字 在涵暉谷 碑目谷下有中字
抄本無
唐人刻石難到篇 碑目難到作到難 按上文南

巖亭刻記于石壁注作到難碑目蓋據此以改

南僞漢盤御室記　按僞當在南上○鍾尤章撰

張氏鑑云尤章前仙釋注作鍾允章　按據五代史通鑑宋史紀事本末南漢之臣有鍾允章無鍾尤章張說是也

浛光縣開元寺佛頂心經　碑目頂在佛上抄本光作充

按英德府有浛光縣無浛充縣作充者誤

詩

英州五千里瘦馬行馱馱妻孥不用塗風浪過鼓扇

□越林多薇天黃甘雜丹橘　張氏鑑云越上不

必空格　按據下注此係梅堯臣詩今考本集無此詩東軒筆錄七卷載此詩用作同是也

卷九十六肇慶府一

府沿革

欲望親灑宸翰賜以羡名　按方輿勝覽三十四羡作美是也

景物上

石洞　在府北十七里　一統志二百八十一府作高要縣○天開巖穴空濶幽邃　一統志但有巖穴幽邃四字○西水泛漫則巖之沒者數丈　一統志

漫作漲無則字○屹立於水中　一統志無於字
○世傳洞能浮　一統志洞上有其字
奢山　山南有粟此石山有厨榆　按下文景物下
有粟砦山注云奢山南有砦則此句此石山當是
砦山之誤
滑水　元和志云廣州化蒙縣下有丨丨一名綏建
水經南三十步　按元和志三十四丨水作江經下有
縣字南下有去縣二字○在四會縣西南二百五
十里　一統志二作一○合新招之水注于江
一統志無之字

勞山　山峽嶮採樵者憚勞俗因名之　一統志作山徑險狹樵者勞焉因名

峽山　在縣西二百里　一統志百作十○水流其下　一統志流作經

泿水　按水經云出武陵軍城縣北界洗水各南至鬱林　按水經三十七泿作泿軍作鐔洗作沅各作谷是也○又東至高要爲界水　按水經要下有縣字界作大

顧水　入子江　一統志子　綏

景物下

雲秀臺　因大中祥符七年五色雲現於臺峯之上　一統志二百八十二因作宋現作見無有字○郡守范雍置　一統志置作建

烈女山　昔有女子　一統志二百八十一女子作貞女○自藝蔗芓蕉竹績織蕉莞以自給　一統志無蕉竹二字

廣正山　又曰眞山　一統志作亦曰貞山○山至絕頂可十餘里　一統志山作上

扶盧山　一統志盧作蘆　按下文云六祖姓盧故名自有六祖菴似當以盧字爲是

老香山　在廢平興縣西一里　一統志無廢字○週迴五十里　一統志週迴作周

銅鼓山　府治之對山　一統志山下有有四埠三字

金線紋　有赤白黃色點者謂之金線紋或脈理黃者謂之|||　張氏鑑云謂之金線紋疑當作謂之鴝鵒眼下文鴝鵒眼注云詳見金線紋下是其證矣　按方輿勝覽作鸚鵒眼鸚乃鸜之誤鸜與鴝同張說是也

石鷰山　一統志鷰作燕下同

騰犴嶺　高要縣有ㄧㄧ飛獵山翬　按寰宇記一百五十九獵作獵是也翬作翠非也

鳳頭崗ㄧ乃鹿鳴燕士詩有龍嶺行歌龍已化鳳頭將見鳳齊鳴　按方輿勝覽有作云是也

粟砦山　果子似荔枝宜子似胡桃　按寰宇記果上有有字宜子作及是也

麥圍山　在廢平興縣東南六十七里源出曹幕水　一統志無廢字水作山

蒼梧水　在高要縣東南四十里一百步　一統志無一百步三字○初成瀑布飛流　一統志成作

爲流下有屈曲二十里入西江八字

清泰水　在廢平興縣　一統志無廢字○經古勞山入于江　一統志經上有流字無于字

安南水　南流經縣界入于江　一統志無于字

思子山　隋末藉民爲兵　按藉乃籍之誤○有老嫗　一統志嫗作姥○思其子登此望之○一統志作思子登此山望之○故名　一統志故作因

倉岡山　林巒聳秀　一統志林作岡○舊傳僞漢劉氏　一統志作相傳南漢時○貯兵儲于山上故名　一統志無山字故作因

歌樂山　在廢平興縣東二十五里　一統志無廢
字

古迹

古綏州　其地亦有綏州步云古錫揚　一統志二百
八十二　無亦字

宋熙故郡　元和志云平興縣本高要縣地晉來分
置平興縣　按元和志本下有漢字地下有也字
來作末是也

宋崇州城　一統志州城作廢郡○在府東南三十
里　一統志府作高要縣

爛柯山　寰宇記云在高要縣東三十六里一名斧柯山　一統志斧作腐　按寰宇記作斧○昔道七王質　張氏鑑云七乃士之誤

峽山寺　袁欲遊峽山寺云舊老門徒　按據上文此條本於廣記今考太平廣記四百四十五老當作有○後聞環擾于上陽宮內　按據太平廣記環當作馴

陳霸先墓　在府治南五十餘里　一統志無在字治字○耆舊相傳陳高祖隴　一統志陳上有爲字是也

官吏

唐李紳　滁州志及唐本傳云　按唐下當有書字

馮拯　按自拯以下皆宋人馮上當補國朝二字

人物

李積中　張氏鑑云李上當有國朝二字

譚惟寅　粱榜乙科登第　張氏鑑云粱下脫去人名當是粱顥粱固之類

仙釋

晉王質　今衢州與端州皆名信安郡故一郡各書

仙迹　張氏鑑云一郡當作二郡　按上文云並

載於衢州端州二郡不應一事分爲二郡也此處一字顯係二字之誤張說是也○故謂王質遇赤松子至安期　按上文云遇赤松子與安期生此處至字必與字之誤

六祖　四會縣扶盧山傳甲戌日有絃管之音耆老相傳昔六祖嘗隱于此山　張氏鑑云上傳字疑當作値

石頭和尚　雖在孩提不煩褓母　按褓乃保之誤

碑記

唐法華寺詩　大和甲寅歲游寺　碑目游作遊抄本

作游○字體殊不類　碑目無殊字抄本有

李文饒題名　集古錄云唐李德裕題名字爲八分稱丙辰歲題者開成元年也在滁州　碑目滁作除　按據集古錄及通鑑新舊唐書李德裕傳當以滁字爲是○造題名在鼎州坤題名　碑目坤作紳名下有在端州三字抄本與紀勝同

端州陞興慶軍詔　抄本碑目詔作銘　按注引徽宗即位改元詔作銘者誤○惟高要之奧區　抄本碑目奧作輿誤○民物夥繁　碑目夥作殷　按此詔係徽宗所降殷字係宣祖之諱當時斷不

能用碑目所改非也○茅土之榮是爲基命 碑目是作見(抄本作是)○宜錫隆名 抄本碑目錫字係空格

郭祥正遊石室記 碑目游作遊(抄本作游)○其下則淵泉不流 碑目淵作源(抄本作淵)○窺之毛髮氷 抄本碑目氷作詠誤○四傍皆石乳玲瓏 碑目傍作旁(抄本皆作寺玲瓏作吟龍誤)

李習之題桃椰亭 翺居信安四十餘日北及江西 張氏鑑云北當作比 按碑目正作比○韋君亦前行矣 碑目亦作已(抄本作亦)○上桃椰高 張

氏鑑云高當作亭　按碑目正作亭○見韋紀姓
名且有念我之言　抄本碑目紀作記
唐李邕石室記　按以下三條脫去注語
詩
於焉須復手此別傷如何張說端州別高六戩　按方輿勝覽
復作判是也
艤舟於盧陵阻風數日　按盧乃廬之誤
且喜風摇嶺北聞　張氏鑑云摇似當作謠
端州硯詩
玉蝫吐水霞光淨　張氏鑑云蝫當作蠩

在昔信安于今滑府　按此二句未注出處下同

四六

卷九十七新州

州沿革

二漢屬合浦郡諸書第云晉蜀蒼梧郡而不言其改屬於何代　按蜀當作屬○惟沈約宋志於蒼梧郡臨允縣下註云　按據宋書州郡志蒼梧當作新甯○本漢舊縣屬合浦郡晉太康地志屬蒼梧何志云吳廢蒼梧　按宋志無本字郡云字廢作度

風俗形勝

發言吐辭若雷霆焉不曰天人哉　張氏鑑云焉下當有不字

景物上

牢水　西漢志云此入高要入鬱　按據漢志此當作北

南海　在新會縣南一百五十里　按此條全用寰宇記一百六十三之文在上當有寰宇記云四字○又云有浮石又云海昌郡威甯縣有穿洲其上多綸木　按上文未曾引書兩又云皆無所指寰宇記

南海前一條利山下引南越志云此山多沉香木疑此條兩又云亦南越志之語上文有穿洲襟帶甚遠云云疑卽南越志之語有上當有南越志云四字寰宇記旣傳寫脫去而紀勝沿其舊耳○註云似穀皮可以爲錦但獠緝以爲絮　按寰宇記錦作綿但作氊是也　又按註云疑卽指南越志之注而言

景物下

澄映堂　在僉判廳後　一統志二百八十二僉上有新興縣三字

錦阜亭　紹興間郡守黃義卿　一統志黃作王

天露山　高甲於諸山之上　一統志二百八十一無於字及之上二字○神祠有巨石焉　一統志無焉字○魚牣于中　一統志于作其

雲白鳥　尾如雀尾有絳文　按據上文此係寰宇記之語今考寰宇記一百五十七絳作碎是也○左足三距者其鳴先碩　按寰宇記左作右無者字碩作顧

寶蓋山　在州西五里　一統志州作新興縣

峽崗水　一統志崗作岡○流入東口津合盧江水

一統志入作至江水作溪

仁義橋　跨江三十六間覆以瓦屋　按覆以瓦屋句當在三字上

佐王山　一統志王作皇○在州西　一統志作在縣西南

白鱔坑　流入城壕　一統志流上有水字壕作濠

優曇鉢　又有里出精草布　按據上文此係寰宇記之語今考寰宇記里上有精字是也○又有息松鵝一曰水鵝　張氏鑑云息松鵝疑有脫誤按寰宇記與此同俟考

乾闥婆城　寰宇記云在信安縣野鷄鸐鳥似山鷄
　按寰宇記野鷄作多鷄是也
　古迹
廢剛州　圖經云北州最邊大海　按據寰宇記北
乃此之誤
　官吏
胡銓　程史云　按此條見於桯史二十二程乃桯之誤
　人物
皇朝巢谷　谷自眉山徒步訪兩蘇谷旣見握手道
平生　按據東都事畧巢谷傳谷旣見當作旣見

轍

仙釋

六祖大鑒禪師　劉禹錫集云元和十一年詔追褒曹溪第六祖能公謚曰大鑒實廣州牧馬揔以疏聞　按本集曹溪六祖第一碑揔作總是也

碑記

笏竹城記　紹興二十年郡守黃濟遣人取笏竹

抄本碑目此十四字係空格○環袤一千二百八十丈　張氏鑑云二百前官吏黃濟注作一百

新昌集　張氏鑑云此條脫去注語

四六

四六　張氏鑑云四六下當有闕字原本落

輿地紀勝校勘記卷二十二終

輿地紀勝校勘記卷二十三 廣南東路

卷九十八 南恩州

州沿革

曲赦河北貝州爲恩州 按上文云以河北路貝州爲恩州此句貝字上亦當有以字

縣沿革

陽春縣 又銅陵縣開寶五年廢勤州來隷熙寧六年廢勒州富林縣省入銅陵縣是年又廢銅陵縣 按以下文古迹門及寰宇記一百五十八方輿紀要一百一考之勒當作勤銅林當作銅陵○普領之

張氏鑑云據上文求見趙普言頌似當作領

風俗形勝

郡兼山海之利富於漁鹽　按漁當作魚

景物上

西樓　郡守王亘有詩　張氏鑑云亘據後當作旦　按下文詩門載郡守王旦西樓詩張氏蓋據此而言今考方輿勝覽三十七載西樓詩云郡守王子明賦子明與旦名字相應亦其確證此王旦別是一人非眞宗時爲相者也

巨石　按寰宇記石下有山字○南越志甘泉縣山

有二石室　按寰宇記作南越志甘東縣二里有
巨石焉此山有二石室今考東縣乃泉縣東之誤
素馨　昔劉王有傳女名｜｜　按傳乃侍之誤
鹽田　提舉鹽茶司慕民墾之　按慕乃募之誤
景物下
羅琴山　昔羅含嘗携琴游此山　一統志二百八十一
無山字○山頂有石如碁盤云山人常枰碁於此
張氏鑑云枰疑抨之誤
鳳凰山　壁立千仞　一統志壁立作石壁○有瀑
水飛下　一統志水作布○猿狖不能至　一統

志狁作猱○鳳凰巢其上彼人呼爲｜｜｜　一
統志作相傳嘗有鳳凰巢於上因名

峒石山　咸平二年　一統志二年作初○詔賜太
宗皇帝御書藏於石室　一統志作以太宗御書
賜藏石室

木柵水　夷語以穴爲甘穴爲婁　按據方輿紀要
下穴字乃穿字之誤

半亭水　來自龍鼉山　一統志來自作出

平城山　在陽江縣東　一統志東下有北字○舊
平恩縣西北　一統志舊作廢

博澥水　源出陽春縣東南射木山　一統志作在陽春縣南流出射木山○西南流入漠陽江　一統志作西流繞縣南入漠陽江一名博馬水

浮弄洲　在州西海中　一統志州作陽江縣

雲浮山　舊基猶存　一統志作舊址存焉

岑經水　合怞峒水　張氏鑑云怞疑岫之誤

卽高山　一統志卽作郎　按一統志引紀勝此條在郎官山下云卽此山則卽高必郎高之誤

將軍崗　一統志崗作岡○唐李將軍　一統志唐下有時有二字○因以爲名　一統志無以爲二

字

古迹

故恩平縣　輿地廣記云正觀二十三年立恩州而高州徒艮德　按輿地廣記三五十立上有以縣二字徒作徙是也

廢富林縣　折銅陵縣置　按折乃析之誤

廢西城縣　自流南縣與西城縣出十道志舊廢張氏鑑云舊當作久

官吏

陳豐　按注有守南恩之語恩州加南字起於宋仁

宗時則豐係宋人可知陳上當有國朝二字

人物

林觀　按觀係宋人林上當補國朝二字

仙釋

鶴語　只間鶴戲芝田飲啄滛池未聞丹田太液華池之說　張氏鑑云滛當作瑤　按間當作聞

詩

寺近鯨晨吼林深犢畫眠　張氏鑑云畫當作晝

荒城斗椽大此樓何崢嶸　按方輿勝覽椽作樣是也

四六

射木之山以爲望漢陽之江以通舟　張氏鑑云漢似當作漠　按上文景物下有漠陽江張說是也

又按此條未注出處

卷九十九 惠州

州沿革

宋志又云二漢皆傳羅晉太康地志作博　按宋志傳羅作作傳字是也

縣沿革

歸善縣　晉爲欣樂縣地　一統志二百七十九無爲字

○本屬南海宋末廢　按據下文所引宋志廢當作度○陳正明三年改爲歸善縣　一統志正作禎無縣字

博羅縣　至隋始屬循州故隋志云平陳置循州以縣屬縣　張氏鑑云屬縣縣字疑誤　按屬縣當作屬州

海豐縣　唐志循州海豐縣下注云武德五年析六安縣正觀元年省　按唐志六作置陸是也

景物上

南海　又寰宇記云南海則海寓連雲　按寰宇記

一百六十則作側是也○南越謂爲壞雷魚其大丈

按寰宇記丈上有一字是也○又有巨黿在沙嶼

間皆上生樹木如洲島　按寰宇記皆作背是也

西江　發源於九龍山南二百里　一統志無於字

南作西流

浮山　從合稽流來　張氏鑑云合當作會　按上

文羅山注云浮山自會稽浮來張説是也

釣潭　在歸善縣之北抵江西有盤石小潭　一統

志無之字抵字及小潭二字○東坡嘗游　一統

志游下有之字○因作江郊記曰　按據東坡集

及方輿勝覽三十六記當作詩○江郊葱朧 按本集朧作曨

湯泉 豈惟温獸駭 按據上文此係東坡温泉詩今考本集及方輿勝覽温獸作渴獸是也

豐湖 在郡城西 一統志郡上有博羅二字○陳公偁領州 一統志無公字

鰐湖 處豐湖之南 一統志處作在○古老相傳云鰐湖多鰐魚 一統志作相傳中多鰐魚

景物下

平遠臺 築臺極峻 一統志峻上有高字○爲遊

翫之勝　一統志翫作玩

松風亭　在彌陁寺後山之巔　一統志陁作陀○植松二十餘株　一統志十作千○因謂松風亭　一統志謂下有之字○東坡有遊松風記　一統志作蘇軾有記

合江樓　東坡嘗居焉詩云海山葱朧氣佳哉　按據東坡集朧當作曨

鰲峰亭　一統志鰲作嶅

峽山寺　容齋三筆云東坡初赴惠州過峽山寺不識王人　張氏鑑云王似當作主　按容齋三筆

十正作主張說是也

石埭山　在郡之西五七里　一統志作在博羅郡西五六里

水簾洞　因名水簾洞　一統志因名作名曰

雲溪泉　山茅君傳曰　張氏鑑云山當作三

白水山　下有湯泉石壇　一統志無湯泉二字

瑇瑁山　山下有池　一統志無山字○因以名山　一統志作因名○山南有相開元中充貢　張氏鑑云相字疑誤　按上文云在羅浮山之東今考元和郡縣志三十四　寰宇記羅浮柑子本充貢之

物此處相字必柑字之誤

浮碇崗　一統志崗作岡下同

安懷嶺　一統志兩引一作懷安嶺一作安懷嶺○在郡東南百餘里　一統志兩引一作在縣東一百餘里一作在博羅郡東南一百餘里○其嶺南有水入于海　一統志無于字海下有蓋卽懷安山也六字

牛嶺山　南越志羅浮左帶牛嶺山右據尾山寰宇記　按南越志係寰宇記所引寰上當有見字

新豐江　湍磧嶮峻　一統志嶮作險

古迹

欣樂城　在縣南一百五十里　一統志縣上有歸善二字○唐正觀元年　一統志正作貞

唐安陸縣城　一統志作唐陸安縣　按以新舊唐志考之當作陸安爲是○在海豐東七十里　一統志東上有縣字○按唐志云武德五年分縣地置正觀初後併入　按舊唐志後併入作併入也是也

晉長吉宮　在河源縣北百餘里　一統志無餘字○洪聖王之舊居也　一統志無之字也字

陳史君堂　張氏鑑云史當作使下同

官吏

陳鵬飛　按自鵬飛以下皆宋人陳上當補國朝二字

許申　携潮之士許申僧行中道艤舟於岸　按方輿勝覽僧作偕是也

陳知柔　留惠陽三年明日泛豐湖登白鶴峯　按明日疑日日之誤

口詹範　張氏鑑云此處本空一字　按注云範知惠州從東坡先生游先生嘗有次韻桂酒二詩以

蘇集考之其人姓詹名範詹上不應有空字

人物

古成之　按自成之以下皆宋人古上當補國朝二字○忽韓有書來成之索浩大書曰　張氏鑑云浩似當作酒　按下文云一醉浮生萬事休張說是也○擲筆而疑　張氏鑑云疑當作逝　按下文云家人發棺則尸已解張說是也

仙釋

單道開　法師正常如蟬蛻耳　張氏鑑云常似當作當　按據上文此係晉書藝術傳之語今考晉

書正作當張說是也

僧伽　東坡大全集又志林云予在惠州被命責儋耳吾妻沈素事[illegible]謹　張氏鑑云又當作及按志林予上有忽字吾上有太守方子容自攜告身來弔余曰此固前定十七字

碑記

唐傳士佛跡記　碑目傳作博○有巨人迹　鈔本碑目巨字係空格○散印于巖石之上　鈔本印作田誤

圖經　教授余嚞序　碑目嚞作嘉抄本作嚞　按據玉

篇嘉卽古文哲並非誤字不必改爲嘉也

惠州詩

殷堯藩寄嶺南張明甫見文苑英華 按據文苑英華二百五十八甫作府是也

蓋土人好生盤游飯 按方輿勝覽生作造是也○取鮓鯯膾炙皆埋之飯中 張氏鑑云鯯乃鮆之誤

彷彿曾遊豈夢中欣然鷄犬識新豐坡詩蓋隋志有新豐縣開皇中省入龍川龍川後省入河源 按據隋志縣上當有豐字

惟有黃茆浿堆壠生蚴窊坡詩 按坡集蚴作坳是也

鬟鬢幾雲髻 東坡在歸善縣嘉祐寺白鶴峯 按坡集鬟鬢作鬟鬐是也

卷一百 潮州

風俗形勝

退之潮州表臣所領州在廣府極東界濤瀧壯猛颶風鱷魚 按據昌黎集颶當作颶

景物上

蒙齋 以水石之勝故信安令鄭君沂讀書之室也在湖山 一統志二百八十作在湖山故信安令鄭沂讀書之堂有水石之勝

湖山　與韓山對山之麓寺觀錯立　一統志對下有峙字無之字

東湖　四山回環　一統志回作迴

韓木　邦人於此卜登第之詳　按詳當作祥

山都　寰宇記云潮陽縣有神名山都形如神而被髮迅足　按寰宇記一百五十八無名山都三字如神作如人足作走是也

景物下

仰斗亭　居州東山之腹北向名仰斗　一統志作在東山之腹北面故名仰斗

水簾亭　泉溜四垂　一統志溜作流

鳳凰山　樹中有神形如神被髮迅足　按據上文此亦寰宇記之語今考寰宇記無中字如神作如人足作走是也

鬬牛巖　按下文古迹門大顛泉注云在潮陽鬬牛巖此句鬬字疑鬭字之誤

獨子山　地曰淋田　一統志曰作名○有山鼎峙一曰飾山一曰明山一曰丨丨　一統志丨丨作獨子山

大人跡　在揭陽縣山地名陁內有一足跡甚巨

張氏鑑云山字當在陁字下

揭陽樓　韓昌黎建　一統志昌黎作愈

古迹

義昭縣　義熙元年立爲縣永初元年移上郡之西

張氏鑑云上當作至

綏安縣　有青牛駞迴舡側　按寰宇記駞作馳是

也

官吏

曹王皐　按自皐以下皆唐人曹上當補唐字

韓愈　又皇甫湜撰韓文公神道碑云愈貶潮州刺

史洞究海俗海夷陶然掠賣之口計庸免之　按
據持正本集然下當有遂生二字

李德裕　通鑑在唐宣宗大中元年爲潮州司戸
按以通鑑及新舊唐書考之戸當作馬

陳堯佐　按自堯佐以下皆宋人陳上當補國朝二
字

趙鼎　時鼎子份力乞請侍　按方輿勝覽三十六份
作汾乞請侍作請侍行是也

人物

唐趙德　韓文公潮州請置鄉校牒云趙德秀才排

異端而宗孔氏刺史韓愈知檄攝海陽縣尉爲衙推專管當州文學以督生徒　按本集無刺史韓愈知五字檄作請推下有官字管作勾

陳希伋　陳希伋以經行明修舉希伋第一　按下希伋二字係衍文

碑記

韓退之題名　集古錄云唐韓愈元和四年題名在濟源井大顛壁記附　碑目濟作齊井作并　張氏鑑云四上當有十字

李公亭記　唐正元十三年立　抄本碑目十字係

空格

韓文公廟碑　東坡文　碑目東上有蘇字抄本無

金山石刻　金山有始開金城山及韓山祠記　一統志始作姑誤○並刊于石　碑目並作并抄本刊作川誤

古瀛集　凡著述之關于州　碑目州下有者字抄本無○常侯禕命編爲集　抄本碑目禕作韓

潮州圖經　郡守常禕序　抄本碑目禕作緯　按上文古瀛集注禕作韓此又作緯皆傳寫之訛

新圖經　教授陳宗衜序　碑目衜作道抄本係空格

按衛郎古道字

詩

仍將襄病入瀧舡　按據下文此係韓詩據本集襄乃衰之誤

雲水蒼忙日向西　張氏鑑云忙當作茫　按據下文此係韓詩今考本集正作茫張說是也

一夕瘴煙風卷盡月明初上浪西樓賈島寄韓潮州文苑英華

按文苑英華二百五十九卷作捲

四六

髣髴十洲三島之仙瀛口口口　張氏鑑云此處原空

未知何名或與人書或賀啟也

卷一百一德慶府

府沿革

又沈約宋志晉康太守下載晉穆帝永和七年分蒼梧立　按據宋志于乃守之誤

已而復置更名康州唐志在天寶十二年　按據新舊唐志天寶乃貞觀之誤

改晉康郡元寶元年　按據舊唐志寰宇記一百六十四方輿紀要一百一元寶乃天寶之誤

景物上

香山　卽利人山　一統志三百八十一卽作一名○有
五色石石上多香草　一統志有作產無下石字
錦石　設錦繡幃帳于此　一統志無繡幃二字○
因名　一統志作又名濯錦山

景物下

壽康亭　在府雙門內之南　按方輿勝覽三十五作
在雙門之內
掘尾龍　按注引寰宇記今考寰宇記掘作拙
橫翠亭　在府門之南　一統志府作德慶州○今
改爲晉康　一統志爲作名

桬棠果　山海經云其味如李而無核食之使人不弱　按山海經卷二桬作沙弱作溺是也

古迹

廢都城縣　已上三縣　張氏鑑云已當作以

廢建水縣　已上三縣　張氏鑑云已亦當作以

官吏人物

唐程知節　後爲隱太子譖出爲康州白秦王曰大夫去左右手矣身欲全得乎　按據新舊唐書程知節傳及通鑑州下當有刺史二字夫當作王

仙釋

簡師　皇甫送一一序云　按此皇甫持正之文甫
下當補湜字○曰吾將朝進拜而夕死可者　按
本集朝下有得字是也
詩
五龍兄第古英名　按方輿勝覽第作弟是也
卷一百二梅州
州沿革
圖經云紹興七年發爲程鄉縣　按上文云國朝會
要云紹興六年廢梅州爲程鄉縣此處發字乃廢
字之誤

景物上

愁亭　爲一城登覽之勝　一統志二百八十九勝下有

一名東亭四字

程江　在州之西北七十里　一統志州之作梅州

○而會甯昌長樂二江以赴海焉　一統志江作

溪無焉字○江蓋因程旼姓氏而名也　一統志

旼作旼無姓氏二字及也字　按旼字於字書無

考當以作旼者爲是○邦人仰程之風故名其所

居之鄉曰義化　一統志程下有旼字風作名無

故字○於此江亦曰——　一統志曰作云

曾井　曾姓者所鑿也　一統志無也字○一歃疾且去　一統志作一飲輒愈

東巖　亦名東安巖在州之東五里　一統志作在梅州東五里亦名東安巖

菱禾　粒立麤糲　按方輿勝覽三十五禾與立皆作米○此本山客輋所種　張氏鑑云輋乃輩之誤

景物下

石窟洞　距城八十里　一統志城上有程鄉縣三字○在攉鋒駐劄寨之旁　一統志無之字

南田石　采於山者　一統志采於作採○及懷歸

一統志無及字○則往往路迷而不得返一統志無往往二字及而字○有幽火於此仙去

張氏鑑云火當作人

古迹

感應廟　相我有年當神廟而傳丞叉不然則否

張氏鑑云叉當作久

官吏

劉安世　按自安世以下皆宋人劉上當補國朝二字

劉安雅　命取人刈草研取其汁投之酒醋　張氏

鑑云人刎疑鈎吻之誤

人物

程敀　按敀當作旼說詳上文景物上程江注

古成之　按成之宋人古上當補國朝二字

仙釋

明山奕仙　昔有叟黃姓者採茶于山值兩人坐而而奕仙叟異之拱其旁　張氏鑑云仙當在人上

碑記

州學記　滕侯元發守鄆郡學生食不給　碑目鄆作郡是也（抄本作鄆）

續學記　潮之屬邑程鄉爲大　抄本碑目潮作朝

程鄉作絕鄉誤

鼎翔貢院記　碑目翔作創

以上廣南東路卷八十九廣州至卷一百二梅州

輿地紀勝校勘記卷二十三終

輿地紀勝校勘記卷二十四 廣南西路

卷一百三 靜江府

府沿革

前漢地理志云零陵楚地翼軫之分野蒼梧越地牽牛之分野　按據漢志越當作粵紀勝下文云荔浦屬蒼梧則荔浦爲粵地亦其明證○已上桂林志星分門　張氏鑑云已當作以

宋光祿卿顏楚年爲始安太守　按下文宋官吏門有顏延之注云爲始安太守今考宋書南史顏延之傳字延年官至光祿大夫此處楚字乃延字之

誤卿當作大夫

唐方鎮表開耀後置管內經略使領桂梧賀連柳富昭蒙嚴環融古思唐襲十四州治桂州　按據唐書方鎮表襲乃龔之誤

縣沿革

興安縣　唯臨源縣獨守誠節改爲全義縣　張氏鑑云誠似當作臣　按據上文此係寰宇記之語今考寰宇記一百六十二正作臣張說是也

監司沿革

廣南西路轉運司　廣西於靜江開場試斷案五場

如大法家　張氏鑑云大疑當作文
　風俗形勝
崇甯三年李彥弼八桂堂記　按下文景物下有八
　桂堂此處柱字乃桂字之誤
張拭府廳壁記　按拭乃栻之誤
循舊例以刺字報謁旦用行厨宴於其館　張氏鑑
　云旦似當作且
　　景物上
漢城　唐襲蔡築　按據新唐書南詔傳及通鑑唐
　時有蔡襲曾官交廣之地此處襲蔡當作蔡襲

靈渠　植木大爲斗門　按據上文此係唐志之語今考唐志大在木上是也

灕山　下有澄潭　按據上文此係寰宇記之語今考寰宇記澄潭作潭源○榜有洞穴　按寰宇記榜作旁○民保以避寇｜｜　按以寰宇記考之｜｜係誤衍

灕水　後爲江水潰毀渠逐廢淺　張氏鑑云逐當作遂　按據上文此係唐書之語今考唐書李渤傳正作遂張說是也○二水之名疑昔人因其水分湘灕而命之曰湘水｜｜　按湘灕當作相離

八桂　山海經云桂林八桂在番禺東八桂成桂言其盛大也　張氏鑑云桂成當作桂成　按方輿勝覽三十與張說正合然據山海經卷十八桂當作八樹據郭注八桂成桂當作八樹成林

八桂　今灘江上有八桂堂　張氏鑑云八桂當作八桂　按上文云八桂之名本出仙經下文云嘗植八桂於堂前張說是也

方山　寰宇記云在荔浦縣對九疑山相類　按據寰宇記相上當有高下二字

景物下

龍蟠山　嶺表異録云　按據上文此係寰宇記之
語今考寰宇記異在録下新唐書藝文志有劉恂
嶺表録異三卷此處異録必録異之誤
駮鹿山　在臨桂縣東　按桂乃桂之誤
白龍洞　在南溪平地半山如龕然大石屋盛暑重
裘而入　張氏鑑云大石屋當在如字上
黄源水　東流入臨桂縣界名｜｜｜永福縣界名
常甯永合白石流　張氏鑑云上永字上當有入
字下永字當作水
繡山洞　其巖在陽朔縣北與臨桂縣接境　按與

乃與之誤

屏風巖　如康莊大達　張氏鑑云達似當作逵

按方輿勝覽正作逵張說是也

越石嶺　卽五嶺從東第五嶺也　張氏鑑云第五五字疑誤　按寰宇記從上有之字無也字蓋此嶺乃五嶺從東而數之第五嶺也下文越城嶺注云卽五嶺最西嶺也可以互相發明不必疑爲誤字　又按寰宇記石作城誤

古迹

會仙里　寰宇記云臨桂縣南五十里舊有郡仙會

於此　按寰宇記郡作羣是也○輜軿羽駕遍于
空　按寰宇記空上有碧字是也
虞帝祠　李義山集有爲桂州刺史榮陽公賽祠文
云　按據本集榮乃滎之誤
歐陽都護墓　舊宅今蠻壽寺是也　張氏鑑云蠻
宋本作亞靈字之省也影抄者尤誤　按據上文
此係寰宇記之語今考寰宇記蠻作聖張氏所云
亞字疑卽聖字之訛也

官吏

李師中　郭祥正嘗從章惇入梅山同洞主蘇甘家

有畫像事之則成字也　張氏鑑云同似當作洞

張拭　按拭當作栻○又嶺州代答云　按下文碑

記門有嶺外代答此處州字乃外字之誤

人物

王世則　按世則宋人王上當補國朝二字

仙釋

鄭冠卿　唐人鄭冠卿過日華月華君於棲霞洞中

張氏鑑云過當作遇月上當有君字○仙者與

詩云不因今世行方便安得今朝會碧虛　張氏

鑑云上今字乃夙字之誤

碑記

韓雲卿平蠻頌　九域志云唐李靖爲嶺南安撫大使有平蠻頌碑韓雲卿文李陽冰篆額　張氏鑑云靖當作昌巙　按碑目正作昌巙抄本作靖

修堯舜二祠祭器碑　唐趙觀文撰　碑目無撰字抄本有

饗軍堂記　抄本碑目此條在下條後

唐衡嶽道士李彌明詩刻　在唐帝祠　碑目祠下有內字抄本無

虞帝廟碑　唐李陽冰撰　碑目作建中元年立韓

雲卿撰韓秀實書李陽冰篆額抄本與紀勝同　按碑目蓋據碑本補

桂頌　幾後之人勿翦伐　碑目伐上有勿字抄本無

○見賓州安城志　抄本碑目城作成　按賓州碑記門有安城志蓋賓州本名安城郡也作成者誤

桂林編　黃豈編劉褒序　碑目劉作劉

桂海志　碑目作林海抄本作桂海　按注云范石湖序蓋即桂海虞衡志紀勝省去虞衡二字耳作林海與桂海者皆誤

詩上

不知桂嶺居天末 戎昱寄薛評事見潯州圖經 張氏鑑云漕疑潯之誤

貫滯三湘五嶺中 許運送杜秀才歸桂林 張氏鑑云運當作渾

始興繁華舊風俗悵飲傾城沸江曲 張氏鑑云悵當作帳

詩下

百粵封疆桂嶺崇十城縣弩爭趨府五管侯圭盡偃風 曉庚送向綜通判桂州 按紀勝引此詩只二三句疑百粵

上有脫句　又按嶢疑饒之誤

洞庭春暖浮仙鴒桂嶺花飛擁侯旌范純僖送向綜　按侯當作候

九月無霜飛葉少四時有筍亂叢深桂林二十四巖洞杖屨十年供醉遊姚宋佐上詹帥　張氏鑑云詩四句當出兩首否則遊字當作吟

陶潛彭澤五株柳潘岳河陽一縣花兩處爭如陽朔縣碧蓮峰裏住人家唐沈彬題陽朔縣　張氏鑑云此二句縣字重次縣字似以作好爲是　按此詩前空一行上文詩上詩下兩門皆係總詠桂州之詩自

此以下諸詩或咏陽朔縣或咏荔浦縣疑此詩前
一行當補陽朔荔浦詩五字

卷一百四 容州

州沿革

宋志明帝泰始七年立越州南流太守屬焉則南流
郡與越同立於泰始七年也　按越下當有州字

通鑑梁太祖開平元年甯遠軍節度使龐巨昭　按
據通鑑元當作四○及劉隱據嶺南遣弟嵓攻容
州不克　張氏鑑云嵓當作巖　按通鑑作巖以
五代史考之當以巖字爲是○巨昭恐度終非隱

敵　按通鑑恐作自

縣沿革

陸川縣　杜祐通典乃在德宗之時　按祐乃佑之誤

風俗形勝

江水即馬援云仰視烏鳶跕跕墮水中即此地也郡國志云已上並見寰宇記　按寰宇記一百六十七　江上有瘴字墮作落

景物上

冷石　舊唐志云北流其土少鐵以礐石燒爲器以

烹魚鮭北人名五候鯖　按據舊唐志砦當作礐

候當作侯

景物下

迎富亭　以是名亭　一統志二百九十八作因以名其亭

繡江亭　前羅都橋諸峰　一統志橋作嶠○一覽可盡江山之勝　一統志作爲登覽之勝

讀書臺　寰宇記云在普甯縣之東一十五里　一統志普甯作容無之字一字○因目之爲讀書臺　一統志作因名

玉虛洞　吳元美記云此峰有念經觀衡二名皆不雅傳輙更之爲｜｜｜云　張氏鑑云傳字疑誤　按傳似當作循蓋本係馴字紀勝避理宗嫌名每改馴爲循又訛循爲傳耳

羅漢溪　寰宇記云在陸川縣皆在郡邑　按寰宇記邑作界是也

獨秀巖　與韶眞杭衡　按方輿勝覽四十二杭作抗是也

都嶠山　亦號蕭韶山　按下文有簫韶山此處蕭字亦當作簫○北八二洞虛爽　張氏鑑云八當

作入

普照巖　入洞仰視則玉山上京不可階升月夜扁舟於千巖萬壑中與玩靈無異　按玩疑仙之誤

○其中仙壇佛塔低昻交錯　按昻乃昂之誤

韜眞觀　西抵普照巖獨秀嵓　張氏鑑云上文有普照巖此處嵓字亦當作巖

白沙洞　千態萬狀不可彈盡　按方輿勝覽彈作殫是也盡作玆非也

北靈山　若龍若馬獅子之象多矣　張氏鑑云獅上當有若字

古迹

廢欣道縣　已上皇朝併入普寧縣　張氏鑑云已當作以

廢阿林縣　寰宇記云在陸川縣廢州本漢舊縣　按寰宇記州下有東北五十里五字是也

廢羅繡縣　寰宇記云在陸川縣唐武德四年析阿林縣　按寰宇記阿林縣下有置字是也

古勾漏縣城　按此條脫去注語

官吏

唐元結　後家瀼濱乃自稱浪土　按土乃士之誤

韋丹　化盛行　按據上文此條唐史傳之語今考新唐書韋丹傳作仁化大行是也

崔方實　獲桴囚　按桴乃俘之誤

仙釋

葛洪　聞交趾出丹砂來爲勾漏令　按方輿勝覽來作求是也

邵道士　許邁有妻還學道陶潛無酒亦從人相從十日還歸去萬刧清遊結此因　按從人與相從兩句中從字複見據上文此係東坡詩今考本集相從作相隨是也

梁賢　容有兩男子曰｜｜曰植之德　張氏鑑云

植疑杜之誤

廣禪師　劉禹錫袁州楊岐山碑云　按本集州下

有萍鄉縣三字山下有故廣禪師四字○由是結

廬茱鄉縣楊岐山　按茱乃萍之誤

碑記

普寧志　司法梁日成編　抄本碑目無編字

王慶會思元堂詩碑　見斷碑門　張氏鑑云見乃

有之誤門乃存之誤

詩

鴿首衝隴浿犀渠拂嶺雲莫教銅柱北長說馬將軍杜牧送唐中丞　按隴乃瀧之誤

九驛梯杭壓要津　張氏鑑云杭當作航

浿經蛟浦潤山入鬼門寒歐陽公歸田錄載曾惠崇送遷客詩　張氏鑑云曾似當作僧　按方輿勝覽正作僧張說是也

頻年太守多新額池亭舊名不經所因易之　張氏鑑云因當作由○異代思賢有舊基唐羅可經略碑先懷前守凌景陽復多改名陶弼比池詩　張氏鑑云舊基似當作舊碑復多字疑有誤

按上文有池邊臺榭半空基之語基字韻不應

重用張說是也　又按上文引劉禹錫詩注云北池萬松亭皆容州勝槩此處比字乃北字之誤

後唐李復作池本櫼記曰此池植蓮數萬　張氏鑑云櫼疑當作橋　按方輿勝覽此作北

問津勾漏山散策實圭洞　按上文景物上勾漏山注言寶圭洞靈寶觀注言寶圭洞天此處實字乃寶字之誤

四六

詔荅云卿業盛機鈴林雄通變　按鈴乃鈐之誤林乃材之誤○布威令於一方息忿昏於千里公忠

其在嘉嘆二艮深　張氏鑑云忿當作岔其當作具

輿地紀勝校勘記卷二十四終

輿地紀勝校勘記卷二十五 廣南西路

卷一百五 象州

州沿革

白富昭象龔綉容白廉州以西 按據上文此係唐志之語今考新舊唐書天文志綉作繡是也

則今象郡乃今之日南國耳非今之象州也 按今象郡之今當作古

州廢二縣□來屬 按注云此據唐志今考唐志空格係皆字

縣沿革

武仙縣　元和郡縣志云武德四年析桂州建甯縣南置　張氏鑑云南下有脫字　按元和志三十七與此正同然其下文武化縣條下云析桂州建陵之南界置此句南字下亦當有界字

來賓縣　國朝會要云故條德郡領二縣　按上文引唐志嚴州云云今考新唐志嚴州名循德郡此處條字必循字之誤　又按舊唐志及寰宇記一百六十五嚴州名修德郡紀勝條字當是循字或修字之誤

風俗形勝

其地宜稻粱　按粱當作梁

景物上

龍洞　在來賓縣二十里　張氏鑑云縣下有脫字

大江　舊經名潯江不述所出按九域志融州有燖江堡　按燖當作潯

景物下

温湯泉　在陽壽縣東二十里洞出武單里峒心石穴　按洞乃源之誤

陽口溪　在□□縣北五十里　張氏鑑云縣上原闕二字

長峯院　皇流浩浩涵虛漱玉　按皇疑泉之誤

雙泉巖　士人多於巖中結課隸業　按隸當作肄

白雲洞　離來賓縣山水極佳　按據方輿紀要一百九縣下當有二十里三字

古迹

舊武仙縣城　在武仙縣十里　按據方輿紀要縣下當有東字

官吏

陳大和　按大和係宋人不應列於唐代諸人之前當移至下文孫覿高穎之後

薛仁貴　命爲邏婆道行軍大總管　按據新舊唐書薛仁貴傳及通鑑婆乃娑之誤○突厥白聞薛將軍流象州死矣　按據新舊唐書及通鑑白當作曰

人物

粟大用　按大用以下皆宋人粟上當補國朝二字

謝淇謝澤　從張正言庭堅作文王右丞安中履道尚書孫覿仲益學作詩　按下文云王右丞孫尚書墨跡甚多此處孫字當在尚書之下

仙釋

武志士　與師弟二人　按下文云弟子亦成道此處師弟當是弟子之誤

碑記

石羊山大字　四傍皆無路可達　碑目傍作旁抄本作傍○莫能辯其眞　碑目無能字抄本有

詩

瘴水鼇江入洞流　張氏鑑云此行前當補詩字

四六

雖彫題交趾之俗　按方輿勝覽彫作雕是也○而含脯鼓腹之人　按方輿勝覽脯作哺是也

卷一百六　邕州

州沿革

陶弼詩云山川通蓋部星斗近交州　張氏鑑云蓋當作盆

唐方鎮年表云天寶十四載置經畧使領州十三曰邕貴欽橫澄賓嚴羅瀼山田籠　按據唐書方鎮表瀼上當有淳字方與十三州之數相合

雖不明言其爲永平軍節度　按上文云又置建武軍節度下文云邕之名建武此處永平二字當是建武之誤

隱命龔取邕管　按據上文此條本於五代史劉隱傳今考五代史龔乃龔之誤

溪洞州縣

永平寨　皆係熟地溪洞□□　張氏鑑云原本洞下闕二字

風俗形勝

左江十八面右江十八面今所謂三十八洞者也

按上文云三十六洞即此處三十八當作三十六方與兩十八之散數相合

併邕容兩管爲一道深合事宜韓愈奏黃賊事宜然邕州與賊逼近

按據本集注中事宜上當補狀云云三字蓋此篇本名事宜狀所謂云云者卽併邑以下十二字也

景物上

蠻程　自橫山寨七程至四城州方屬蠻界自四城州共六十八程至自杞國又一程至大理國自安城州又二十八程至羅殿國　張氏鑑云兩四城當作泗城安城亦當作泗城　按據方輿紀要一百十宋時有泗城州屬於橫山寨張說是也

景物下

矗雲樓　在城西北隅　一統志三百城上有府字

梯雲閣　在子城東隅　一統志子上有府治二字

三公亭　在望仙坡上　一統志望上有府東二字

望仙坡　營于上　一統志上上有坡字○即其地

建堂　一統志堂作亭

右江水　大槃在大理之威楚府而特磨道又與甚

善闡府相接　張氏鑑云甚乃其之誤

橫山買馬　又李心傳朝野雜記云廣馬者建炎永

廣西提舉峒丁李棫始請市戰馬赴行在　按永

乃末之誤○羅殿國又遠如自杞十程　按如當

作於○乞就宜州中馬　張氏鑑云中似當作市

按方輿勝覽三十九正作市張說是也

古迹

故郎甯縣　元和志云本漢蓋增食邑縣地也　按元和志三十八無蓋字邑字

歸仁鋪　賊之標牌軍爲馬軍所衝突皆不能駐城遂大敗　按城乃賊之誤

馬將軍廟　按此條脫去注語

懷忠廟　劉摯嘗銘其墓淸源集顧杞忠勇蘇公祠記　按顧杞疑有祀之誤

官吏

李翱　按自翱至呂仁高皆唐人李上當補唐字

蕭注　按自注以下皆宋人蕭上當補國朝二字

狄青　或以告襄公　按青謚武襄襄上當有武字

謂必　張氏鑑云謂必不似人姓名疑有誤

人物

石鑑　按鑑係宋人石上當補國朝二字○惟結洞

酋黃守陵暴强　按强當在暴上

碑記

天威經新鑿海派　咸通九年靜海軍營書記裴釧

字　張氏鑑云經當作徑釧當作鉶派下當有記

字　按天威徑乃高駢所鑿裴鉶爲高駢掌書記故撰此文張說是也

邕管雜記　委所在長吏漸加戒厲　碑目吏作史抄本誤作吏

詩

龍約海船行有氣象隈銅柱卧成痕唐沈彬　張氏鑑云隈當作偎

山川東貢外城郭漢兵餘唐庾詩見建武志序　張氏鑑云庾似當作庚

分野窮禹畫人煙過虞循不言此行遠所樂相知新

劉禹錫送華陰尉張茗赴邕府使幕見文苑英華 按文苑英華二百七十七

循作巡此作循者避理宗嫌名

爾書行絕域銅柱入中原陶弼 按爾乃璽之誤

四六

而馬政誠恢復之圖猶當講明而深究 張氏鑑云

猶當作尤

卷一百七昭州

州沿革

禹貢荊州之域元和郡縣志云富州所載富州今屬昭州 按據元和志

三十川當作州

縣沿革

龍平縣　按據元豐九域志卷九輿地廣記三十六縣下當注中字○廢富州以思勤馬江二縣以入龍平以龍平隸昭州　張氏鑑云入上以字係衍文

風俗形勝

謹按元和郡縣志云平樂郡在縣南三里水約西岸有昭潭　按元和郡縣志郡作溪約西作面約

景物下

十愛亭　在城光孝寺門之側　按方輿勝覽四十城下有内字無之字

大繪亭　考□命名之日不差　張氏鑑云原本空一字

[illegible]公亭　刻石瞰于壁　張氏鑑云瞰疑嵌之誤

陶李峒　又有陶李二人姓世爲婚姻　按人乃大之誤

平旦驛　括爲末貼傷去其痛立止　張氏鑑云括當作刮

崇元觀　故若相傳　按若當作老

光孝寺　五代僞劉時所鑄云天寶四年　按南漢劉鋹年號係大寶非天寶下文碑記門南漢銅佛

識注亦作大寶四年此處天字必大字之誤

銅鼓山　州城望之隱然在西高隅　張氏鑑云高字疑誤　按下文云係在荔浦界中今考荔浦在昭州西南高字必南字之誤

三石山　僞漢時百兵入靜江道過此黎明過獵師椅黃犬　張氏鑑云百字椅字俱似誤　按百疑有之誤椅疑縱之誤

古迹

故孤州城　唐天冊元年置　一統志二百九十七作唐天冊萬歲元年所築

廢思勤縣　寰宇記云在龍平縣北一百四十里臨賀縣也　按寰宇記臨上有漢字是也

故永平縣　元和志云澄聖元年割平樂縣置　按據元和志澄當作證置上當有永平鄉三字蓋證聖乃武后年號若澄聖則自來無此年號也

鄒侍郎祠堂　在城木艮塘之西　按據上文景物下木艮塘注城下當有北字

官吏

梅摯　按自摯以下皆宋人梅上當補國朝二字○又作我愛昭州好十詩刻之郡國　按國乃圃之

誤

汪齊　乃易地于城清化營　按上文有今所築子城之語此處于字乃子字之誤

人物

周渭　按自渭以下皆宋人周上當補國朝二字

莫節婦　周渭避地道州蒼惶北走不暇與妻莫氏談　按談乃訣之誤○欲復迎荃荃曰　張氏鑑云兩荃字似皆當作莫

韓適　於東庄作東山書院　張氏鑑云庄當作莊

仙釋

二仙　先是有二女遊此山修黃帝老子之術曰譚

二娘　張氏鑑云譚下當有氏字

碑記

南漢銅佛識　趺坐蓮花中　抄本碑目趺作跌誤

○縱廣一丈　碑目廣作濶抄本作廣　○巨搨圍五寸

抄本碑目搨作梅寸作十誤○金蘭寶幛皆銅

所範　碑目蘭作闌是也抄本作蘭

玉臼泉石刻　在昭平縣龍門硤上　碑目硤作峽

按上文景物下玉臼泉注亦作峽張說是也○

有龍門硤玉臼泉六大字　碑目硤作峽無大字

抄本有　按玉白泉注與碑目同

五瘴說　謂杜有五瘴　碑目杜作仕是也○以急

催暴歛　抄本碑目歛作紉誤○艮惡不白　抄

本碑目不作衣誤○爲幃薄之障　張氏鑑云障

當作瘴　按碑目正作瘴○雖在轂下有不可追

抄本碑目轂下作朝罪○矧其瀕海之地表嶺

之區耶　抄本碑目瀕作頻表作來誤

詩

桂水春猶旱昭川日正西　張氏鑑云旱當作早

按據下文此係李義山詩今考本集正作早張說

是也

亭標梅句老堂識敬公名陶弼　按方輿勝覽老在句上紀勝上文景物下十愛亭注云刺史梅摯作亭有石刻載公十愛詩蓋梅老卽指摯而言也

立山縣里婦長於縷績吉貝蕉落之類　張氏鑑云落疑葛之誤

四六

昭邱舊郡平樂屬城李義山昭州舉試　張氏鑑云舉試疑有誤

卷一百八梧州

州沿革

校之輿地廣記郡無秦王字　按上文引輿地廣記云初南越以同姓趙光爲蒼梧秦王又引西漢功臣表云以南越蒼梧王聞漢兵至降是功臣表校之輿地廣記僅少一秦字非少秦王二字此處王字係衍文

已上並援隋志　張氏鑑云已當作以援當作據

則封州封川於今之梧州已判爲二郡　按於當作與

縣沿革

蒼梧縣　倚郭　按依他卷之例倚郭二字不應注於蒼梧縣之下當移至下一行舊唐志云之上○梁於北置梁信郡　張氏鑑云北疑當作此

景物上

火山　嶺表錄云　張氏鑑云錄下當有異字　按寰宇記一百六十四所引亦無異字

三江　南枕廣江左帶鬱江謂之一一　張氏鑑云據下文始安江注左上當有西則始安江五字

景物下

鳳棲亭　在子城上嘉魚亭之西　一統志二百九十八

作在嘉魚亭西

嘉魚亭　在子城南　一統志作梧州子城西

白鶴樓　在州城上之西　一統志作在梧州西城上

漾月亭　負東山跨鰐池　一統志鰐作鱷

愛民堂　在東園　一統志東上有梧州二字

讀書堂　在州城五十里　一統志州城作梧州西

○與赤傒山廣嚴寺相對　一統志傒作徯

雲蓋院　在縣十里　張氏鑑云縣下有脫字

催官水　在城西偶　張氏鑑云原本作湡影抄者

誤偶當作隅

始安江　在廣信縣南樓孟陵水六十里北接臨賀

富川三縣　張氏鑑云樓當作接三縣似當作二

縣

雙龍洞　在州東北一里羅漢寺接｜｜｜碑云

張氏鑑云接字係原本然似當作按○有飛騰凌

天矯之勢　張氏鑑云凌下當有空字

古蹟

新甯縣　有獨足烏喙腳皆赤藻褥相輝[redacted]按上文

景物下獨足烏注云喙腳皆赤藻褥相輝此處褥

字當是縟字之誤寰宇記正作縟是其明證

吳武陵基　按上條係士燮冢此處基字乃墓字之誤

官吏

喻猛　出塗廙志　張氏鑑云塗廙疑有誤

鄭畋　懿宗時韋保衡路巖忠宰相劉瞻誣以罪黜爲荆南節度　按忠乃忌之誤

梁適　按上文已有梁適此條當併入上條

人物

潘盎　按盎係宋人潘上當補國朝二字○相山雜

錄 張氏鑑云相當作湘

仙釋

吳時道上 道士并牛並隱石下 張氏鑑云并當作與

盧耽 化爲百鵠飛至閣前 按寰宇記百作白是也

碑記

元結冰井銘 容州經畧使元結過郡目曰冰井人爲銘刻石泉上 碑目人作又是也抄本作人

詩上

身經火山熟顏入瘴鄉消沈佺期詩　按寰宇記熟作熱

是也

詩下

郭祥正和梧守蔡希蘧留口詩　張氏鑑云詩上原

本空一字

輿地紀勝校勘記卷二十五

輿地紀勝校勘記卷二十六 廣南西路

卷一百九 藤州

州沿革

已上四縣之更易並據寰宇記 張氏鑑云已當作以下同○而唐志云隋安賀州縣係正觀以後併省 按唐書地理志作又有隋安賀川甯人等縣皆貞觀後省併更置

風俗形勝

夷人往往化爲貙 郡國志曰夷人死往往化爲貙貙小虎也 按寰宇記引郡國志貙作貙小作少是也

景物下

光華堂　刻其畫像并其文於石　一統志二百九十八

併作并

浮金堂　在鐔川縣衙東山　一統志鐔川縣作藤

州

鬱繡樓　在州城頭東　按方輿勝覽四十無頭字

隋化山　在鐔津縣昭州界　張氏鑑云昭上當有

與字

古迹

故義昌縣　元和志云本名安昌縣梁證聖元年置

按元和志此卷久闕然考元帝年號係承聖此處證字當是承字之誤蓋證聖乃武后年號與梁時無涉也

銅鼓神　按上文有唐衛國公廟下文有靈威致福夫人廟資福靈讚侯廟惟銅鼓神及逍遥神無廟字當是傳寫脫去

官吏

蘇軾　按自軾以下皆宋人蘇上當補國朝二字

李光　與秦檜論和敵徹備　按徹當作撤○秦檜素憾光直畏其得人望　張氏鑑云直似當作且

卷一百十　潯州

州沿革

不知班固分諸州分野之時交廣尚合爲一郡未分東西也不應反因後之分路而使與班固之分野而强合乎　按郡當作州乎當作也下而字係衍文

重置潯州唐志及諸地理書第二云後復置部不載年月及縣名　張氏鑑云第當作苐部當作郡

唐置鸞州今州六十五里　按元和志三七十州下有東字是也

風俗形勝

自唐大中以後並服禮儀衣服巾帶如中國焉舊經曰武

郎縣今棘地云云　按棘疑僰之誤

景物上

淥水　天然怪石甃其榜　按方輿勝覽十四榜作傍

是也○中有巨魚人不敢□　張氏鑑云原本敢

下有字糢糊　按據方輿勝覽敢下當是捕字

盧越　按此條止注類要二字疑有脱文

景物下

磨雲山　在平南縣一百里　按據方輿紀要一百八

縣下當有南字

蛇黃崗　磨之可付腫毒　按付當作傅

白石山　洞門自下入透容州勾漏洞天　按方輿勝覽透在入上

會仙巖　澄道險峻　按澄乃蹬之誤

包髻岡　在州五里　張氏鑑云州下有脫字

闘石山　有讀書巖傳梁狀元於此讀書　按傳上似當有相字

古迹

廢平原縣　寰宇記云在武郎縣開寶五年併入武

郎縣屬龔州仍廢州　張氏鑑云仍廢州州疑有脫誤　按寰宇記一百五十八無州字其上文云武郎縣本屬思唐州當以有州字爲是州即思唐州也紀勝刪節其詞遂若有脫誤耳

故陵江縣　唐志云武德七年置陵江縣武德十二年省陵江縣入桂平　張氏鑑云據唐志七當作十下武德二字係衍文

官吏

恭輔　按自輔以下皆宋人恭上當補國朝二字

胡則　士夫莫敢遺書惟則遣人渡海往來不廢

張氏鑑云上遣字似當作遺

人物

梁嵩　按嵩係南漢時人梁上當補南漢二字

陳坦然　按坦然係宋人陳上當補國朝二字○宜州兵殺守師　張氏鑑云師似當作帥○知漳浦縣收縣政績彰彰　張氏鑑云收似當作攸

碑記

南海乾和白石秀林之記　奉勅鐫石玉皇儀像侍衞九軀　碑目像作從誤抄本作像

白石洞陽明觀記　景祐二年立　碑目立作文是

也抄本作立

龔州廳壁記　潘陽石城撰　碑目潘作鄱抄本作潘

太守題石記　大觀二年郡守張浙云　碑目云作立是也抄本作云

詩

自廣直邕分十郡綿龔引象列三江水歸東海流無盡山拱西祠勢若降蕭刓　張氏鑑云蕭字下不知何字之誤

卷一百十一　貴州

州沿革

五代爲南漢所有　圖經云朱梁時封劉隱爲東海王　按據五代史及通鑑東乃南之誤

而劍州陞爲普安軍　紹興中始再升爲隆慶府　蓋用此例　按據隆慶府沿革陞隆慶府係紹熙二年事此處興字必熙字之誤蓋紹興係高宗年號紹熙係光宗年號隆慶府本孝宗潛藩其升府號自當在光宗時若高宗時尚未升普安軍不應遽有府號也○然三州躐升爲重慶英德嘉定府而榮州軍名蓋中書之誤至今不錫貴州亦類此　按據隆慶府府沿革至今不錫四字當在軍名之上

風俗形勝

射翠及羽剖蚌求珠爲業　按寰宇記一百六十六及羽作取毛是也

蓋取陸史君載石懷橘之義　張氏鑑云史當作使

景物上

東山　唐時有何特進履光二人隱此山　張氏鑑云履上脱去人姓

紫水　對出州門流下者太守必除擢移換　按方輿勝覽四十對出作其對是也

銀山　有石涵望之如銀俗爲仙人函　按涵當作

函爲當作謂

景物下

含山驛　在懷遠縣潯州界　張氏鑑云潯上當有接字

馬嶺山　嶠多虺其毒殺人有洽石可以解之　按寰宇記洽作冷解作治是也

古迹

漢銅虎符竹使符　俚人□氏有銅虎竹使符　張氏鑑云原本空一字　按據寰宇記空格當是滕字

羅口溪水　張氏鑑云原本破缺一字　按據寰宇記空格當是舍字

官吏

後漢谷永　以恩信招降烏許人十餘萬内屬　張氏鑑云許當作滸　按據上文此係後漢南蠻傳之語今考後漢南蠻傳正作滸張說是也

三國陸績　績意儒雅　按據三國志陸績傳意下當有在字

人物

梁詔　按詔及俞仲昌皆宋人梁上當補國朝二一字

俞仲昌 門外高居無俗客篋中靈藥是陰功年來吏喜兒孫盛俊筆香名紹素風 按居疑車之誤

吏疑更之誤

詩

朝衣䯷褭暮揮扇 張氏鑑云䯷疑紽之誤

四六

況懷澤之爲州亦南冠之樂土苦無瘴癘粗有人民

按苦疑當作喜

卷一百十一 柳州

州沿革

又置洛封洛容縣　張氏鑑云縣上當有二字

風俗形勝

候蟲異於他所圖經｜｜｜｜｜｜特窮冬促織猶鳴　按特當作時

曾鞏李柳州材叔序云　張氏鑑云李上當有送字

景物上

潯水　柳文柳州山水近治可遊者記云古之州治有｜｜南山石間今徙在水北　張氏鑑云文當作集　按據本集有當作在

潭水　按此條脫去注語

景物下

柏子堂　詩碑尤存　張氏鑑云尤當作猶

駕鶴山　有泉在坎下嘗盈而不流　按方輿勝覽三十八嘗作常是也

蜈蚣珠　柳州種甘堂　張氏鑑云甘當作柑○有聲砉然　張氏鑑云砉乃砉之訛

如來山　有神女顯故名　張氏鑑云女疑光之誤

官吏

柳宗元　按宗元及劉蕡皆唐人柳上當補唐字

田欽祚　按自欽祚以下皆宋人田上當補宋字

王安中　字履道北岳居號初寮道人　張氏鑑云

居字當在北岳上

人物

白聳　按聳係唐人白上當補唐字

宋士堯　按自士堯以下皆宋人宋上當補國朝二字

張亞卿　種學績文灝老不襄　張氏鑑云襄當作衰

碑記

大雲寺　抄本碑目寺下有記字是也○柳宗元碑見存　抄本碑目碑作硯誤

柳侯遺碑　復得舊斷碑并蓋　抄本碑目蓋作盡

誤

詩

鵝毛禦臘縫山罽雞骨古年拜水神（柳宗元柳州岷峒詩）　按

本集古作占岷峒作峒氓是也

人事少陵詩外見人煙子厚記中行（吳敏）　張氏鑑云

人煙字有誤

輿地紀勝校勘記卷二一十六終

輿地紀勝校勘記卷二十七 廣南西路

卷一百十三 橫州

州沿革

領平山興道甯浦二縣 按據上文此係宋志引吳錄之語今考宋志二作三是也

以鬱林郡之甯浦樂山縣置簡州 張氏鑑云縣上當有二字

縣沿革

永定縣 按據輿地廣記三十七縣下當注下字○唐志云故秦桂林縣地武德四年立復州寰宇記云

永正元年避唐廟諱改爲巒州　按新唐志作本淳州武德四年以故秦桂林郡地置寰宇記一百六十六正作貞無唐字今考唐憲宗諱淳永貞元年憲宗卽位故改淳州爲巒州唐志亦云永貞元年更名與寰宇記合若復字則非唐人所諱也○省武羅靈竹三縣入永定來屬　張氏鑑云三當作二○寰宇記云以郡多山巒而巒州非州郡佳名當從唐志曰巒州　按寰宇記多山巒作最多山巒爲稱　又按而巒州非州郡佳名之巒疑當作蠻蓋元和志三十八永定縣屬蠻州紀勝上文當引元

和志而傳寫脫去耳　又按舊唐志作巒新唐志誤作蠻當據紀勝改正

風俗形勝

可先覺撰寶華山應天禪院記　張氏鑑云可先覺疑有誤

景物上

蟲絲　士人賣與海上魚蠶子爲釣緡　按士乃土之誤

景物下

橫浦樓　在城上樵樓之右　張氏鑑云樵當作譙

烏鵲山　九域志在寧浦縣東北六十里　張氏鑑

云地當作北否則係衍文　按據方輿紀要一百十

地字係衍文

古鉢嶺　至橫州城北之七里外　張氏鑑云至當

作在

簕竹鋪　在永定縣二十里　張氏鑑云縣下有脫

字

古迹

秦少游文題海棠橋　張氏鑑云文疑當作所

官吏

本朝杜杞　歐希範反襲破懷州　按據東都事畧杜杞傳懷當作環紀勝下文云環賊以平亦其明證

王嗣宗　切爲陛下不取　按切當作竊

卷一百十四　融州

州沿革

融州口都督府　按據方輿紀要一百九空格當是下字

以桂林之球州洞地置羅城縣　按據方輿紀要球當作玖

仍割宜融柳及以平允從庭爭觀爲黔南路　張氏鑑云以當在觀下

縣沿革

融水縣　以桂州之琜州洞地置羅城縣　按據方輿紀要琜當作玖

懷遠縣　張氏鑑云原本未注上中下等字○按元豐九域志卷九輿地廣記三十六未載此縣故紀勝無所據以注耳○去州治□□□里　張氏鑑云原本未詳里數　按據方輿紀要所空者當是東南九十四字而今本止空三格俟考○因工江古州

蠻人納土　按下文景物下有王江水此處工字疑王字之訛

風俗形勝

泫轉而舞　按泫乃旋之誤

元豐十年古融江三班借職楊晟煖乞於文村鋪起學　張氏鑑云煖疑援之誤

紹熙庚戌大水瀘州譙樓榜從江而下事見圖經云江水下　按下文景物下有王江水此處云字當是王字之誤

景物下

廉靜堂　一統志二百九十三廉作簾

飛躍亭　祝聖之所　一統志祝上有舊爲二字

刻玉樓　按此條脫去注語

彈子巖　舊傳有煉丹于此者今石牀石室儼然餘元委地石如彈子　張氏鑑云元當作丸石上疑脫化字

王江水　初楚威王特遣將莊蹻　按特乃時之誤○軍至且蘭掾船　張氏鑑云椽當作椓下同○因留王滇他　按他當作池○在蘭有掾船牂柯處　張氏鑑云在當作且柯當作牁

颸颰溪　張氏鑑云颸颰疑颶颰之誤

古迹

虞帝廟　謂銀瓶玉盃廟　按謂下當有之字

官吏

李拱　按自拱以下皆宋人李上當補國朝二字

傅自得　得徙自便乾道復故官　張氏鑑云徙當

作從道下當有閒字

人物

人物　按物下當注闕字

碑記

玉融志　碑目玉作王抄本作玉　按上文風俗形勝門云玉融山水爲天下最景物下有玉融道院方輿勝覽四十一亦云郡名玉融當以玉字爲是作王者非也

詩

遊遍眞仙洞府中　張氏鑑云遍當作徧

卷一百十五賓州

州沿革

賈誼過秦論曰南取百越以爲桂林象郡　按越下當有之地二字

縣沿革

嶺方縣　一統志二百九十五嶺作領　按前後漢志晉志宋志齊志隋志元和郡縣志三十八方輿紀要一百九皆作領新舊唐志寰宇記一百六十五元豐九域志卷九輿地廣記三十七方輿勝覽四十一皆作嶺○輿州同移治于舊城北二十里　一統志作移州及領方縣皆治於舊城北二十里○輿地廣記云今治故鄆琊縣　一統志作廢鄆琊縣卽今治　按輿地廣記無今字琊作邪

邇江縣　按據元豐九域志輿地廣記縣下當注中

字

風俗形勝

屋壁以木爲筐竹織不加塗蔇　按蔇當作墍

景物上

青蚨　東哲云　按據下文此係寰宇記之語今考

寰宇記哲作晳是也

景物下

羅鈎社山　舊經二元山勢嵯峨　按二元當作二云

古跡

陳崇儀威顯廟　卽本朝崇儀使陳曉也　按陳曉

即陳曙此作曉者避英宗諱後凡改陳曙爲陳曉
者仿此

官吏

王鞏　從蘇軾問學嘗坐軾貶賓州酒稅軾旣北歸
出侍兒柔奴勸東坡酒　張氏鑑云上言軾下言
東坡前後不畫一　按方輿勝覽王鞏傳前後皆
作東坡

人物

韋厥　按厥係唐人韋上當補唐字

梁仲保　按仲保以下皆宋人梁上當補國朝二字

○募化內徙　按募當作慕

李安　收叛則楊維明等　張氏鑑云則當作賊

李寶　太史自賓移化寶又爲經營八十人自後部役至化而歸後太史役至北歸寶皆來會　張氏鑑云上後字當作從下役字當作歿

碑記

韋厥碑　碑乃廖州刺史韋敬辨所撰　碑目韋作常　抄本辨作辦誤

詩

盖縣爲石讙縻思剛州本朝改爲遷江縣　按石乃

古之誤

史君迴上雅歌樓　張氏鑑云史當作使

卷一百十六　化州

州沿革

切詳羅州之名雖見於隋志　按切當作竊○非其寔也　按寔當作實

又析置南河石城招義零淥龍化陸川慈廉羅肥共八縣　按淥當作綠後凡零淥俱仿此說詳下文

古迹門廢零綠縣

縣沿革

石城縣　張氏鑑云原本未注上中下等字　按元豐九域志卷九輿地廣記三十七皆未載此縣故紀勝無所據以注耳○在州南一百三十里　一統志二百八十三州南作化州西南在下文詔從之下○乞將吳川縣所隸西鄉置――　一統志作乞將所隸西鄉置縣以石城爲名

風俗形勝

范氏舊聞合遺云　按合疑拾之誤

景物上

麗山　在古幹水縣東北二十里　一統志無古字

○其山自州界迤邐入幹水縣界　一統志州上有化字無界字○山西有水源自州舊陵羅縣　一統志無州字

南山　俗又呼之爲龍母山　一統志無之字

二水　居二水之濱因名之　一統志無之字○合三江水爲三水　一統志作合信宜水爲三江水○東百餘里至吳川縣通大海　一統志東作又東南

白香　與木栖類株幹差大以斧斲之名曰斧□面香氣始聚焉　張氏鑑云栖疑當作相空格疑當

作口字

景物下

歸鴻亭　在龍母山之巔　一統志無之字○接冠方就擒　一統志作寇平後建

石城岡　遠望似石城因以名　一統志似作如無以字

石頓山　在石龍縣西北九十三里　一統志石龍縣作化州

銅崗山　一統志崗作岡○在石龍縣東北十里　一統志作在化州東北十里相連有金蓋山

近信山　昔有仙碁客遊此山　一統志碁作棋無山字

南廉水　水源自容州陸川縣龍豪鄉　一統志作源出陸川縣龍濠鄉

敷復山　在舊零淥縣西二十五里　一統志淥作綠西下有南字

社父崗　一統志崗作岡○昔土俗嘗春秋此會　一統志作土俗嘗以春秋社會於此

射存山　在石龍縣北一百三十五里　一統志石龍縣作化州

謝獲山 在石龍縣西三十里 一統志石龍縣作

化州

古迹

廢零綠縣 張氏鑑云綠當作淥 按注引寰宇記今考寰宇記一百六十七正作綠唐志輿地廣記三十七並同當以綠字爲是紀勝下文云取縣西二十里零淥水以爲名淥亦當作綠上文府沿革及縣沿革吳川縣注景物下零洞水數復山郍蘇山等注古迹門廢羅州注所有零淥皆當作零綠

故潭峩縣 輿地廣記云武德四年置特亮縣五年

置皇朝開寶六年三縣皆省入信宜　按輿地廣記特作故今考唐志亦有特亮縣寰宇記一百六十三以白牛光影爲特亮今本廣記誤當據紀勝改正

又按廣記武德上有故懷德縣云云所謂三縣者卽懷德潭峩特亮也紀勝删去故懷德縣以下遂覺止有二縣而前後不相應矣

范龍學太史墓　一統志作范祖禹墓○冢在郡南二里而於南山寺　一統志作窆之於南山在化州南三里

官吏

李丹　按自丹以下皆宋人李上當補國朝二字

廖顒　賊遂釋甲受接來降　按接疑撫之誤

人物

鞠杲　按杲係宋人鞠上當補國朝二字

碑記

石碑亭　因陵鐵寇平　張氏鑑云前廖顒注下陵作淩　按下文云連山廖顒立上文官吏門廖顒注云凌鐵之擾此處陵字必凌字之誤張說是也○紀功刻于道左　抄本碑目紀作紹誤○歲久碑已斷仆　抄本碑目仆作作誤

詩

郡守詩　按郡守無姓名俟考

四六

四六　張氏鑑云四六下闕字原落如此者甚多

卷一百十七　高州

州沿革

遣其孫馮竃　張氏鑑云竃字當考　按據上文此係通鑑開皇九年之事今考通鑑作魂魂與竃同

盎卒子智戣又爲刺史元和志在正觀□十三年　張氏鑑云原本空一字以下文校之當作二

縣沿革

電白縣　按據元豐九域志卷九輿地廣記三十七縣下當注下字

茂名縣　按據元豐九域志輿地廣記縣下當注下字

風俗

郡據叢山之中　一統志二百八十三無之字

景物上

石船　旱迎山祈禱必獲甘霔　按山乃出之誤

麗水　在信宜縣東北　一統志北下有八十里三

字
大海　出駷馬似馬而一角牛尾　按據上文此係寰宇記之語今考寰宇記一百六十一駷作騂牛尾在一角上是也○壯如肺有四眼六腳而吐珠　按寰宇記壯作狀是也○文魮鳥頭魚尾鳴如磬而生王　按寰宇記王作玉是也

景物下

霧嶺崗　至今生章木　按據上文此係寰宇記之語今考寰宇記章作草是也

龍湫山　泉源四時不絕　一統志絕作竭○遇旱

禱之雲雨立至邦人因立廟焉　一統志作禱雨
立至因立廟焉
龍灣井　在雹白縣八十步　一統志步作里○有
龍蟠於此異跡尚存　一統志作昔有龍蟠於此
因名
銅魚山　與郡治對　一統志對上有相字○賴仙
翁作高涼風土歌云　一統志無作字○一條丁
水銅魚塞　一統志塞作寨下有即此二字
白馬山　上有石如馬　一統志馬下有麗水出其
下五字

百祿山　在茂名縣南一十五里　一統志無一字

高涼山　在郡西四十里　一統志西作東　按方輿勝覽四十二作西方輿紀要一百四作東北

高源水　合譚峩水　一統志合上有南流二字譚作潭　按潭字是也說詳下文古迹門譚峩縣城

思乾井　力士奏取其水歸朝　按據上文此係寰宇記之語今考寰宇記力上有高字奏上有表字

特亮江　在茂名縣西一百里　一統志西下有北字○源出宋山下　一統志無下字

武壇山　高一百步　一統志無一字○以其山圓

淨如將壇　一統志無以字

茂嶺崗　一統志崗作岡

浮來水　在茂名縣西北百二十里　一統志無茂名二字百上有一字

譚峩江　一統志譚作潭　按方輿紀要同說詳下文古迹門譚峩縣城○源出思賢嶺　一統志思上有信宜二字

譚峩江　又九域志譚峩山　按九域志譚作潭是也說詳下文古迹門譚峩縣城

廟崗山　一統志崗作岡

古迹

廢竇州　國朝會要云縣甯四年廢入高州　按據元豐九域志輿地廣記縣乃熙之誤

廢良德縣　唐志云本隸瀧州武德來屬高州　按唐志德下有中字是也

譚峩縣城　一統志作潭峩廢縣　按通典一百八十四新舊唐志新唐志峩作義誤寰宇記一百六十三元豐九域志輿地廣記方輿紀要皆作潭紀勝作譚者必傳寫之誤　又按作紀勝時潭峩縣久廢自應作廢縣爲是

特亮縣　一統志縣上有廢字　按作紀勝時特亮縣久廢當以有廢字爲是○在信宜縣西北百一十里　一統志無信宜二字一在百上

馮家村　寰宇記云馮盎即此界人也　按寰宇記一百六十一界作村是也

靈順誠敬夫人洗氏廟　失人擊之大捷　按失乃夫之誤○蠻人黃仲宣反夫人詔之嶺表遂定　按以隋書北史譙國夫人傳考之黃當作王詔當作討

官吏

黃朝奉　按自朝奉至杜介之皆宋人黃上當補國朝二字

杜介之　直徑野逸有隱士之風　張氏鑑云徑當在直上

劉昌魯　按昌魯官高州在唐末劉上當補唐字移至上文黃朝奉前○通鑑開平二年黃巢入寇　按據通鑑作黃巢之寇嶺南也事在開平四年蓋於梁時追述唐時之事也

人物

唐馮盎　盎馳至京師請討之文帝討楊素與論賊

形勢　張氏鑑云下討字誤　按據新唐書馮盎傳討乃詔之誤

梁楚　按自楚以下皆宋人梁上當補國朝二字

李周士　會觀察使韋公訊遷寓於此　張氏鑑云訊字疑誤

碑記

誠敬夫人廟碑　礲錯雖不平整　抄本碑目礲作隴誤○耆舊相傳　抄本碑目耆作其誤相作像誤

輿地紀勝校勘記卷二十七終

輿地紀勝校勘記卷二十八　廣南西路

卷一百十八　雷州

州沿革

時東南第十二將高居弁會五州循尉官兵與戰

按循尉本當作巡尉改巡爲循者避理宗嫌名

縣沿革

遂溪縣　按據唐志縣下當注下字　又按元豐九域志卷九輿地廣記卷三十七皆不載此縣蓋北宋時廢南宋時復立也下文徐聞縣仿此

徐聞縣　按據唐志縣下當注下字○元和志又云

其縣與南崖州澄邁縣對岸　按元和志此卷久闕嚴氏補志無南字是也○知州王趯乞復置遂溪徐聞兩縣　一統志二百八十五乞復作復申○仍將隸角場作縣治　一統志無仍字○本縣於乾道七年復置　一統志作因於七年復置

風俗形勝

希白先生張紘忠亭記　按下文景物上思亭注云希白先生易今名景物下宴寂堂注云見希白先生思亭記疑此句忠亭乃思亭之誤官吏門張紘注亦云有思亭記是其明證

景物上

鹿洲　在海康縣東南百八十里海中　一統志無

海康二字百上有一字

卵洲　或有船過採其卵　一統志無有字採作取

○有鳥千萬飛隨十里　一統志無有字

米豆　按下文景物下靈烏注引寰宇記云有木豆

此處米字乃木字之誤

景物下

蓬萊館　太守戴公　一統志公作之邵　按下文

官吏門戴之邵注云乾道中爲守作萬頃閘引水

以灌田渠成號戴公渠此處之戴公當是之邵也

○有蓬萊亭歲寒亭瀾柯塢　按瀾乃爛之誤

英高山　在海康縣西南百三十里　一統志西南作南一○頂上有泉水湧出　一統志作頂有石穴湧泉

徒會山　在海康縣南百三十里　一統志百上有一字○有泉青冷　一統志青作清是也

羅湖水　在海康縣西口里　一統志作在縣西一里

老鵶洲　一統志鵶作鴉

吋禮山　四望之最高者也　一統志無者也二字

古迹

威化雷公廟　嶺表異錄云　按錄當在異上

威武廟　兩漢有二伏波　一統志作祀漢兩伏波將軍邳離侯路博德新息侯馬援

寇萊公廟　名雷州寇準廟曰旌忠　一統志作賜名旌忠

蘇子瞻子由繪像　海康令余口買而有之　張氏鑑云余字下本空

甯國夫人廟　五代邵有一女子　張氏鑑云五代

下邵字當誤　按邵疑當作郡

正女臺　一統志正作貞○父母歿後獨居此　一統志作父死獨居此因名

銅鼓　按晉書地理志諸獠並鑄銅爲大鼓　按此下一條係隋書地理志之文非晉書地理志之文晉字乃隋字之誤○縣於庭中　按隋志縣作懸○有鼓者號爲都者　按隋志者作老是也

官吏

張揉陳聽思　按自揉至崔彥融皆唐人張上當補唐字

寇準　按自準以下皆宋人寇上當補國朝二字○
公悅然悟曰　張氏鑑云悅當作恍　按方輿勝
覽四十二正作恍張說是也
張紘　自四明數百兵轉海　張氏鑑云數上疑脫
卒字
章子厚　按不稱章惇之名而稱其字者避光宗諱
後凡改章惇爲章子厚者倣此○初蘇轍謫雷不
許古官舍遂僦民屋至子厚以爲强奪民居　張
氏鑑云至字疑誤　按方輿勝覽無至字紀勝至
字疑衍文或居字之誤

人物

吳國鑑　按國鑑宋人吳上當補國朝二字

仙釋

僧獨琮　嶠南僧窂遵戒律｜｜師居湖巖　張氏鑑云獨字似非其名

碑記

李丞相雷題　行次雷陽　抄本碑目行作竹誤○雷寓天甯丈室　抄本碑目丈作文誤○即日戒行南渡次瓊筦　碑目戒行南渡次五字係空格筦作管　抄本筦作莞誤○祇奉德音　抄本碑目祇作抵

誤○住返才一十日　碑目才一二字係空格○

歲次己酉　碑目次作在抄本作次

威武廟碑陰記　故翰林蘇公謫儋耳　碑目翰林二字係空格

詩

銷然懷舊一長歎　按方輿勝覽銷作悄是也

我居近閒闔願先化衣冠潁濱韻子瞻和淵明擬古　張氏鑑云韻當在古下

卷一百十九欽州

州沿革

又置如何縣廣西郡縣志及寰宇記並云在武德五年　按據寰宇記一百六十七及舊唐書地理志何乃和之誤

兼充本州鎮遏使白三大集有康丹兼知欽州兼|||||　按據樂天集丹當作昇末一|下當有制字　又按依他條之例注中兼字亦當作|

縣沿革

安遠縣　按據元豐九域志卷九輿地廣記三十七縣下當注下字

景物上

五湖　並嘉祐八年置　一統志二百八十四置作開

仙巖　地號𨹔合村　一統志號作名

景物下

天涯亭　昔余襄公守欽　一統志襄公作靖○郎江濱之三石命日釣石醉石卧石　一統志之在命下

峯子嶺　郎縣之主山也　一統志作爲縣主山

孔雀山　其山特出一郡衆山之表三峰峙立　一統志作其山三峰峙立出一郡衆山之表○山中多孔雀　一統志無山字○陶弼創亭其　一統志亭作三山亭於

銅魚山　山下有巨石陂陂隄下鑄一大｜｜一

統志無下陂字及一字

石瞻石　張氏鑑云瞻當作膽

石六石　張氏鑑云石六石疑誤　按一統志三海巖注引輿地紀勝有石六峯之語方輿紀要一百四西靈山注云一名石六峯山其峯有六此處下石字當是峯字之誤

保溫水　在靈山縣二十五里　張氏鑑云縣下有脫字

望海嶺　在安遠二北去十里　一統志無去字

洪江　在安遠縣西北流入海　一統志西北作

北南

郱舊山　在安遠縣七十里　張氏鑑云郱當作郍

與那同縣下有脫字

三海巖　一錢巖一月巖一龜巖一一統志作一日

月巖一日龜巖一日錢巖〇治平二年陶弼始訪

得之總名曰丨丨丨有詩序云　一統志作總名

三海巖宋陶弼三海巖序治平三年春詔徙欽州

靈山治於石六峯下余道由玆山命邑官除道刊

木得三巖於蓁莽間〇一呀雲際天光內通如月

破　一統志一呀作其一呀然破上有半字○側倚崖下　一統志崖作巖○一中窪上隆　一統志一上有又字○狀如覆鼎蓋於竈上端有陰竅　一統志如作若無蓋於竈三字及端字○刀布存焉　一統志存作藏○予疑上古之時海漸于此　一統志作疑古時海漸於此因名之曰三海巖

西靈山　唐正觀十年　一統志唐正作貞觀○移靈山縣於此　一統志無此字

如昔寨　一統志寨作砦○國朝置管轄如昔等七

洞　一統志國朝置作舊置砦洞作峒

古迹

廢安海縣　寰宇記云唐置欽州管六縣海安預焉又云唐廢故舊唐志無海安縣　張氏鑑云安海當作海安　按隋志作海安張說是也寰宇記作安海當據紀勝改正　又按據寰宇記六當作七方輿總數合

銅柱　安南人每過其下　一統志無每字○伏波有誓云　一統志伏波作援

官吏

張說　按自說至李邕皆唐人說上當補唐字

李邕　以討嶺城有功　按據新舊唐書李邕傳城乃賊之誤

余靖　按自靖以下皆宋人余上當補國朝二字

毛温　交趾寇陷廉欽自三城守令望風走避　按以東都事略神宗紀考之自當作白所謂三城者卽指廉欽白三州而言也○部刺史聞召對改秩　按聞上似當有以字

陳永齡　熙甯知欽州　按熙甯下似當有中字

岳霖　折毀驛舍　按折當作拆

人物

甯悌原　按悌原唐人甯上當補唐字

黄涣　按涣係宋人黄上當補國朝二字○建炎二年當戰陣亡　張氏鑑云陣當在戰上

碑記

烏雷廟記　廟在城外半里　碑目半作辛誤抄本作半

州學記　南軒張栻撰　抄本碑目栻作拭誤

詩

陶弼寄欽州洪邇侍禁詩　張氏鑑云洪邇侍禁疑有誤

四六

四六　按六下當注闕字

卷一百二十　廉州

州沿革

隋合浦太守甯□宣來降　通鑑武德五年四月｜｜｜｜｜｜｜｜｜｜按通鑑蕭銑所部來降皆書州而不書郡惟甯□宣來降則書郡而不書州　張氏鑑云甯字下原本空當作日字　按通鑑甯下無日字宣下有日南太守李晙並七字蓋紀勝删去日南以下而又誤衍日字於甯字下旋覺其非而剜去故有空格下文罷合浦郡又爲越州注甯下有日

字官吏門甯宣二字之間有空格蓋刻板時未及
徧檢故或去或存耳
於海門鎮置太平軍　一統志二百八十門海作龍
縣沿革
合浦縣　及輿地廣記之作則有合浦石康二縣則
是合浦一縣與廉州同廢同復耳　張氏鑑云下
則字係衍文
景物上
馬渡　寰宇記云昔有野馬渡因此名之　按寰宇
記一百六十九此在因上是也

珠池 其中光怪不可向邇 一統志向作嚮

晏水 一統志晏作宴

景物下

渌雲溪 一統志渌作綠○在合浦縣北百七十里 一統志北上有東字百上有一字七作八

百艮山 在合浦東百三十里 一統志東百作縣東一百○其山自白州 一統志作山自白州來

蔡龍洞 唐武德置蔡龍州因縣界有｜｜｜故也 一統志作唐置蔡龍縣因蔡龍洞爲名

張沐溪 一統志沐作沭下同○居于此 一統志

作居此因名

古迹

越州城　元和郡縣志卽宋陳伯紹刺史所理城也

張氏鑑云刺史二字當在陳字上　按元和志

此卷久闕以寰宇記考之張說是也

廢封山縣　寰宇記云在舊州南北一百二十里

張氏鑑云南字疑誤　按寰宇記南作西是也

廢大廉縣　已上四縣　張氏鑑云已當作以

夫人山　寰宇記亦名殯山　一統志亦作一殯作

賓

官吏

王章　按自章至孟嘗皆漢人王上當補漢字

甯□宣　按空格不必補字說詳上文　又按宣爲合浦太守在隋時甯上當補隋字

顏遊泰　按據新舊唐書顏遊秦傳附見顏師古注泰乃秦之誤　又按自遊秦以下皆唐人顏上當補唐字○廉州顏有道往行同莊老　按據舊唐書顏遊秦傳往乃性之誤

蔣元振　按自元振以下皆宋人蔣上當補國朝二字○元振叕菽飲水　按叕當作啜

陳瓘　又抵曾布罷　按據東都事略陳瓘傳又下

當有以書二字

詩

從此更投人境外生涯應在有無間唐紀事詩張均作　張

氏鑑云詩當在紀上

史君方似古人清　張氏鑑云史當作使下同

卷一百二十一　鬱林州

州沿革

及鬱德二年始分貴州之石南縣置鬱州　按上文

引寰宇記今考寰宇記一百六十五敘此事在　三

年今考鬱德年號自來所無若麟德乃唐高宗年號止有二年並無三年蓋本作麟德二年寰宇記及紀勝各誤一字耳

以右西甌地置撫安善牢等八縣　按下文古迹門廢黨州注引寰宇記云即古西甌所居此處右字乃古字之誤

縣沿革

南流縣　按據元豐九域志卷九輿地廣記三十七縣下當注中下二字

風俗形勝

用緋點綴裳下或腰領處爲妬艷　按據注此係寰宇記之語今考寰宇記妬作㕣是也點誤作黠脫去綴字非也當互相補正

景物上

博泉　僞廣封其神曰龍母夫人　按廣當作漢指南漢而言也

景物下

凝霧山　在博白縣二十五里　按方輿紀要一百八縣下有東字無五字是也

射牛山　在博白縣二十里　張氏鑑云縣下有脫

字

古迹

廢懷義縣　已上四縣　張氏鑑云已當作以

官吏

吳陸績　賓州圖經載古瑯琊縣有如陸者績之遺嗣有軒冕之風　按據寰宇記如乃姓之誤

碑記

隱仙巖留題　壁上有元和十四年來遊字　碑□遊作游抄本作遊

唐乾符中碑　唐咸通末　抄本碑目末作宋誤

詩

土地無人老流落幾客還問我投何地西南盡百蠻沈佺期入鬼門關　張氏鑑云流落字當校　按以本詩考之落當作移

荔子雨晴紅點點蒲萄江漲綠流流夢魂不啻三千里倦翮難勝九萬風前人　張氏鑑云流流字似誤

寄語往來荆廣客鬼門關在鬱林西桂門關在郡之西始呼為鬼門關近曹德載作文辨之　張氏鑑云此詩未言作者姓名俟考

四六

四六　按六下當注闕字

輿地紀勝校勘記卷二十八終

輿地紀勝校勘記卷二十九 廣南西路

卷一百二十二 宜州

州沿革

水深岸斗形勢異於衆水故老相傳舊神龍所開

按據上文此係寰宇記引投荒錄之語今考寰宇記一百六十八斗作陡相作流

南漢始盡嶺南之地 按據上文此係通鑑周廣順元年事今考通鑑盡下有有字是也

地歸板圖 按板當作版

縣沿革

思恩縣　按據元豐九域志卷九輿地廣記三十七縣下

當注下字

風俗形勝

與江北相犬牙　虞衡志云宜之山人云出砂處與湖北相犬牙　按江當作

湖

今守臣猶兼廣西都監爲慶遠軍節度宜之西境有

南丹州安化三州一鎮　張氏鑑云疑有脫誤

按據上文云此係嶺外代答之語今考嶺外代答卷一與此正同方輿勝覽四十一所引化下有州字蓋

宜州南丹州安化州爲三州慶遠軍節度爲一鎮

也○皆徑路直抵宜城宜之境上　按嶺外代答皆下有有字上下有舊有觀溪馴叙四州乃昔之邊也權力弱不足以爲邊紹興四年罷爲寨云云紀勝刪節太多遂致語意不完耳

景物上

龍水　唐西郡邑志　按唐當作廣

墟市　百姓多融日相聚交易而退　按融乃隔之誤

景物下

景物下　張氏鑑云此行前原本空一行以下不簽

出者皆同　按紀勝全書內似此者甚多往往各門之末或空數行或空一二行蓋此書初成之時留以待續採增補也

木橉山　按字書無橉字說文栟字下云木也此處橉字疑栟字之誤

寶積監　取鑛入爐炋煉成銀　張氏鑑云字書無炋字炋當作𤆵𤆵訓爲火𤆵煉卽火煉也

官吏

曹利用　按自利用以下皆宋人曹上當補國朝二字

桑懌　或譏其好名懌曰若欲好名皆不可爲也

按據下文此係事畧之語今考東都事畧桑懌傳

好作避是也

人物

馮京　按自京以下皆宋人馮上當補國朝二字

仙釋

西竺寺聖佛　偶有一叟操斧鑿至曰善雕斲叟曰

可於木所蓋一茅屋　張氏鑑云叟曰二字疑衍

文○惟巍然一佛在焉近往西竺寺刱殿宇以奉

安之　按近當作迎

詩

陶弼懷智隸宜州詩　張氏鑑云懷智隸疑有脫誤

陶弼送恭士燮中舍移典龔州　張氏鑑云恭士燮疑有誤

卷一百二十三賀州

州沿革

賀州首入板圖　按據下文風俗形勝門板當作版

縣沿革

桂嶺縣　隋開皇九年東業公王景巡撫　張氏鑑云業乃萊之誤

風俗形勝

王師弔代　按代乃伐之誤

景物上

歌山　老人歌以別之余聲數月不絕　按寰宇記一百六十一余作餘是也

景物下

橫翠亭　周史君創　張氏鑑云史當作使下同

採蓮舟　太守固續創　張氏鑑云固疑周之誤

光華亭　在城水東　張氏鑑云句有脫誤

臨賀嶺　據張耳傳秦有五嶺之戍注云摽名有五

焉　張氏鑑云摽字似誤　按據漢書張耳傳注摽當作標○裴氏廣州記曰太庾始安臨賀桂陽揭陽是五嶺　按據張耳傳注所引廣州記太當作大是下當有爲字

龍門灘　至州城八里有灘曰龍門　張氏鑑云至疑當作去

碧雲巖　在富川縣治一里許　張氏鑑云一上有脫字○事載古迹門　按古迹門無碧雲巖事惟碑記門廣陽島石刻注詳述碧雲巖事此句古迹二字當是碑記之誤

大障山　在富州縣　按據上文縣沿革州乃川之誤

鍾乳山　有五穴五茄在臨賀縣靡蕪穴白燕穴秦穴雷震穴　按以寰宇記考之五茄下當補穴字移至在臨賀縣之下　又按寰宇記燕作鷰

古迹

臨賀二竹　盛宏之荆州記云臨賀山中有大竹數十圍　按據寰宇記所引荆州記大竹當作二竹大

棲霞將軍廟　雷劒匣等授之遂靈爲神　張氏鑑

云靈爲當作爲靈

官吏

潘美尹崇珂　按自美以下皆宋人潘上當補國朝二字

李椿　後受知而言者爲吏侍　張氏鑑云而言者疑有誤

曾布　自提舉亳州明道宫責賀州別駕　按亳乃亳之誤

人物

鍾士雄母　按士雄隋人鍾上當補隋字

毛温　按自温以下皆宋人毛上當補國朝二字○
爾以邑椽　按椽當作掾
林勲　獻本政書十五篇又獻北校書二篇十卷
張氏鑑云北校疑有誤
翁宏　休艱不得力離騷千古傳　張氏鑑云休艱
句似誤　按艱疑歎之誤

碑記

廣陽島石刻　碧雲巖在富川縣一里　張氏鑑云
一上有脫字○有石脈成三字　碑目脈作脉是
也抄本作眼誤

幽山丹甑記　抄本碑目丹作升　按下文詩門載郭祥正詩有賀州城西丹甑山之語當以丹字爲是

詩

羽客朝元地遺壇古樹中煉成丹竈在騎去鶴巢空捨巒歷天險身疑出鳥羣鐏開蠻俗合脊盡瘴江分　陶弼　按中空二韻當是一首羣分二韻當另是一首空下當有注語或空一格

卷一百二十四　瓊州

州沿革

自牽牛以南逾嶺繳爲越分　張氏鑑云繳當作徼

按據上文此係唐志之語今考唐書天文志作牽牛去南河寖遠自豫章南踰嶺徼爲越分張說是也○已上並見瓊管志　張氏鑑云已當作以

已以並廣西郡邑志　張氏鑑云已以當作以上

所有賜鎭州作靖海軍額撥隸瓊州則陞鎭海軍額當在政和元年　按上文云陞靖海軍又云以鎭州爲靖海軍此處既言靖海軍復言鎭海軍鎭亦當作靖蓋涉上鎭州而誤

縣沿革

文昌縣　唐志崔州文昌縣下注云　按以新舊唐志考之崔乃崖之誤

樂會縣　今見治南管村　一統志二百八十六見作現

風俗形勝

島夷卉服　一統志島夷作俗皆文云婺女星　一統志文云作或謂○因名犁婺訛爲黎母　一統志犁作黎母下有有水五派流入四縣八字

雷攝一蛇卵在此山中生一婺號爲黎母　按據方輿勝覽四十三婺乃女之誤○歲久因致交趾之蠻

過海採香因與之結婚　按據方輿勝覽上因字係衍文

有黎母山諸蠻環居　一統志諸上有有字○熟黎之外始是州縣　一統志無熟字○四郡各占島之一陲　一統志陲作隅○四郡之人多黎姓　一統志無之字

景物上

焚艘　李將軍於瓊州海岸焚舟而回　一統志於上有乃字

颶風　南越志無安閒多——　張氏鑑云無安閒

疑有誤○有暈如虹者謂之颶母李丞相綱賦曰蕞爾黎昌偉哉颶風　張氏鑑云昌當作母

雙泉　昔東坡寓東坡臺與雙泉亦久後紹興間李光瓊州安置居雙泉九年再貶昌化軍有詩云曾是雙泉舊主人蓋雙泉有兩井相去咫尺而異味號雙井　一統志作昔東坡寓此鑿兩井相去咫尺而異味號雙泉後紹興間李光安置瓊州復居此

白玉　種諸其上恃美　一統志恃作特是也

鐵柱　南海志六劉氏鑄鐵柱十二　按方輿勝覽

六作二云是也

烏喙　東坡云余來儋耳得犬曰烏喙甚猛而循

按蘇集循作馴改馴爲循者避理宗嫌名

景物下

鑒空閣　南海志二云在城西五十里金利崇福寺前

張氏鑑二云金疑當作舍○吾觀大嬴海　按據

上文此係蘇文忠詩今考本集吾作我嬴作瀛是

也方輿勝覽亦作瀛是其明證

菖蒲澗　一入于覺眞寺一入于碧虛觀前流盃也

水石天成劉氏舊賞也　張氏鑑二云上也字當作

池

檳榔水　郡城環百里絕無水　一統志環在郡上○盡食焉　一統志食作飲是也○每以葫蘆負水以歸　一統志無下以字○其人經月不盥手　一統志手作洗○遇雨則於檳榔樹下溜水甕中　一統志無於字

惠通泉　一統志通在惠上○東坡經過　一統志作昔東坡經此○因名｜｜｜　一統志作味類惠山因名

毗耶山　每有黎人叛　一統志無有字

雲露山　有三潭　一統志有上有中字○其次二潭　一統志無其字○號橄欖珠　一統志號作俗名○歲旱禱雨　一統志雨下有多應二字

六瑞堂　六瑞謂雙蓮也　張氏鑑云雙蓮特六瑞之一疑有脫文

七星山　狀如七星　一統志星下有連珠二字

萬歲崗　一統志崗作岡○上有怪石如列屏於其頂高丈餘號爲聖石　一統志作頂有怪石高丈餘形如列屏號爲聖石

蒼錫山　在文昌縣西北三十里　一統志三作二

赤石岡　古氣者謂其下有金口南國人欲以金萬
鎔市之　張氏鑑云鎔當作鎰　按南國上空格
疑是扶字
知風草　叢生若滕蔓　按滕當作藤
銅鼓嶺　俗傳民得銅鼓者　一統志作俗傳民於
此得銅鼓
洗馬池　竹木幽蔭頻幽雅　按頻當作頗
抱虎嶺　一統志嶺作山
東猺山　其鄉民　一統志民上有之字○如猿猺
然或爲狃或獷狃婦紡績布縷吉貝紐密瑩白

一統志無或爲狃或獴五字吉貝在布縷上

神應港　蕃舶所聚之地其港自海岸屈曲不通大舟　一統志無之地其港自五字○王帥光祖

一統志作建炎間瓊帥王光祖○忽颶風作自衝一港尤徑於所開者神物所相如此遂名｜｜｜時淳熙戊申也　一統志作淳熙戊申忽颶風作自冲一港尤徑於所開者遂名神應港

浮邱山　郭祥正詩云僊翁得仙二千歲碧海變田田變海浮邱却接番禺西鑄跡篙痕至今在　張氏鑑云歲當作載

通飛閣　李泰發書傍　按傍當作榜

黎母山　雲霧收斂　一統志霧作氣

古迹

廢舊崖州　寰宇記云在夔州東北二百六十里

按寰宇記一百六十九夔作瓊是也

廢忠州　昔唐咸通中卒將李趙四將　一統志卒

將作辛傅是也

東坡臺　在開元寺東坡常寓其間　一統志東上

仍有東字常作嘗是也

南宮廟　祝融神也在州東南二里　一統志作在

瓊州東南二里祝融神也○瓊人祠之甚嚴　一統志祠作祀

官吏

周仁浚　按自仁浚以下皆宋人周上當補國朝二字

蘇軾　紹聖自惠州　張氏鑑云聖下似當有間字

人物

姜唐佐　按自唐佐以下皆宋人姜上當補國朝二字○驚雷出火喬木糜碎殷地藝空萬夫皆廢

按據上文此係東坡跋姜唐佐課册之語今考本

集麼作靡藝作蓺是也

杜介之　卒先生光有詩贈之云　按以方輿勝覽

考之卒乃李之誤

仙釋

安昌期　一一初遊人莫知其歲後五十六年間有

見之者　張氏鑑云六當在十上

碑記

瓊州學記　朱晦公作見晦公集　碑目兩公字皆

作翁是也

瓊管志　義太初序　碑目太作大

詩

莫嫌瓊雷隔雲海聖恩尙可遙相望東坡經過梧州聞子由在藤作詩示之　按東坡集可作許是也

異哉寸波中露此橫海春拳首玉簪插忽去銀釘擲身大何時見天嬌翔霹靂銅柱戚丹徼朱崖鎮火陬沈佺期詩　張氏鑑云春當作脊忽當作忽嬌當作矯銅柱以下二句韻與上殊另是一首

瓊崖千里環海中民夷錯居古相蒙方壺蓬萊此別宮峻靈獨立秀且雄爲帝守寶甚嚴恭　按昌化軍詩門亦載此五句注云東坡峻靈王廟銘此條

當亦有注而傳寫脱去耳

輿地紀勝校勘記卷二十九終

輿地紀勝校勘記卷三十 廣南西路

卷一百二十五 昌化軍

軍沿革

又漢書武帝元鼎六年牛南越置南海等九郡 按牛當作平

馬伏波收黎人 一統志二百八十六無馬字

地歸板圖 按板當作版

係年錄云 按係當作繫

縣沿革

感恩縣 按據元豐九域志卷九輿地廣記三十七縣下

當注下字

風俗形勝

吏卒中國人多侵陵之故卒數歲一反元帝時遂棄罷之西漢志按漢書地理志卒作率罷在棄上是也

景物上

相泉 得泉以濟從者之渴 一統志無從者之渴四字

松煤 得煙減半而墨乃尔黑 張氏鑑云尔當作爾

景物下

熙春堂　一統志堂下有在儋州治東五字

載酒堂　史君亦命駕　按據上文此係蘇東坡詩今考本集史作使是也

桄榔菴　須髮不改　張氏鑑云須當作鬚

淸水池　四景荷花不絕　一統志景作時是也

紫鱗魚　見峻靈廟下　按下文古迹門峻靈王廟注未言紫鱗魚此處見字疑在字之誤

白馬井　有白馬嘶噭以足跑沙　一統志無嘶噭二字

石碁子　一統志碁作棋○其石如碁子　一統志無其字碁作棋○每取之　一統志每作人

城南池　其池屢開雙蓮轉物老人詩云　按轉當作體說見下文官吏門李光注○閙花瑣細能長久　張氏鑑云閙似當作閑

毗邪山　山頂有蟲似大蟲俚人以蟲爲毗邪也　按據方輿勝覽四十三方輿紀要一百五有蟲當作有獸以蟲當作呼

古迹

延德軍　再建延德軍於地名白沙側浪　張氏鑑

云浪當在沙上

峻靈王廟　里人謂之山落膊　按據方輿紀要里當作俚落當作胎

官吏

裴瑑子聞義　按自此以下皆宋人裴上當補國朝二字○趙丞相爲作家譜云　按譜下似當有序字

陳中孚陳適　中孚字中正　張氏鑑云中正之中疑誤

李光　光自號轉物老人　按據方輿勝覽轉當作

體○虀鹽有餘味何必嘗食肉　按嘗當作常

人物

黃中羊蒳　按自此以下皆宋人黃上當補國朝二字

王公輔　世傳以天文　張氏鑑云傳當在文下

道釋

地藏菩薩　有人持盤飱及數子　按據上文此係東坡之語今考志林卷數上有錢字是也

碑記

六無帖　見瓊管志　抄本碑目管作筐志字係空

格　按瓊管志見瓊州碑記門昌化軍軍沿革等

門亦屢引瓊管志抄本碑目誤

詩

昌江古佳郡（李光送日逢時赴昌江太守）　張氏鑑云送字下原

本空一字

白鬚應紅頰疑是羲皇人（李光與郡上杜君）　按瓊州人物

門杜介之注載此詩應作映是也

卷一百二十六（萬安軍）

軍沿革

又移軍於客寮　一統志（二百八十六）客作容

縣沿革

萬甯縣　按據元豐九域志卷九輿地廣記二十七縣下當注下字

陵水縣　按據元豐九域志輿地廣記縣下當注下字

風俗形勝

以班布爲裙似帶也號曰都籠　按據注此係寰宇記之語今考寰宇記一百六十九帶作袋是也

景物上

靈山　輿地廣記在陵水縣二十三里　按輿地廣

記但云陵水縣有靈山據方輿紀要五一百靈山在陵水縣南十里

景物下

觀德堂　在州治　一統志作在廳事後

獨洲山　在城東南五十里　一統志城作萬甯縣

○林木茂密　一統志密作盛

官吏

趙絳　按自絳以下皆宋人趙上當補國朝二字

白謗　右武大夫｜｜　張氏鑑云武下有脫字

仙釋

交趾道士　僧惠洪謁之示出三物　張氏鑑云出當在示上

碑記

瓊州華遠館題壁　以十二月五日北歸　抄本碑目五作二　按上文云十一月二十有五日南渡下文云凡十日此處自當作五字爲是若作二字則是七日非十日矣○萬華遠館凡十日　碑目萬作寓是也

卷一百二十七　吉陽軍

縣沿革

甯遠縣　按據唐書地理志縣下當注下字北宋時
此縣廢而復置故元豐九域志輿地廣記皆不載
此縣而紀勝亦未注耳

風俗形勝

山出珠犀玳瑁故號朱崖　劉誼朱初平黎記見瓊管志　張氏鑑
云朱崖當作珠崖朱初疑有誤
又湘山野錄云初寇忠愍南貶曰　按方輿勝覽十四
三閔作愍曰作日是也○竟鑿崖州　張氏鑑云
鑿字當誤

景物上

石舡　一統志二百八十六舡作船

石盤　面平如掌非磨琢所能功周圍數丈　一統志作周圍數丈面平如掌不加磨琢○傍有潤水　一統志傍作旁○可濯可飲　一統志作可飲可濯○結亭石盤之北牓曰清賞　一統志作其北有亭曰清賞

海曲　李德裕在崖州作舌箴曰于以仲夏月達海曲　張氏鑑云于似當作予　按本集于作余達下有於字

景物下

賢逸洞　一統志逸在賢上○澹菴以其多水竹
一統志澹上有胡字其下有地字○取竹溪六逸
竹林七賢之義　一統志義下有爲名二字

古迹

盛德堂　胡澹菴題其堂　一統志作胡銓名其堂
海口廟　去郡城五里　一統志無郡字○因平黎
人　一統志平作討

官吏

裴紹　按注云爲吉陽軍守今考吉陽軍之名始於
宋則紹爲宋人無疑裴上當補國朝二字移至下

文韋執誼之後

李德裕　按德裕及韋執誼皆唐人李上當補唐字

○新蔡縣有東湖李德裕爲宰日所鑿也　張氏

鑑云蔡當作繁○夜夢一老父曰口潛形其下幸

庇之　張氏鑑云原空一字　按方輿勝覽無空

格

丁謂　乃謂作陳隋表假家書以達之　按據雷州

官吏門丁謂注隋當作情

趙鼎　急入舟被髮持刀出蓬背　按蓬當作篷

胡銓　夢謁趙承相　按承當作丞

人物

裴璩　按璩及陳中孚皆宋人裴上當補國朝二字

○趙丞相爲作家譜云　按譜下似當有序字

陳中孚　字中正　張氏鑑云中正之中疑誤

詩

他時駕鶴遊蒼海同看蓬萊島上春　按方輿勝覽蒼作滄是也○遁作仙遊亭詩贈公云公莫曉其詩　按下公字當作云卽上文屢上仙遊亭上醉以下四句也

傳語崖州寇司戶人生何處不相逢寇萊公　張氏鑑

云崖當作雷寇司戶當作時人呼寇萊公丁謂

以上廣南西路卷一百三靜江府至卷一百二十七吉陽軍

輿地紀勝校勘記卷三十終

輿地紀勝校勘記卷三十一　福建路

卷一百二十八　福州

州沿革

星紀斗女須之分　張氏鑑云須當在女上

元和志南朝或封子弟爲王又云梁簡文初置封晉安王　按元和志九二十或作以文下有帝字無置字是也

縣沿革

侯官縣　所謂東北一候也　按據上文此係寰宇記之語今考寰宇記百一正與此同然下文風俗形

勝門引郡國志云東北一尉西南一候此處東北二字亦當作西南紀勝蓋沿寰宇記之誤

連江縣　按據元豐九域志卷九輿地廣記三十四縣下當注望字

懷安縣　咸平二年移石岊山　按據方輿紀要九十六岊當作岊

風俗形勝

蠻在南方閩其別也周氏職方氏注　張氏鑑云周氏當作周禮

景物上

龍爪　永福縣保安里｜｜花紅狀元西東　按據下文碑記門天寶狀元讖碑注里下似當有碑曰二字

蟮溪　按寰宇記蟮作鱔紀勝注引寰宇記云其潭有鱔長三丈餘是其明證

湯泉　詩云山半炎泉湧不停　按上文引僧可遵詩云又引程師孟詩云此處詩云上亦當有人名俟考

石篷　僧｜卜詩云路遶崖懸萬仞頭檐泉帶月幾時休　張氏鑑云僧下有脫字檐當作擔

石嵒　按方輿紀要嵒作岊是也

石門　抵留禪客住不許俗塵侵　按抵乃祗之誤

景物下

見江亭　縣令袁正規詩云　一統志二百七十無縣字
云字

碧巖亭　王汝舟詩云人去已升蓬島路客來空愛
玉溪泉仙翁世界藏仙洞佛子樓臺出半天　張
氏鑑云仙洞之仙疑當作深

先賢堂　圖經云以唐歐陽詹登龍榜陳詡父子侯
固叔姪歐陽玭兄弟　張氏鑑云龍下當有虎字

兄弟下疑有脫文○本朝許將陳襄鄭穆劉彝周希孟陳列　按下文人物門有陳烈此處列字乃烈字之誤○乃位常袞於中益以歐陽詹列諸公於左右於是爲十三人　按上文云而次爲十人加以常袞歐陽詹止十二人此處三字乃二字之誤

千秋堂　在閩縣萬歲寺九仙山　按萬歲寺當在九仙山之下

芙蓉洞　有芙蓉院洞口可十餘里　按口疑中之誤

烏石山　舊說烏石山神光寺有奇名三十三所

張氏鑑云名疑當作石

金銀沙　東山文殊般若院出銀沙與普賢爲鄰出

銀沙　按上銀字疑金字之誤

高蓋山　寰宇記云在永福菴西七十里　按據寰宇記福菴當作泰縣紀勝上文縣沿革永福縣注引元和志云永泰二年開山洞置又引寰宇記云以年號爲縣名國朝會要云崇甯避哲宗陵名改曰永福蓋紀勝既改永泰爲永福復誤縣字爲菴字耳

九曡峯　在福清縣俱胝院有十勝　張氏鑑云俱胝疑有誤

喝水巖　在鼓口㵎泉寺　按上文景物下有鼓山此處口字疑山字之誤

越峯院　更彿殘碑薛字班　按彿乃拂之誤班乃斑之誤

羅漢寺　正元五年閩王審知夢有雙檜及僧　按正元卽貞元乃唐德宗年號在閩王審知之前百有餘年元字疑明字之誤正明卽貞明係朱梁末帝年號正審知爲閩王時也

古迹

僞閩宮殿名　錢氏內附廢徹無留者獨面衙門一殿故址猶存　張氏鑑云徹當作撤面當作內

僞閩王東宮　閩王延釣僭僞建爲東宮　按據五代史及通鑑釣乃鈞之誤

陳誠之隸業之所　按隸當作肄

許將隸業之所　按隸亦當作肄

官吏

胡銓　紹興十七年上書福州僉判　張氏鑑云福州上有脫文　按以方輿勝覽卷十考之福上當有

出爲二字

人物

虞寄　按寄係陳人虞上當有陳字

唐薛令之　盤中何所有首霜長闌干　張氏鑑云首霜當作苜蓿○只司謀朝夕何由度歲寒　張氏鑑云司當作可

蔡蒙叟　呂公著少時侍親建安亦嘗授經諫議陳從易等皆北面焉　按授當作受

陳祥道　弟陽仕至禮部侍郎著樂書　按樂書係陳暘所作陽乃暘之誤

陳葵　蔡京預籍元符上書十八人葵其一也　張氏鑑云預似當在葵下

仙釋神

僧惠遐　禪定夜有戎服而拜　張氏鑑云有下當有神字

留香僧　雪峯寺有僧瘡毒體痂血口口口僧曰適留香相送　張氏鑑云原空三字

僧詮　因禱於神餓而風雨石移山下　按餓疑俄之誤

僧本逸　依開元寺暹禪師入室頻悟　按頻乃頓

之誤○詔佐大相國寺　按佐乃住之誤

碑記

閩遷新社記　集古錄唐濮陽宁撰　碑目錄下有云字抄本無

永福縣無名篆古號仙篆　集古錄云在福州永福縣觀音院後山下　碑目無云字抄本有福作泰　按宗崇甯間始改永泰縣爲永福縣歐公作集古錄時尚名永泰縣不名永福縣當以抄本碑目爲是

○人亦有以道家之言譯之者　碑目無亦字抄本有○亦莫知其是也　碑目也作否抄本作也

水際香積院記　抄本碑目水作中誤

東山聖泉法華院記　太和四年劉軻記｜　碑目太作大鈔本作太記下無｜　按｜疑文之誤

永福縣高蓋名山院碑　自開元勑書以下並長樂集　碑目集作縣抄本作集　按下文有長樂志福州詩門有長樂集長樂志係福州志乘長樂集係福州詩文當以集字爲是若作縣字則開元中勑書在連江縣光化寺天王堂記在懷安縣此碑又標明永福縣皆與長樂縣無涉其爲誤字無疑

新修神光寺碑　長樂集咸通五年李勲撰　碑目

集作縣抄本作集　按集字是縣字非說詳上文

雪峯寺無字碑　風吹日炙蘚花班　碑目班作斑抄本作班蘚作鮮誤○莫言箇裏無文字　抄本碑目箇作筒誤

烏石宣威感應王廟碑銘用契丹年號　陳郯撰　碑目郯作郊抄本作妃誤○是時錢氏不置年號　抄本碑目置作整誤○二浙既用會同年號是年福州既屬吳越故福州亦用會同年號　碑目既屬作改屬是也

薛老峯碑　咸通中候官令薛逢　碑目候作侯誤

光祿臺碑 在候官法祥院 碑目候作侯誤○鐫

光祿吟臺四字 抄本碑目鐫作𥗐誤

甘棠院記 錢氏有土日 抄本碑目日作曰誤

天寶狀元讖碑 閩山上有聲如震雷 抄本碑目

上作土土誤○縣士李槐云山下舊有碑曰 碑目

土作主誤抄本李作季○山下舊有碑曰天寶石移狀

元來期 抄本碑目曰作日誤天字係空格○邑

境有石陂曰天寶 抄本碑目係空格

福州詩

潮田種稻重收穀山路逢人半是僧城裏三山千簇

寺夜間七塔萬枝燈 謝泌長樂集總序 按方輿勝覽總序作詩

荔枝詩

嶺泉齊烏飛雨勢荔枝肥南斗看應近北人來甚稀 李洞送福州從事 按文苑英華載此詩泉作前勢作過是也

行吟漸出蕉花嶺歸夢應先荔子樓 程師孟釣龍臺戲別 按別疑題之誤

山川寺觀詩

碧虛涵沼沼涵虛靈沼圓同絕欠餘夜月麗虛知是

影更誰臨沼認蟾蜍惟嶽涵靈沼　張氏鑑云圓同似

誤惟嶽上有脫字

四六

授之節符使領閩候唐裳相詔集見晏公類要　按裳當作常常

相卽常袞也袞有詔集見唐書藝文志

卷一百二十九建甯府

府沿革

而候官乃隷晉原郡是候官自隷晉安屬福　按據

上文此晉志之語今考晉書地理志原作安是也

通鑑後晉齊王開運二年唐置永安軍於建州　按

通鑑達作建是也○又後漢隱帝乾祐三年福州人或治建州永安軍留後查文徽云吳越兵已去　按通鑑治作詒永上有告唐二字去上有弃城二字

通典周世宗顯德三年唐永安軍節度使陳誨敗福州兵于南臺　按典當作鑑

蓋自顯德已後　張氏鑑云已當作以

景物上

五峯　有金鵝蓮花青湖石畬廩凡丨丨　按據方輿紀要七九十廩上當有石字

碧潭　在崇安縣十五里　張氏鑑云縣下有脫字

景物下

思賢堂　以楊文公詩碑立堂上命曰思賢　一統志二百六十七立在碑上曰作名無思賢二字

幔亭峯　猿鳥衣啼千障月松篁寒鎖一溪雲　張氏鑑云衣字似誤　按衣當作夜

欄竿山　懸棺仙葬多類武夷　張氏鑑云仙字似誤　按據上文此係建安志之語今考寰宇記一百一引建安記與此正同夷下有云是仙人葬骨之所八字是仙葬之語本不誤也

金井坑　在崇安縣八十里　張氏鑑云縣下有脱字

北苑焙　日近方有蠟面之號　張氏鑑云日近當作近日○又南唐書嗣王傳云　按王當作主嗣主卽南唐元宗也

古迹

古甌城　建安縣有東｜｜｜　按據方輿紀要古當作東東當作古

湛盧山　昔湛王鑄劍于上　張氏鑑云湛當作越

梨山廟　建安志云廟在建安縣十五里　按據方

輿勝覽一十　十上當有東字據方輿紀要十上當有南字據寰宇記十上當有東南二字

官吏

何徹　按徹乃南齊建安太守何上當有齊字

章仔　按仔乃五代時閩王氏之將章上當有閩字

人物

陳升之　景祐擢進士言路以直道自任　張氏鑑云擢當在士下

鄭殼　按據宋史殼當作瑴

余洪敬妻鄭氏　張氏鑑云鄭氏南唐時人當移至

上文江文蔚下

仙釋

費長房　續齊諧記｜｜｜謂桓景九月九日登高佩茱萸飲菊花酒免厄處　張氏鑑云謂下當有曰字

碑記

甌粵銘　惟甌粵之民好鬬　碑目鬬作鬥抄本作鬭

按據說文鬥卽鬬之古字○二說雖殊實相表裏

抄本碑目二作一誤○原其不明君臣之義蓋緣不篤父子之恩　碑目義作理抄本作義

建安志　張叔春序　碑目春作椿

游先生祠堂記　抄本碑目祠作詞誤

詩

夜浦吴潮乳春灘建水狂羅昭諫送沈侍御赴閩中　按文苑英華二百八十三乳作吼是也

侵星愁過蛟鼉國探碧時逢婺女舡　按據下文此係陳陶上建溪詩今考文苑英華二百九十五鼉作龍是也

武夷山詩

武夷山上路毛徑不通風　張氏鑑云毛當作曲

靈嶽標眞諜孤峯入紫氣　按方輿勝覽諜作堞是也

建茶詩

特旨留丹禁殊恩賜近臣（北苑焙新茶詩）　張氏鑑云此詩無人名俟考

四六

惟建溪之作屏實代鄦之啟封（呂伯恭謝表代韓尚書）　按謝表二一字當在書字下

輿地紀勝校勘記卷三十一終

輿地紀勝校勘記卷三十二　福建路

卷一百三十　泉州

州沿革

又元和志云縣人孫師絮訴稱赴州遥遠　按元和志二十九絮作業是也

而通鑑後晉齊王開運二年泉州王繼勳以漳泉二州降于唐　按通鑑作王繼勳以泉州王繼成以漳州皆降於唐○唐運三年唐王以留從効爲泉州刺史　按通鑑王作主是也

從効卒洪進傳在建隆三年　按下文云李煜授陳洪進清源

軍節度使又云陳洪進傳云此處洪進上當有陳
字

縣沿革

晉江縣　按據元豐九域志卷九輿地廣記三十四縣下
當注上字

監司沿革

睦宗院　建炎隨宗司寓泉州　按據上文南外宗
正司注建炎下當有三年二字

風俗形勝

連南夫修城記　張氏鑑云南夫姓當考　按元和

姓纂及古今姓氏辨證皆有連姓紀勝德安府景物下四賢堂注亦載連舜賓連庶連庠父子之事不必疑爲誤也

景物上

北樓　唐席相作　一統志二百六十四作唐守席相建

○歐陽詹記焉　一統志記焉作爲記

庭筴　梁正元中黃仁顥學究出身後同光中仁潁亦登第　按元當作明正明卽貞明朱梁末帝年號也

雙蓮　見魁瑞亭下　按下文景物下魁瑞堂注云

雙蓮復產于州學之槐亭此處亭字乃堂字之誤

景物下

中和堂 閱徧泉南舊守臣 一統志徧作遍

鳴皋堂 俟謚止是堂 一統志俟作李是作斯

愛松堂 三年瀟洒伴衰翁 一統志瀟作蕭伴作

舊○疎影孤圓日正中 一統志日作月

東湖亭 淸源集有歐陽詹席公宴赴舉秀才於丨

丨丨序 一統志作唐守席相宴赴舉秀才於此

歐陽詹爲序

魁瑞堂 雙蓮復產于州學之槐亭 一統志產作

生

金粟洞　半甌脫粟色慊然歸去成金愕然喜一鳴一喜從何來瞬息仙九九千里　張氏鑑云鳴字疑誤　按鳴疑驚之誤上九字當作凡

牧馬地　民歌陸長源曰令我成詳　按詳乃羣之誤

小登嶼　在同安縣廣十五里居已元盛　按已元疑民尤之誤

九仙山　中峯有人跡尤存　按尤當作猶

延福寺　卽九日寺王偘詩　張氏鑑云詩上當有

有字

天淮水　按注云唐太和十三年刺史趙棨所開因名曰｜｜｜五季陳氏遂易之爲節度淮據此則天淮水當作天水淮蓋天水乃趙氏族望故以天水爲名也　又按太和止九年無十三年十字係衍文互見下文官吏門趙棨注

古迹

秦君亭　攙搶天寶末　按攙搶乃欃槍之誤

韓偓故居　在安南　張氏鑑云安南似當作南安　按泉州有南安縣無安南縣下文人物門韓偓

注云有南安寓居詩云張說是也
二朱先生祠　與鎮之長上訪父時事　按上當作
老
劉王墓　自上蔡徙閩中商賈南因家焉　按上文
云在南安此處南字下亦當有安字
官吏
趙頤正　按注云開元二十九年｜｜｜嘗於晉江
鑿溝通舟檝至城下據此則頤正係唐人趙上當
補唐字移下文晉愼交之前
虞愿　按據南齊書南史虞愿傳愿爲晉安太守在

宋時此條當移至上文宋臧厥之後

席相　姜公輔有寄泉南席史君詩　張氏鑑云史當作使

趙棨　唐志云晉江縣有天淮水太和刺史一一開　按唐志水在淮上和下有三年二字是也說詳上文景物下天淮水

王潮　五季末入閩守泉　按以五代史及通鑑考之五季當作唐

汪藻　泉移鎭宣城　張氏鑑云泉上當有自字

趙令衿　語秦檜家廟碑移居衡州坐鎭泉州　張

氏鑑云語乃譏之誤坐疑起之誤

葉賓　賓陽爲叱去陰令屠之卽有告盜屠牛者賓陽謂告者曰截盜牛舌者汝也訊之伏罪　按下陽字係衍文

人物

晉梁遐　卽文靖公之六世祖政也　張氏鑑云政當作考蓋傳寫作考又誤爲政也　按下文梁克家注云晉梁遐後文靖卽克家之謚克家乃南宋時人上距晉時斷不止於六世必有脫誤

唐韓偓　鄭誠之哀詞云有唐翰林一一固左遷遂

家焉　張氏鑑云固當作因

留從効　按從効雖曾稱藩於宋然究係南唐之臣留上當補南唐二字

劉昌言　按自昌言以下皆宋人劉上當補國朝二字○節度陳洪進辟工曹　張氏鑑云辟下當有爲字　按東都事略劉昌言傳辟作以爲

王言徹　郡守例遣子弟振表恩　張氏鑑云恩上疑有脫字

蘇頌　深戒疆場之臣邀功生事於事無所不讀　張氏鑑云下事字似當作書　按據東都事略蘇

頌傳場當作

傅察　見斡离否不拜遂死之　按方輿勝覽二十一否作不據東都事略傅察傳及宋史紀事本末當以不字爲是○自得以忠肅死書補官　按書當作事方輿勝覽作節

梁克家　又見金溪下　按上文無金溪惟景物下有金鷄渡注引尤袤梁文靖行狀靖即克家之謚此處溪字疑鷄渡二字之誤

仙釋

僧籍　太宗覽泉州丨丨一歲未度者僅四千餘

張氏鑑云觀僧籍一條尤見此書之未經檢點也

按紀勝誠有未經檢點之處然僧籍列於仙釋門則未可厚非張氏特議此條竊所未喻○近世一夫耕迨至十人食者　張氏鑑云迨當作殆

碑記

席相新六曹都堂記　今謂之僉廳　碑目僉作簽抄本作僉

二公亭記　抄本碑目二作三　按注云歐陽詹撰今考全唐文五百九十七載詹此記亦作二紀勝上文古迹門二公亭注云郡牧席公別駕江公得奇阜

二公建亭邑人扁曰二公亭作三者非是

馬懿公壁記　元和二年馬摠撰　碑目摠作總抄本作摠

永春縣記　又有江公望多暇亭記　抄本碑目暇作假誤

高士峯石篆　碑目石下有像字抄本無　按注云有石篆題曰高士峯碑目像字係衍文○有石篆題曰高士峯　碑目曰作云抄本作曰

唐相李深之題名　呂夏卿同巖大廷老閱書北臺　碑目巖作嚴臺作堂抄本與紀勝同○莫道元和最多

士幾人曾訟左軍來　抄本碑目軍作車　按深之即李絳之字左軍指宦官掌禁軍者而言絳在元和時屢論宦官禁軍事詳見唐書本傳及通鑑與廣武君李左車無涉作車者非也

詩

樹梢缺處見城郭日影落時聞鼓鼙張爲題建造寺　張氏鑑云建造二字疑有誤

人傑已知符石筍魁星還復讖金雞樵樓上梁詩　按樵當作譙

泉南花木詩

南中榮橘柚寵知鴻雁飛文選謝元暉酬晉安王謝詩　按據文

選王當在晉上下謝字係衍文

史君第一儈貪攫　張氏鑑云史當作使

四六

李僕老賀趙相知泉州　張氏鑑云僕當作漢

淸源紫帽素標圖諜之傳石筍金雞屢讖衣冠之盛

水陸據七閩之會梯航通九譯之重樵樓上梁文　按

諜當作牒樵當作譙

卷一百三十一　漳州

州沿革

通鑑後晉思王開運二年唐王以董思安爲漳州刺史思安以父名漳唐主改漳州爲南州　按據通鑑思王之思當作齊二當作三以父上當有辟字名漳之漳當作章紀勝下文引長編云漳州刺史董思安父諱漳亦其證也

縣沿革

龍溪縣　按據元豐九域志卷九輿地廣記三十四縣下當注望字

漳浦縣　按據元豐九域志輿地廣記縣下當注望字

風俗形勝

王使君勳烈摽時　張氏鑑云摽當作標

景物上

龍山　南唐李建勳有寄｜｜圓寂禪師事本朝孫近亦有詩　按事疑當作書

湯泉　按此條脫去注文

梁山　爾雅云南山之美有梁山之犀象　按據爾雅釋地南山當作西南

景物下

半漳臺　郭祥正詩云危簷飛赤壓層邱　按方輿

勝覽十三危簷飛赤作簷飛突兀是也

貢珠門　中有丈珠顆如七曜炙如七曜者不可勝數　張氏鑑云丈當作大炙如之如當作於

官吏

陳元光　按注中所述事跡或在永隆二年或在垂拱二年永隆係唐高宗年號垂拱係武后年號則元光係唐人無疑陳上當補唐字○永隆三年　按唐高宗永隆年號止有二年並無三年三乃二之誤

韓泰　韓愈有舉漳州刺史自代狀　按以韓集考

之史下有韓泰二字依紀勝之例當作丨丨

黃峻　按據注所引五代史王審知傳峻係閩人黃上當補閩字

張城　按注云爲守築城有詩今考下文詩門云知州張成大築漳州外城畢有詩此處城字疑當作成　又按知州之名始於宋世自此以下皆係宋人張上當補國朝二字

人物

周匡物　按匡物唐人周上當補唐字

李亨伯　按亨伯宋人李上當補國朝二字

碑記

唐王諷三平大師碑　抄本碑目大作太誤　按上文仙釋門三平大師義中注引唐王諷有三平大師碑云云此條無注者蓋因已詳於彼注耳

漳州登科記　元祐七年　抄本碑目祐字係空格

清源集　乾道間郡守林孝澤編　抄本碑目間作開誤

五代僧楚熙糧料歷　蔡如松峻山南北二峰靈跡記云北曰幽巖山　碑目峻作埈抄本作峻上北字作禮誤○有陳洪進月給糧料藏於巖中　碑目料

下有歷字是也抄本無

詩

我歌胡感槩西北望神京唐慕容韋葵崗嶺　張氏鑑云槩當作嘅　按史記季布欒布傳贊感慨而自殺者徐廣注云慨或作槩字音義同司馬彪莊子注訓槩爲感又訓爲哀亂則作槩者義亦可通不必改爲嘅也

山從天寶來鸞遠基闢開元歷代深李則臨漳臺　按鸞疑當作巒

卷一百三十二汀州

州沿革

自晉已前並同泉州口晉武平吳分建安置晉安郡

張氏鑑云晉上不必空格

唐志在開元二十四年與元和郡縣志年月不同而

杜佑通典以爲元和二十六年分置汀州　按通

典一百八十二元和作開元是也紀勝下文云自開元

二十一年建議至二十四年成郡二十六年又分

他郡之地以益之亦其明證

三都皆在樹窟宅人都所居最華人都或時見形

張氏鑑云下人字當作三

縣沿革

武平縣　僞閩交秦元年省安南人武平　張氏鑑云秦字疑誤安南疑倒　按五代時閩王氏無交秦年號閩當作唐秦當作泰交泰係南唐元宗年號是時汀州正屬南唐也　又按上文云縣在唐時爲兩鎮曰南安曰武平張氏謂安南疑倒是也

清流縣　按此縣元符元年始置故元豐九域志卷九未載此縣輿地廣記三十四雖載此縣而未注緊望故紀勝亦未注耳

風俗形勝

山曰靈蛇曰鷄籠曰蘘荷　按蘘當作襄說詳下文

景物下蘘荷嶺

景物上

南山　山下文殊同慶三寺　按方輿勝覽三十三作

二是也○陳軒詩云呀然碧玉洞屹女分雙戶

張氏鑑云女字似當作立　按方輿勝覽正作立

張說是也

象洞　民恃僻遠頑輸政和置循檢寨　按改巡檢

爲循檢者避理宗嫌名

蛟塘　泊南安祖師建院於巖下其毒遂弭　張氏

鑑云泊當作洎

景物下

七峰巖　在清流縣六十里　按據方輿紀要九十八縣下當有南字

五百灘　自汀抵湖其灘險有五百　按汀州去湖州甚遠去潮州頗近方輿勝覽湖作潮是也

⿱竹襄荷嶺　地產⿱竹襄荷　按說文蘘字下云蘘荷也此條兩⿱竹襄字皆蘘字之誤

古迹

武婆寨　在上杭縣來蘇團之安香石山　張氏鑑

云安疑當作南

官吏

陳劒　按劒係唐人陳上當補唐字

王繼業　按據注繼業爲汀州刺史在閩時王上當補閩字

王嗣宗　按自嗣宗以下皆宋人王上當補國朝二字

廖剛　宣和來攝郡事　張氏鑑云來疑末之誤

趙令矜　張氏鑑云觀此矜字前卷作衿者誤　按泉州官吏門作趙令衿與宋史紀事本末正合此

作矜者傳寫之訛張氏謂前卷作矜亦記憶之誤

○｜｜因觀秦檜家廟記曰口誦君子之澤五世而斬之句謫汀州　張氏鑑云曰當作而

劉師尹　紹興爲錄參　按紹興下有脫字

人物

唐伍正巳　唐大中擢第　按大中下有脫字

羅彧　按自彧以下皆宋人羅上當補國朝二字

吳簡言　以茂異決利　按利當作科

仙釋

定應大師　初波利尊首自西土來　按首當作者

碑記

鄞江志　慶元武午昭武李皐詮次　張氏鑑云武午似當作戊午　按碑目正作戊午

詩

孤負清風月白秋袁思永　張氏鑑云淸當在風下

卧龍形勝著甌閩前有南樓氣象新新修南樓詩　按此詩未著撰人姓名下文雲釀閣蒼玉亭臨汀驛諸詩仿此

慶元陳史君詩　張氏鑑云史當作使

嘗聞元豐閒元輿守玆土別乘果爲誰靑山郭助甫

按劬當作功元輿乃陳軒之字功甫乃郭祥正之字上文官吏門陳軒郭祥正注云與别乘郭祥正登山臨水是其證也

定光南安巖詩

香風影裏迎新魄梵貝聲中見落暉自恨勞生名利役不能來此共忘機路入雲山幾萬層豁然巖宇勢崢嶸地從物外囂塵斷天到壺中日月長同上

按暉機二韻爲一首依他處之例機下當注同上二字以上文考之此數詩皆鄭獬所作也 又按嶒嶸長三字非一韻疑有誤

天下名山饒洞穴不似南安最奇絕一峰突兀上干天十二子孫旁就列上有虛窗透碧霄夜分明月歸巖腹方開之詩　按穴絕列三字爲韻腹字另是一韻疑有脫誤

輿地紀勝校勘記卷三十二終

輿地紀勝校勘記卷三十三 福建路

卷一百三十三 南劒州

州沿革

審知子延翰改爲永平鎭避翰之名也　按避下當有延字蓋改延平爲永平者避延字非避翰字也

縣沿革

尤溪縣　寰宇記云縣地與龍山縣沙縣侯官三處交界　按寰宇記一百作其地與漳州龍巖縣汀州沙縣及福州侯官縣三處交界

將樂縣　沈約宋志云將樂子相漢立太康地志有

按宋志漢立作晉

風俗形勝

山水清明偉麗爲東南最 龜山先生乾明修造記 張氏鑑云

乾明下疑有脫字

景物上

永平 晉武平吳易南平爲延平縣閩王更延平爲

||| 按末一|係衍文

景物下

妙峯閣 在郡東十里涪瀶院前對高峯 一統志

二百十六涪瀶作黯淡無對高峯三字○有蔡君謨

十一

題字　一統志君謨作襄

玉華洞　在將樂十五里　按據方輿紀要九十七樂下當有南字

文筆峯　在劍浦縣三十里　按據方輿紀要文筆峯在延平府南平縣南六里延平府卽南劍州南平縣卽劍浦縣紀勝縣下當有南字

虎頭巖　揚時有記　按揚當作楊

六桂堂　相繼中進士第　一統志作相繼登第○陳瓘詩云　一統志作因以名堂陳瓘有詩

古迹

而契丹以天福四年遣使遙祈至中國遂如吳越

按以通鑑考之祈當作折

官吏

程博文　按自博文以下皆宋人程上當補國朝二

字

人物

王延嗣　按延嗣於唐亡之後能以大義諫王審知

眞乃心唐室之士王上當補唐字

廖居素　按居素及陳陶皆南唐時人廖上當補南

唐二字

□□陳陶　張氏鑑云原本空二字　按所空二格疑卽南唐二字當移至上文廖居素之上

胡璞　經採石渡　按方輿勝覽二十一採作釆是也

碑記

仙書石　碑目仙作僊下同抄本作仙　按據說文僊卽古仙字○在劒浦縣之東蕭坑　碑目蕭作簫抄本作蕭

湝澹院留題　賈青詩云　碑目青作清抄本作青云作曰

虎頭巖記　鼂山楊時記　抄本碑目楊作揚誤

鎮國廟中碑　見古迹門　碑目迹作蹟抄本作迹　按上文古迹門鎮國威惠王廟注云廟有古碑當以迹字爲是

天王院留題　有唐韓偓題詩　碑目偓作渥誤

卷一百三十四　邵武軍

軍沿革

與隋志不類當從隋志　張氏鑑云類疑符之誤

景物上

麀溪　東流下與密溪爲合　按據上文此建安記之語今考寰宇記一百一引建安記爲作烏溪是也

景物下

龍焙監　建州建安縣南鄉秦漢溪里地　按以寰宇記考之漢字係衍文

白水冲　邵武縣九十里　張氏鑑云縣下有脫字

烏君山　秦漢之代有徐仲仙者　按寰宇記仙作山是也下文仙釋神門徐仲山注云秦漢時於烏君山遇仙妃是其明證

香巖院　卽南唐龔謹儀捨宅所造　按南唐有龔愼儀此作謹儀者避孝宗諱後凡改龔愼儀爲龔謹儀者仿此

古迹

走馬城　土人吴師僻與弟師講　張氏鑑云僻字疑誤

官吏

石中立　按自中立以下皆宋人石上當補國朝二字

蘇爲　因爲詩云手搊樵溪塵可濯恨無雄筆維蘇爲　按下文詩門維作繼是也

徐壽　不受監司敷鹽之命　張氏鑑云敷字疑誤

劉彝　抑豪猾扼游墮　按墮當作惰

王洋　紹興十年宋昭武　按宋乃守之誤○有袁氏夫死詣郡投牒丐他適洋覩禳經之下紅裳微露　按禳經乃繚經之誤

人物

黄亘　按亘及張巨錢皆唐人黄上當補唐字

龔謹儀　按龔上當補南唐二字

龔頴　按自頴以下皆宋人龔上當補國朝二字

仙釋

大乾廟　高宇得詩曰　按方輿勝覽卷十得上有夢字○碧瓦朱簷高字也　按字當作宇方輿與上文

高宇得詩之語合蓋碧瓦朱簷乃屋宇之高者故隱寓高宇二字也方輿勝覽正作宇是其明證

碑記

王氏石銘　大觀三年　碑目三作二（抄本作三）○葬其親於郡西塔院下路傍　碑目傍作旁（抄本作傍）○踰月雨過視墳側隱然有痕　抄本碑目雨作兩誤○銅水缶及鏡銘一　碑目缶作盂（抄本水缶作永缶誤）○琅琊王氏女　抄本碑目琊作邪○諸器皆依古　抄本碑目皆作昏誤○而制度精巧　碑目制作製（抄本作制）

樵川集　黃璋序　抄本碑目黃作潢誤

詩

緣水青山眼界新　張氏鑑云緣當作綠

柳綠藏樵市桃紅覆酒家 袁轂樵州　張氏鑑云州疑當作川

卷一百三十五 興化軍

軍沿革

併割莆田仙遊等縣以屬焉 寰宇記　按寰宇記一百二

併作并

縣沿革

興化縣　圖經又云加以百丈鎮及析莆田仙遊縣地及福之永泰福清地置興化縣　張氏鑑云下及字係衍文

風俗形勝

林藻伯仲因之隸業　按隸當作肄

景物下

共樂堂　蔡襄陳俊卿有詩　一統志二百六十三作宋蔡襄有詩

靈龜潭　在香林院數十步　張氏鑑云院下有脫字

牛頭嶺　金芝環珞暘谷夾際越王烏石皆其別名

張氏鑑云環當作瓔際當作漈

文筆峯　在仙遊縣四十里　張氏鑑云縣下有脫

字

棲眞巖　有石龕詩云山之東有伏蟒巖巨蟒之種

族孕毓此山　按詩疑記之誤

古迹

夾際草堂　鄭樵結茅夾際之陽　按兩際字皆當

作漈

歐陽詹書堂　隸業于靈巖精廬　按隸當作肄

東峯書堂　唐黃滔隸業之所　按隸亦當作肄

東井書堂　艾軒先生光朝講學之所　按下文人物門林光朝注云號艾軒先生此處光字上亦當有林字

官吏

薛奎　按自奎以下除賈郁外餘皆宋人薛上當補國朝二字

曹修古　澠水燕談云明道初爲御史知雜上書乞莊獻太后還改　按澠水燕談錄卷四改作政是也

賈郁　按注云以文策干忠懿王補仙遊簿忠懿王

卽王審知則郁爲閩之官吏無疑賈上當補閩字
移至上文薛奎之前
廖剛　是時蔡氏當國剛未嘗一造某門　按據方
輿勝覽三十某乃其之誤
汪待舉　及浦生之草採者毋令出錢　按毋當作
毋

人物

林蘊　按自蘊至黃滔皆唐人林上當補唐字
林攢　墓松遍降甘露　按遍當作徧
潘丞祐　按丞祐始仕於閩後入南唐潘上當補南

唐二字

陳致雍　按自致雍以下皆宋人陳上當補國朝二字

方謹言　咸平舉士　張氏鑑云當作咸平間舉進士

方偕　給以乳香責以輸絹而使奪其香　按使疑當作復

陳烈　留詩曰溪山龍虎蟠溪水口䟀聲喧　張氏鑑云原空一字　按以文義句法核之此處不應空格

陳覺民　常過武夷題詩云　按常當作嘗

黃泳　詠應聲曰　按詠當作泳

林沖之　陳過庭使北軍沖之介不屈節　按介上似當有爲字○陳過庭殁其官屬許仕父又不肯

按父字疑衍文

陳俊卿　尋復尚書左僕射謚正獻　按方輿勝覽復作授是也

仙釋

寂禪師　但書偈付使者摧殘枯木倚寒松幾度逢春不變心樵客見之猶不採郢人何事苦搜尋

按者下疑脫二云字松似當作林方與心尋二字爲韻

碑記

石敢當碑　張緯宰莆田再新縣治　抄本碑目縣字係空格治作洽誤○官吏福百姓康　碑目吏作利誤抄本作吏

仙篆石　在莆田縣北十里陳岩山　碑目岩作崖按上文景物下陳岩山注中有仙篆石岩即俗巖字作崖者非也○如讀峋嶁神禹碑　碑目峋作岣抄本作峋

中峯菴記　如中峯瑞泉天宮號爲絕景　碑目如作加爲上有是字抄本與紀勝同

詩

引出水遶壺公山而登第者於前爲多　按方輿勝覽無出字於作視是也

以上福建路卷一百二十八福州至卷一百三十五興化軍

輿地紀勝校勘記卷三十三終

輿地紀勝校勘記卷三十四 成都府路

卷一百三十六 成都府闕

卷一百三十七 成都府下闕

卷一百三十八 崇慶府闕

卷一百三十九 眉州闕

卷一百四十 彭州闕

卷一百四十一 緜州闕

卷一百四十二 漢州闕

卷一百四十三 邛州闕

卷一百四十四 黎州闕

卷一百四十五 簡州

州沿革

簡州□陽安郡十道志 按依他之例及元豐九域志卷七輿地廣記三十州下當注下字

故世本曰分巴割蜀以成犍廣 按據上文此係華陽國志之語今考國志無世字廣下有也字是也

風俗形勝

緜泉稻梁 按梁當作粱

每歲計豁除折估錢五萬四千九百五十餘道 按方輿勝覽五十二道作萬是也

景物上

赤水　又九州要云簡州在赤水之北也　按寰宇記七十六要下有記字是也

三溪　往往是東溪絶勝今廢南溪號後溪　張氏鑑云下往往字當作時

景物下

插雲閣　在郡東一里天王院　一統志二百三十六郡作簡州○郡太守領客來遊　一統志無太字

西巖院　在陽安湧泉鎮五里　張氏鑑云鎮下有脫字

衆福寺　乃志公和尚所進梁武西域像也志公戒弟子元琰持像入蜀　按兩志字皆當作誌即所謂寶誌公也

牛鞞戍　元和志西齊于此置丨丨丨　按元和志三十一西作南是也

羅漢院　後再宿用韻云　按上文所載之詩係鞍寒看三韻下文所載之詩亦係此三韻此句韻字上當有前字

古迹

婆國故城　元和志在平泉縣南四十餘里　按元

和志國在閏餘作六據紀勝上文縣沿革平泉縣本名婆閏縣當以閏字爲是

令狐丞相宅　或云唐令狐陶子孫稱丞相宅　張氏鑑云陶當作綯　按以新舊唐書及通鑑考之張說是也

天慶觀唐明皇像　按此條脫去注文

張兌墓　見前溪劉越述　張氏鑑云述上當有所字

官吏

崔仁師　按仁師係唐人下文何遐上唐字當移至

此句崔字之上

种師道　按自師道以下除第五倫外餘皆宋人种上當補國朝二字○崇甯初爲通州　張氏鑑云州當作判

第五倫　按倫係漢人第上當補漢字移上文崔仁師之上

人物

劉昊　按自昊以下皆宋人劉上當補國朝二字

李華　大索水夫歐吏取庸　按歐當作毆

仙釋

僧道範　後住成都六祖　張氏鑑云六祖下有脫字

碑記

郡守壁記名氏　見劉左史折柳亭記　抄本碑目亭作年誤

韋南康紀功之碑　皇太子臣誦奉敕書　碑曰書下有又見資州四字 抄本無　按此四字乃校刻碑目者所增

天光觀唐碑　天和初　碑目天作大 抄本大作天　按大和卽太和係唐文宗年號若天和則安慶緒僞號

且簡州亦未嘗附於慶緒也當從碑目○因張文

舉施地基剏建　碑目剏作創抄本作剏

羅漢院石刻　在陽安縣　碑目縣下有東字抄本無

○禪師道明鐫刻　抄本碑目刻作列誤

靈巖院石刻　院中石刻字乃元和長慶間　碑目

間下有刻字抄本無

周文王廟碑　舊碑題額云大周植其碑　碑目其

作基是也抄本作其植作函誤○即後周閔帝之初元也

碑目初元作元年抄本作初元

詩

城下江流金雁水亭中人弄玉琴絃轉運使榮湮詩張氏鑑云湮字疑誤

垂虹納納卧譙門雉堞耽耽俯漁艇　張氏鑑云納納二字疑誤

卷一百四十六嘉定府

府沿革

蓋犍爲之地爲夷所侵則徙入內地以避之則夜郎故邑乃今南徼之外羈縻等州耳　按下則字疑衍文

縣沿革

犍爲縣　唐舊在武陽故城後屬武州上元元年隸嘉州　按據上文此係寰宇記之語今考寰宇記七十四唐在上元上武作戎是也紀勝上文引元和志亦云以縣屬戎州是其明證

峩眉縣　秋日清登望見兩山相守若峩眉　按據上文此係益州記之語今考寰宇記引益州記云兩山相對狀似峩眉紀勝守字必對字之誤　又按登當作澄

洪雅縣　元和郡縣志云本南齊樂郡之南境也　按元和志三十二無上南字是也

監司沿革

成都府路提點刑獄司　五年薛向乞移益州景祐元年閏六月依舊眉州　按舊下似當有還字○太觀元年九月成都轉運判官□又乞移嘉州　張氏鑑云原本空一字　按以文義核之又上似不必空格

風俗形勝

吾州山水於蜀爲孤清秀絕鮮于之武谷神亭記　張氏鑑云之字疑誤下條仿此

江山秀異草木欽榮號兩蜀佳處任熙明萬壽寺碑　按欽

疑當作欣蓋卽欣欣向榮之義

然郡之北境太半爲巴蜀舊縣如南安武陽牛鞞資中江陽僰道是也而漢史地理志夜郎縣乃屬牂柯郡荊知今嘉州犍爲縣非夜郎故地　按據上文此係輿地廣記之語今考輿地廣記二十九太作大爂作僰牂作牂荆作則是也地作也非也

景物上

南犍　王人獨戀||樂只恐瓜期未肯歸　張氏鑑云王似當作主　按方輿勝覽五十二正作主張說是也

三洞　寬廣可容百數人　按數當在百上

孤山　湘水初出麗都山南流入洞庭　按下文云强分湘水之半南流入廣始命曰離水此處南流當作北流庶與地理水道相合而上下文義亦得聯貫矣○正由江州之大小二孤命名是矣　按由當作猶○亦由湖南之灘水耳　按由亦當作猶

雷洞　當神居之時出雲南　按南當作雨

化山　在夾江縣三十里　按寰宇記三作西是也

龍門　思其孫思邈按眞之所且隨其景各賦曰龍

化曰種玉溪　張氏鑑云按疑棲之誤化下疑有
脫字
魚泉　其表兩穴瀕江州南山趾　張氏鑑云州疑
當作洲
蜂穴　嘉定志云符文江出峩眉山山有二水北則
虎谿　按以文義核之谿下似當有南則丨丨四
格
秦水　徙秦人萬家以寔焉　按寔當作實
嘉木　寰宇記在舊羅目縣東南三十里陽山江溉
兩木對植　按寰宇記溉作滸是也　又按寰宇

記二木字皆作樹紀勝作木者避英宗嫌名

景物下

壁津樓　一統志二百四十七 壁作璧　按方輿勝覽亦作璧紀勝下文有璧玉津樓名蓋取諸此○在府城之東南隅　一統志無之字

枕江樓　得江山之勝　一統志山作左

萬景樓　在史氏安樂園之上　一統志史氏作郡城東○宣和太守呂由誠作　一統志和下有中字作作建○所望濶遠　一統志濶遠作空濶○諸邑邊塞指顧目覽　一統志塞作砦目覽作在

目○太守郭益榜其下曰　一統志太上有後字榜上有因字下作上

鍾秀亭　在九頂三龜之間清閑居士王朴至樂山也　張氏鑑云也當作上

清音亭　在九頂山　一統志山下有上字○下瞰大江萬瓦在目三峩橫陳　一統志作三峩橫陳下瞰大江亭左有洗墨池蘇軾所鑿

明月樓　在府醮樓之右　張氏鑑云醮當作譙按一統志正作譙府下有治字○有明月湖　一統志有作下瞰○郭璞詩云鬱姑鬱姑將州對洛

都但有千載後變成明月湖　按方輿勝覽詩作讖有作看是也

大像閣　於瀆江沬水濛水三江之合　按上文景物上有蒙水蒙山瀆江沬水蒙水注云蒙以山名蒙山注云峩眉之在禹貢則蒙山之首也此處濛字乃蒙字之誤

大峩景　遊仙橋　一統志遊作游○玉華巖院恰十五里　一統志玉作至院作寺是也

華巖寺　在寶岩兩山之間　一統志岩作巖

乾明寺　前後有八峰普賢閣倚白崖峰餘十七峯

共壞之 按八上當有十字

延福寺 其青蓮峰白雲峽最爲寺中之勝 一統志無其字

普延寺 一統志延作賢

華藏寺 梵賢如古篆 張氏鑑云賢字疑誤 按賢似當作貝

光相寺 即普賢示覞之處 張氏鑑云覞當作現 按方輿勝覽正作現張說是也

高摽山 按方輿勝覽方輿紀要七十二摽作標是也

壁玉津 注水經云東爲||| 按據上文此係

寰宇記之語今考寰宇記注在經下爲作有是也

阿吒山　在洪雅縣西四千里　按方輿勝覽千作十是也

青衣水　漢書彭越傳杜佑通典嘉州載皆以龍游爲青衣蓋失之矣　按據上文此係輿地廣記之語今考輿地廣記漢上有唐顏師古注五字通上有述字載作事是也

烏尤山　舊名烏中突然于水中如犀牛之狀　按方輿勝覽方輿紀要中作尤是也

白崖院　吳中復爲作[元]崖銘　張氏鑑云[元]當作

白

紫蘭泉　嘉定志云沬水地勢表高裏洑流下注曰

｜｜｜　張氏鑑云裏上似當有於字

菩薩石　峯稜如削自然之觚　按峯當作鋒

馬龍池　向因司天監古西川當產良馬　按古乃占之誤

蟠龍寺　在蟠龍山有趙清獻公詩詳見集仙岩下　按上文集仙洞注云在蟠龍院洞雖淺褊有姚嗣宗趙清獻詩蟠龍院卽蟠龍寺也岩當作洞

大渡河　藝祖得天下以持玉斧畫輿地圖　按方

輿勝覽持上有所字是也

萬松山　一峯居中兩峯在右如拱侍　按在當作左

呼應山　石上有謝表謂具紙寫上　按謂疑請之誤

沐川水　在犍爲縣一百四十里　張氏鑑云縣下有脫字　按方輿紀要川水作源水一百四十作西南百

歸正寺　初名靈鶖寺　張氏鑑云鶖似當作鷲下同　按下文碑記門有靈鷲山碑注言僧乾光爲

其師撰碑可爲張說之證○有僧知元嘗應詔升麟德殿與僧儒二家較優劣宣宗命爲三教首座

按僧儒當作儒道

古迹

伏羲洞 按此條無注文

郭璞書巖 洗硯去殘墨遍水如黑霧 張氏鑑云遍當作徧○然史謂無入蜀之文 按謂當作傳

官吏

杜軫 按軫係晉人杜上當補晉字

岑參 按參及薛能皆唐人岑上當補唐字

田淳　按據注淳爲龍遊令在孟蜀時田上當補後蜀二字

何逢　原孫松壽宋誨何耕　張氏鑑云自逢原以下四人注未言何代官吏俟考

何掄　按自掄以下皆宋人何上當補國朝二字

宋白　舊經白常爲玉津宰　按常當作嘗

楊巖之　爲峩眉令是甲志詩集序　按是疑見之誤

人物

楚狂接輿　唐子昂賦感遇之詩　按方輿勝覽唐

下有陳字是也

蘇稽　張氏鑑云蘇稽未詳何時人俟考　按注云隱於龍遊之蘇山今考龍遊之名起於隋時則稽當是隋以後人

任永馮信　按自永至費詩皆漢人任上當補漢字

費貽　佯狂以避之　按佯當作佯

李密　按密係晉人李上當補晉字

田錫　按自錫以下皆宋人田上當補國朝二字

仙釋

鬼谷子　隱居峩眉山之鬼谷洞周靈王太子得道

上昇爲書號珞琭子　張氏鑑云周靈王以下與
鬼谷子無涉疑有脫誤
尹眞人　此函中符籙謹不可啟　按據上文此係
太平廣記之語今考廣記四十三中下有有字謹作
愼可啟作得啟之紀勝改愼爲謹者避孝宗諱
葛仙翁　晉文帝時爲丹砂乞爲勾漏令　按以晉
書葛洪傳考之文當作元○因居嵓洞有神養氣
道成昇天　按有乃存之誤
莪眉木中定僧　今新津楊氏有走僧畫像題年月
曲折其詳　張氏鑑云走似當作定

碑記

漢楊宗暢墓碑　碑目楊宗暢作二楊抄本作楊宗暢　按二楊指楊德仲楊暢而言詳見下文○墓在夾江縣東十里　碑目十上有二字抄本無○其左隸書漢故益州太守楊府君諱德字仲墓道十六字　碑目作其左隸書漢故益州太守楊府君諱宗字德仲墓道右隸書漢故令楊府君諱暢字仲普墓道抄本隸作有餘與紀勝同　按碑目據碑文改易然非紀勝之舊

漢靈帝時張道陵碑　上有嘉平三年三月一日等

字　碑目三年作二年抄本一日作三日　車氏持謙云

按靈帝改元凡四曰建寧曰熹平曰光和曰中平

無所謂嘉平也以熹平紀號者惟北漢劉聰象之

因碑有漢字遂誤嘉平為熹平而以聰為靈帝矣

按北漢劉聰雖有嘉平之號然其時蜀地為成

李雄所據北漢之嘉平三年乃成也玉衡三年立

碑者不得捨成之年號而用北漢之年號也然則

嘉平必熹平之訛而此碑實立於漢靈帝時王氏

固不誤也

沐州古碑　抄本碑目木作沐　按上文景物下有

沐川水下文有張無盡沐川寨記作沐者非是○殺馬湖夷賊紀功　抄本碑目湖作胡　按上文景物上有馬湖作胡者非是

李德裕石闕　一統志作二石闕○舊市鎮　一統志舊上有在州西南四字○有名灘曰墨崖　抄本碑目名作之誤○上有唐李德裕領重兵過此九字　一統志上上有其字領作提

孝女碑　在犍爲清溪口楊洪山下　碑目爲下有縣字抄本無○以父泥墜湍水　碑目泥字係空格抄本作泥　按以華陽國志考之泥字不誤○自投水

死　抄本碑目自作目誤投係空格
靈鷲山碑　僧乾光爲其師道眞令徐宗彝撰碑
抄本碑目徐作年誤
郭璞移水記　史謂無入蜀之文　按謂疑當作傳
○而自周已前　張氏鑑云已當作以
張無盡沐川寨記　抄本碑目沐作沭誤○南廣東
北接境常挾吐蕃以爲中國患　碑目廣作蠻是
也○一出馬湖江等　抄本碑目湖作胡誤○其
狹邪之徑　抄本碑目狹作挾誤○日榮涇　碑
目涇作經抄本作涇　按下卷雅州有榮經縣作經者

是也○曰八面菁　碑目菁作箐是也抄本作菁○而沐川之路常爲嘯集之地　抄本碑目沐作沭誤中孝友西南會要　蓋合六詔而南詔最強　抄本碑目合六作六台誤○降及太和之際　碑目太作大抄本作太○阻隔大蕃之要道賓爲蜀部之藩籬　碑目賓作實抄本作賓　張氏鑑云大字賓字皆似誤　按大疑當作入賓疑當作實○是致雲吐之三蕃不復疥疽於中國　按三似當作二

總嘉州詩

唐至和三年李堯夫題白崖三洞　按至和係宋仁

宗年號至似當作中中和乃唐僖宗年號

里人年年競遊賞豈獨樂事今推輪東坡踏青　張氏鑑

云推當作椎

云有古郭生此地多箋注子由　張氏鑑云古迹汁下

作苦箋注　按方輿勝覽多亦作苦

千洲三島似蓬萊李燾　按千當作十

題作東南第一樓范成大　按東當作西

平羌江水接天流涼入簾櫳已似秋公事無多廚釀

美此身不負負嘉州歌呼宛轉連漁市燈火青熒

擁郡樵陸游七夕登樵樓　張氏鑑云郡樵之樵當作樓

按注中樵字當作譙

凌雲九頂詩山詩

凌雲九頂詩山詩　按上詩字係衍文

一崦露招堤薛能凌雲詩　按堤當作提

峨眉詩

峨眉山沒半輪秋影入平羌江水流李白　張氏鑑云沒當作月

與誰天末分青髻長向人間畫翠峨嘉定志張俞　張氏鑑云峨當作蛾

四六

風俗甚文有蘇桂石典刑之尚在江山良美與彭蜀漢境土之相連晁子西謝執政啟　按蘇桂當作岑杜

輿地紀勝校勘記卷三十四終

輿地紀勝校勘記卷三十五 成都府路

卷一百四十七 雅州

州沿革

寰宇記云名山有離崖崖音雅州以此名　張氏鑑云下景物門離堆注離音雅與此不同當考　按寰宇記七十七云按郡國志漢源縣有離崔卽蜀守李冰所鑿離卽古文雅字也州以此爲名又云名山縣離崔原注云師古曰崔音丁回反秦蜀守李冰所鑿以道江是此然則紀勝所引上崖字乃崔字之誤下崖字乃離字之誤互詳下文景物上離堆

縣沿革

嚴道縣　漢制縣有蠻夷曰道　按據上文此係元和郡縣志之語今考元和志三十二脫漢制二字非也變作蠻是也當互相補正

風俗形勝

西通碉門南通沈黎北通盧山東出者與蒲江嘉定之洪雅相接道路序　按方輿勝覽五十五蒲上有臨卭之三字道上有郡志二字是也

景物上

離堆　寰宇記曰離崖離音雅　按寰宇記云離卽

古文雅字也音雅二字似當在郎字上　又按寰宇記崖作葦晉灼漢書溝洫志注云葦古堆字也當據以改正

鹽井　在盧山者凡□在車祿者凡十有八　張氏鑑云凡下原本空一字

景物下

賢範堂　在州治　一統志二百四十六作在雅州治太守李艮臣建○繪雷簡夫蘇氏父子像併刻薦三蘇書於壁間　一統志併作並薦上有簡夫二字

清白堂　在盧山縣治有對花樓報豐浮春望霓亭

張氏鑑云亭上似當有諸字

仁智堂　多園池花竹之勝　一統志竹作木

景賢堂　在郡東北十五里　一統志郡作雅州

政和間　一統志間作中○邑令李緯　一統志邑作嚴道○以地有漢高孝廉碑易令碑　一統志作以其地有漢孝廉碑　按下文碑記門但有高孝廉碑無易令碑

無絃亭　清獻公爲榜其亭　一統志清獻公作趙清獻

翠屏山　俗號蠻歇頭　張氏鑑云歇頭疑有誤

雙鳳堂　在設廳後　一統志設作雅州○老泉攜二子　一統志老泉作蘇洵○謁太守雷簡夫雷以書薦於張文定公　一統志下雷字作簡夫○又韓魏公歐陽文忠公　按上文云雷以書薦於張文定公此句承上而言又字當是及字之誤○其後太守樊汝霖　一統志無其字○作堂以表其事　一統志作作建事下有名曰雙鳳四字

棣華堂　在郡治　一統志郡作雅州○繼典此邦作也　一統志作相繼典此郡作○雷簡夫書其額　一統志無其字

七縱橋　古傳孔明擒孟獲之地　按復當作獲

九折坂　本自邛筰而來故曰邛疎　按據上文此係寰宇記之語今考寰宇記曰作名疎作崍是也

萬勝崗　在州龍觀山　按據方輿勝覽方輿紀要七十二州下當有西字

西林寺　李巽岩記三寺記　按上記字疑誤字之誤

靈關山　浴呼為重關　按據上文此係寰宇記之語今考寰宇記浴作俗是也

碉門寨　自苦蒿平外　張氏鑑云平似當作坪

瓦屋山　見峰頂見普賢光相　按據方輿勝覽下見字當作現○或門禪惠大師瓦屋何故却以木皮蓋　按方輿勝覽門作問是也

龍淵潭　遇罕禱之必應　按罕當作旱

雞棟山　即古之名山也因爲名山戍　方輿紀要七十二無也字○唐垂拱中以戍爲縣　方輿紀要作隋以此名縣　按據上文縣沿革當從紀要

邛來山　又云一名邛筰山故筰人之界也　按據上文此係元和郡縣志之語今考元和志筰作笮

和川水　寰宇記在滎經縣九十里　按寰宇記縣

下有北字是也

古迹

陳平洞　在名山四十里　張氏鑑云山下有脫字

周公山　自是有周｜｜之名　按周亦當作｜

順應廟　及光武中興任彭伐蜀　按任當作岑

三神廟　有平靖南之功　張氏鑑云南下疑脫蠻字

清溪關入南詔路　自清溪關南緇大定城百一十里至達任城西南經菁口百二十里至永安城

按據下文此係唐志之語今考唐書地理志緇作

經任作仕是也○城當滇筰要衝　按唐志筰作筰是也○事見唐志舊州下　按唐志舊作巂是也

官吏

雷簡夫　按自簡夫以下皆宋人雷上當補國朝一也

李燾　以其事屬雅州軍事推官李燾之力拒之　按據方輿勝覽上之字當作燾

人物

高頤　按頤係漢人高上當補漢字

王承肈　按承肈係五代王蜀時人王上當補前蜀二字○後有僧自雅安至城都　按城當作成

曹光實曹克明　按自光實以下皆宋人上曹字上當補國朝二字○後平諸溪洞賊賜推誠保順功臣　按賜下當有號字

仙釋

陶道人　此陶｜｜也　按陶亦當作｜

回道人　見壁間題云｜｜｜巳行一千五百里來謁全庵上人不遇而去　按曰當作日

碑記

漢蜀郡太守治道記　其碑在滎經縣西三十里

抄本碑目滎作崇　按雅州有滎經縣無崇經縣作崇者誤○建武中元二年立　車氏持謙云按此郎成都之何君尊楗閣碑也一作二非　按紀勝成都府从闕碑目成都府碑記有漢蜀太守何君造尊楗閣碑注引容齋隨筆云建武中元二年車氏據隸釋及墨寶字原以駮之是矣紀勝各卷所據之書不同故前後不免歧誤耳

羊竇道碑　在嚴道縣東三十里　碑目嚴作廢巖

抄本嚴作巖無廢字　按雅州有嚴道縣無巖道縣且宋時

嚴道縣亦未嘗廢也碑目及抄本碑目皆誤○漢永初六年碑也　碑目六作二抄本作六

高孝廉墓碑　在嚴道縣東二十里　碑目嚴作巖誤○乃建安十四年　一統志無乃字年下有立字○有二大闕　抄本碑目二作一闕作門誤○其一曰故益州太守武陰令上計史　碑目故上有漢字抄本無○故益州太守高君之碑　一統志太作州　按漢時益州爲州名又爲郡名益州有刺史益州郡有太守當以太字爲是

龍興寺碑　在州城外　抄本碑目城作域誤

平羌江繩橋碑　在嚴道縣平羌橋　碑目嚴作巖誤

兩面碑　歲久訛闕不可識　碑目闕作缺抄本作闕

尊健閣記　碑目健作楗記　有碑字抄本無碑字車氏持謙云按此即何君尊楗閣碑也詳見成都府按作楗者與成都府碑目合餘詳上文漢蜀郡太守治道記○建武中元二年　碑目二作一抄本作二　按作二者據容齋隨筆亦詳上文○其碑在榮經縣西三十里景峪懸崖間　抄本碑目懸作縣　按縣即古懸字○巽嵒李燾有跋　碑目嵒

作嚴○以辯正年譜　抄本碑目辯作辨○且言

按後漢紀建武二十三年夏四月改爲中元無建武字又按祭祀志改建武二十三年爲建武中元元年　抄本碑目兩二十三年皆作三十二年

按以後漢書考之光武改年號爲建武中元係建武三十二年之事當從抄本碑目爲是

神水閣記　在滎經縣東三十里銅山峽中　抄本碑目峽作夾誤○碑字久磨威　按威當作滅○其體大率如尊徤閣字云　碑目健作楗抄本作犍

按說詳上文尊徤閣記

詩

巖前雨過仙臺逈洞口雲歸藥竈閑宋滋同上　張氏鑑

云㷌字疑誤

四六

郡貫平羌江帶邛峽元微之袁重光雅州刺史誥詞云盧山｜｜｜｜｜｜｜關西南蠻經略之地也　按上文州沿革云雅州盧山郡軍事風俗形勝云其關邛崍以誥詞句法文義參互考之正文當作貫平羌江帶邛崍關注中山下之｜當作郡關當作｜

卷一百四十八威州

州沿革

自晉已後　張氏鑑云已當作以

及杜琮鎮蜀吐蕃亂離　按以唐書及通鑑考之琮當作悰

縣沿革

保寧縣　按據元豐九域志卷七輿地廣記三十縣下當注下字

通化縣　按據元豐九域志輿地廣記縣下當注下字

風俗形勝

東望城都若井底　按城乃戍之誤

吐蕃號無憂城□寰宇記云　張氏鑑云原本空一字

按此處似不必空格

衣褐羊皮辮韃婦人多戴金花串以琴瑟穿懸珠以爲飾郡國志　張氏鑑云琴瑟似當作瑟瑟

景物上

沱水　至汶州與大江合　按自來無汶州之名州當作川汶川者下卷茂州之屬縣也

景物下

無憂城　李德裕　按上文風俗形勝門引李文饒

集文饒卽德裕之字此處裕下亦當有集字

古迹

姜維城　自州南一十里止有一門　按據方輿紀要六十七自當作在

官吏

唐王重章　歷終衞將軍　張氏鑑云歷終終字疑誤　按據上文此係司空表聖集中之語今考全唐文八百十司空圖故鹽州防禦使王縱追述碑終作諸是也

人物

桂堂　按堂係宋人桂上當補國朝二字○會二州

酋長諭以禍福守乃降　按據方輿勝覽五十六守

字係衍文

碑記

鼓角樓記　唐維州軍事判官高測文乾符五年十月十五日維州刺史李光置　張氏鑑云維州軍事判官高測文當在置字下

卷一百四十九　茂州

縣沿革

汶川縣　威戎軍威茂兩江合流其下自此分爲南

北西路　張氏鑑云西似當作兩

風俗形勝

寰宇記云蜀人謂之莋氏　按寰宇記七十八　蜀上有故字莋作作其上文云冬則避寒入蜀傭賃自食紀勝上文引華陽國志亦與寰宇記略同蓋作氏之名取傭作之義華陽國志所謂作五百石人亦言其善於力作耳

西近邛莋　西漢志曰｜｜｜｜莋馬旄牛　張氏鑑云莋當作筰　按方輿勝覽五十五　兩莋字皆作筰張說是也今本漢書地理志但有一莋字非也

吐蕃入寇必入抶文　按方輿勝覽抶作黎

唐號西山中北路唐蓋巨源撰迴車院　按上文引迴車院記下文碑記門唐迴車院碑注云唐刺史蓋巨源撰此處院字下當有記字

督南會向翼維塗冉穹炎徹莋十州　按據上文此係寰宇記之語今考寰宇記翼在向上莋作筰

景物上

江源　元和郡縣志云岷江北自翼州南流徑汶山縣二里　按元和志二三十岷作汶縣下有西字是也

汶江　西漢地理志云渽水出徼外[illegible]至安東入江
按漢書地理志安上有南字是也

岷山　元和郡縣志云汶山卽岷山也去青城石山百里　按元和志去上有南字城作山

齊山　在汶山縣二里　張氏鑑云縣下有脫字

景物下

石紐村　寰宇記云在汶川縣一百四十里　按寰宇記紐作細非也縣下有西字是也當互相補正

練光亭　王咨題｜｜｜云　一統志二(十四)百五作王咨記云○東遶汶山郡城西北　一統志遶作

繞無出字○若萬丈長虹背疏天矯其上而吐吞

之也　一統志無背疏二字吞在吐上○因取少

陵賦岷山絶江圖有山虹飲練光之句　一統志

無山絶二字　按據方輿勝覽及杜少陵集絶字

乃沱字之誤○因以練光亭題其顔　一統志無

因字亭字

列鵝村　圖經云岷山在茂州羌之｜｜｜其附口

羊膊則江水所出也孔穎達以爲岷山在蜀郡湔

湔氏道不同　張氏鑑云以孔　書正義考之

湔字係衍文

鐵豹嶺　朝廷遣盧敘黔及秦鳳路兵至　按盧當作⿺辶盧

官吏人物

廖立　按立係蜀漢時人廖上當補蜀漢二字○聖位曰吾終爲左衽矣　按據上文此係華陽國志之語今考華陽國志及三國志廖立傳聖位作垂泣是也

張道古　按道古唐人張上當補唐字

趙淸獻公　按自此以下皆宋人趙上當補國朝二字

孫敏行　具可狀聞從之　按可似當作以

碑記

唐刺史題樑　碑目樑作梁抄本作樑○有寶歷元年刺史寶季餘　抄本碑目季作李誤

張延賞修城記　按董守愚兩路記　抄本碑目愚作遇○修建城宇堡壁雉堞　抄本碑目城宇作城字誤

茂州治平寺碑　緣叛羌董阿丹焚　抄本碑目阿作門

西山記　紹聖中茂守曹坦作　碑目聖作興抄本作聖

坦作旦

詩

杜甫途中寄嚴鄭詩　按據杜集鄭下當有公字

四六

越岷峨深入於不毛古松檜强名之曰郡　按方輿勝覽檜作州是也

輿地紀勝校勘記卷三十五終

輿地紀勝校勘記卷三十六成都府路

卷一百五十隆州

州沿革

周地圖云晉孝武太元中益州刺史毛璩　按寰宇記八十五圖下有記字

縣沿革

井研縣　按據元豐九域志卷七輿地廣記三十縣下當注中下二字

景物上

天池　靖康元年何丞相㮚奏改名天池　按以東

都事略及宋史考之稾乃稟之誤

陵井　每歲士人莊嚴一女置祠傍　按據上文此係寰宇記之語今考寰宇記士作土是也

麟山　在井研縣治相對　按據方輿勝覽五十三在當作與

石姥　里俗神而甚恭今號相尊其曰姥　按方輿勝覽其作而是也

景物下

蓬萊閣　在州城至道觀艷陽洞之前　一統志一百五十二州城作仁壽縣東無之字

竺子山　其狀如四角竺　張氏鑑云竺疑當作笠

佛龕山　今有佛字號古佛道場　按字當作宇

歲寒山　近聞養素多栽藥耕破青山十里春　按

我乃栽之誤

香雲山　碑載唐末時有異僧循虎於此山上號伏

虎禪師　按改馴虎爲循虎者亦避理宗諱

黸陽洞　蓋直人修煉之所　按直當作眞

曹溪水　在翳溪上之下　張氏鑑云上之當作之

上〇旁有院曰南臺太像閣在焉　按太當作大

貴平山　在貴平縣二十里　按寰宇記縣下有空

格十下有三字

大符山 在貴 縣五里許 張氏鑑云縣下有脫字

龍皐水 在三溪鎮下一其間多巖石奇怪有湖石之狀 張氏鑑云一下當有里字

古迹

廢隆山縣 有治官 按據上文此係隋志之語今考隋志治作冶是也

廢始建縣 移治仁壽縣口口榮祉山 按據上文此係舊唐志之語今考舊唐志但有移置榮祉山

五字

井研故城　一在井研縣二里　張氏鑑云縣下有脱字

蒲停城　仁壽口年獠亂　按上文景物下飛泉山注云隋仁壽元年獠亂此處空格當作元字

朝女山　昔有朝祖女於此山得道　按據上文此係郡國志之語今考寰宇記引郡國志朝祖作一是也

中女祠　元和郡縣志云｜｜｜蓋井神張道陵祠在仁壽縣西一百步　按元和志三三十女作有一

作南中有祠蓋井神六字在陵井條之末張道陵祠以下另爲一條與紀勝所引不同張道陵祠不應以中女爲名疑紀勝所據之本有誤

官吏

鄭譯　按譯係隋人鄭上當補隋字

路使君　按路使君及劉權皆唐人路上當補唐字

劉權　按悲心經跋云　按下文碑記門篆字心經碑注云在小大悲閣此處疑有脫誤

賈璉　按自璉以下皆宋人賈上當補國朝二字○安國器冒朝之祖見賈令公眞堂碑　按冒似當

作昌器疑係之誤

蘇協　爲陵州推官子易簡生今官寺中　張氏鑑云寺字疑誤　按方輿勝覽寺作舍是也然考說文寺字下云廷也有法度者也三蒼訓寺爲官舍蓋官舍卽法度之廷也則作寺字義本可通不必疑爲誤也

人物

孫光憲　按光憲初仕南平其後歸宋下文范雍上皇朝二字當移至此句孫字之上

黃干　以選人上書詆時政名係黨籍　按係當作

繫

何稾　按稾當作稟說詳上文景物上大池

仙釋

譚宜　見唐紀事詩　按詩當在紀上

僧道榮　一日偏謁契舊　按偏當作徧

伏虎禪師　有碑載唐永有異僧伏虎於山上　按上文景物下香雲山注云碑載唐末時有異僧號伏虎禪師此處永字乃末字之誤

碑記

漢黃龍甘露之碑　碑目碑下有並陰二字抄本無

車氏持謙云按此碑已見眉州　按碑目眉州碑記有漢刻黃龍甘露之碑並陰車氏云按墨寶云宋治平間自隆州移置故亦見隆州然則此碑之重見非無因矣○大書｜｜｜｜｜文字餘不可讀　碑目餘作多抄本作餘○羣臣將軍位號抄本碑目羣作郡誤

豔陽洞石碑　在洞之顛　碑目顛作前抄本作顛

開國王碑　在唱車山　碑目車作軍抄本作車　按上文景物下有唱車山注云聞推車唱歌之聲爲名當以車字爲是○貴平令王覺記　碑目記作紀

貴平縣牟尚書墓記　唐同光五年陳貴氏領州事

碑目氏作民抄本作氏

文宣王廟碑　在貴平縣縣學　抄本碑目平作卑

誤○尹太階書　抄本碑目尹作戸誤

龍興寺大藏經碑　見在報恩寺　張氏鑑云見當

作現

篆字心經碑　仇溥撰併書　碑目併作幷是也抄本

作併

修大悲堂記　景福二年僧承檝記　碑目二作一

誤

黃帝書陰符經　碑目作黃帝陰符經記抄本與紀勝同○

邱沖書　抄本碑目沖作中

古大悲堂碑　周宋莒撰　碑目宋作宗抄本作宋

超覺寺記　廣明二年　抄本碑目廣作唐　按廣明乃唐僖宗年號若唐明則自來無此年號抄本碑目非是○陵州刺史蕭𥻗記　碑目記作撰抄本作記

靈泉院碑　後唐同光三年立　抄本碑目三作二

僧曉微碑　在寶林院　抄本碑目林作休誤

飛泉山碑　其碑有二並在仁壽縣東｜｜｜｜

碑目並作并｜｜｜作飛泉山無碑字是也

東坡多心經　碑目無多字抄本有

文與可書千字文　並在州治　碑目並作并抄本作並

詩

杜少陵送陵州路史君詩　張氏鑑云史當作使

四

雖封疆不足於千里而風俗自是於一川　按方輿勝覽自是作未歉一作四是也○池瘠民貧　按池當作地

卷一百五十一 永康軍

軍沿革

九年復郡導江縣置永康軍使隸彭州　按據方輿紀要六十七郡當作郎

縣沿革

導江縣　椅郭　按椅乃倚之誤

風俗形勝

玉壘作東別之標郭璞江風　按風當作賦

指渠口以爲雲門左思蜀賦　按蜀下當有都字下條仿此

青城乃神仙都會之府仙經圖藉所謂｜｜｜｜｜｜｜｜｜｜｜｜　按正

文止九字注中末一丨係衍文
又嘉定二年知軍虞剛簡五事曰　按據方輿紀要
簡下當有言字○其爲緊切尤甚於黎稚　按方
輿勝覽五十五　方輿紀要稚作雅是也

景物上

銅梁　河圖括地象云云然寰宇記載丨丨今在合
州石照縣　按云云上有脫文
岷江　一入大渡河一入正南一入溢村　按方輿
勝覽正作徑是也
潮泉　元和郡縣志在青城山日三時灑落謂之丨

丨　按元和志三十日上有一字是也

青霄　取左太沖于丨丨而秀出之句　按以左太沖蜀都賦考之于乃千之誤

景物下

廣莫亭　在軍北朝天守呂汲公建　按方輿勝覽天下有門字是也

天彭山　謂汶山爲天彭闕號曰天彭門云云者悉過其中鬼神精靈數見　按據上文此係寰宇記之語今考寰宇記上云字作亡是也

壓月山　上有桂本名花靈芝仙草　按下文上皇

觀注云壓月山有觀曰上皇晉時置有桂樹名花神芝仙草據此則本當作樹

白雲谿　文潞公鎮蜀　一統志二百三十七作宋文彥博鎮蜀日○與張俞定交乃市此谿贈之號曰白雲隱居　一統志作市觀側隙地以贈張俞所謂白雲居也其下白雲溪出焉

水晶宮　見頗清涼因謂｜｜｜　張氏鑑云謂下當有之字

八大洞　第三娑羅洞　一統志二百三十六作三沙羅○第七聖母亦名聖主洞　按洞當在亦上○水

青而甘草靈而秀　按青當作清

上清宮　晉朝立宮于上即｜｜｜也　一統志作晉立上清宮於上

清都觀　有浴井泉　按方輿勝覽井泉作丹井是也

延慶觀　及唐明皇御筆碑見在　張氏鑑云見當作現

成都山　乃青城山之案山也　一統志城下無山字

三十六峰　諸峰屹然三十有六　一統志無屹然

二字及有字

一百八景　疑碧溪　按疑當作凝○暴藥臺　張氏鑑云暴當作曝

古迹

軒轅臺　并開元年玉眞金仙二公主等像　張氏鑑云年當作時

孚佑廟　即紋川神也按紋川實神禹所生之地按兩紋字皆當作汶

玉女墓　在導江縣漢嘉鄉去縣二十五里黃帝聖容燒藥爐石事屬延慶觀　張氏鑑云黃帝以下

與上文不相聯屬疑有脫誤

官吏

李冰　按李上當補秦字○漢河渠書云　按漢當作史記

張道古　按道古及唐球皆唐人張上當補唐字○王建奏爲節度判官又王建詩敍五危二亂事　按茂州官吏人物門張道古注下王字作上是也

劉隨　按自隨以下皆宋人劉上當補國朝二字

人物

李堯夫　按注云堯夫厲色對曰甘作堯時夫不樂

爲蜀相是堯夫乃唐之遺老不肯仕蜀者也李上
當補唐字

張俞　按自俞以下皆宋人張上當補宋字

謝發　迭魁大學　按大當作太

譙定姚平仲　一曰譙先生定字子授　張氏鑑云
子授前譙定生作天授　按方輿勝覽亦作天

仙釋

張天師　上天師張道陵行明威之法　張氏鑑云
上當作有

王仙柯　富人｜｜｜遇道羅家山谷中鍊藥仙柯

助其薪炭　按道下似當有士字

費孝先　遊青城山訪一老人村壞其一竹牀　張氏鑑云村下有脫字

道士古藏用　一飲一碩　按碩當作石

趙公元　棲止于岷山之都瘀山　張氏鑑云都瘀疑有誤

澄遠　大隨皓布棍皆其裔也　張氏鑑云皓布棍疑誤○蜀中祖山惟此香林反大隋昭覺爲三名于天下　按反乃及之誤　又按上文言大隨此處隋字亦當作隨

碑記

漢石刻治道記　道旁有漢石刻三　碑目三作二抄本作三　按注中兩言凡一曰當以二字爲是○其一曰永平元年孝明時石刻也　碑目年下有者字無石字是也抄本與紀勝同

鬼界古碑　在青城山下　抄本碑目青作鬼下作不誤

晉磚　在郡西鉢盂泉　抄本碑目盂作而誤

隋薛道衡磨崖碑　在玉女祠後　抄本碑目玉作王祠作同誤

唐正觀十三年韋作觀魚記　碑目觀作元韋下有賞字抄本與紀勝同○在軍城五里北山朝天寺　張氏鑑云城下當有北字

唐崇德廟記　唐李德裕鎮蜀時重建崇德廟　抄本碑目無重字

唐僖宗中和　按自此以下脫去一頁蓋碑記之後半與詩之前半也

詩

荒山頂蕃州積雪邊築城依白帝轉粟上靑天杜甫西山詩　按自此以前脫去一頁並脫詩之標目下文

仍有丈人觀詩長生觀詩諸目以他卷之例推之所脫者爲最初之標目當是總永康軍詩所採者青城山之詩居多或標目內有青城山詩附之注

又按以杜集考之荒山上係夷界二字

青夢遶之亘已久李興宗按青當作清

倚天山作海濤頻看遍人間兩赤城陸游將之榮州取道青城詩青城山一名赤城而天台之赤城乃子舊游張氏鑑云遍當作徧子當作予詩下當有自注二字

丈人觀詩

甯君始學道敢據五嶽尊及爲帝東在便與天長存

師渾甫
丈人祠 張氏鑑云東任疑有誤

儲福宮詩

三十六峰今入手苦無公事且留連 李璧 張氏鑑云

苦當作若

薄官驅人太不情好懷誰是與山親 按官當作宦

天峰三十六寒擁翠微宮泉落松蘿外雲生几案中

張氏鑑云此詩脫去撰人姓名

清都觀詩

劒峰誓岡象丹井藏虹蜺 師渾甫 按岡當作罔

白雲菴詩

聘命當年下益州戔戔束帛禮偏優山人着出隱居服使者賫還荅詔牛蔣堂贈白堂張少愚按上文人物門張俞注云字少愚號白雲隱居此處標題係白雲菴詩上下文言白雲者甚多堂字必雲字之誤

致爽軒詩

憶昔敲門蘇內翰而今下馬范中書子焞張氏鑑云子焞疑有誤

卷一百五十二石泉軍

軍沿革

後夷人數侵軼省地按宋時未有行省之名省乃

蜀之誤

縣沿革

石泉縣　按據元豐九域志卷七輿地廣記二十九縣下

當注下字

龍安縣　按據元豐九域志輿地廣記縣下當注上

字

神泉縣　按據元豐九域志輿地廣記縣下當注上

字

風俗形勝

建炎三年知稚州宇文彬乞行省罷　按稚乃雅之

誤

景物下

神泉山　在龍泉縣峰峭拔　張氏鑑云峰上疑有脫字

朱溪水　源出平地輿神泉水合　按輿當作與

連雲堡　在龍安縣白沙寨相連　按白上當有與字

滴水巖　自石泉壩踰英田架有問道陟岩之意　張氏鑑云架字疑誤

巴山縣　寰宇記曰在彰明縣北來一十里曰丨丨

丨　按寰宇記八十三山縣作西山在作自北來作
界來縣北曰作舊名是也

古迹

禹廟　按秦宓對夏侯纂曰禹生石紐汶山郡　按
據三國志秦宓傳汶上當有今之二字

官吏

張上行　按自上行以下皆宋人張上當補國朝二
字〇一由綿州威蕃柵抵雞城　按據上文此係
唐王涯傳之語今考涯傳雞上有棲字是也

靳興忠　循檢丨丨丨與叛夷戰　按改巡檢爲循

檢者避理宗嫌名

人物

王仲華　按仲華宋人王上當補國朝二字

以上成都府路卷一百三十六成都府至卷一百五十二石泉軍

輿地紀勝校勘記卷三十六終

輿地紀勝校勘記卷三十七 潼川府路

卷一百五十三 瀘州

州沿革

寄治武陽宋志江陽郡下宋志東江陽太守何志云晉安帝初流寓入蜀今新復舊土爲郡領縣二曰漢安曰綿水　張氏鑑云下下當有又字

置瀘州都督府督十州曰溱珍二州曰晏納奉淛鞏陰六州曰順州曰思峩州曰淯州曰能州並屬瀘州都督府事見寰宇記　按寰宇記八十八所述州數與此正同然以總數散數計之共十四州十下當補四字紀勝下文引范百祿平夷記曰十有四州與寰宇記不同不知寰宇記脫去四字正可據

平夷記以補之也

通鑑云乾寧四年王建將王宗旣拔瀘州　按以通鑑考之旣當作阮

縣沿革

江安縣　唐志云正觀元年以夷獠尹置思隸思逢施陽三縣　按唐志尹作戶是也

風俗形勝

每夏秋蒸溽公餘偃仰如傍楫大爐鞴　張氏鑑云楫字疑誤　按方輿勝覽六十二楫作挹鞴作韛是也

景物上

寶山　相傳丨丨卽古之廬峰李臯西山堂記以辨其非是　按以當作已　又按據方輿勝覽盧當作瀘

石船　在合江縣登天廟灘水下每歲水落隱隱見于廟灘　張氏鑑云兩灘字疑誤

照菴　在江安縣三里　張氏鑑云縣下有脫字

景物下

四香亭　淳熙趙公所建　按淳熙下有脫字

籌籩堂　按籩當作邊

偶住亭　建中初山谷自僰道還　按僰當作僰

歸雁亭　王公大過建而名之　張氏鑑云大過疑誤

安樂山　僰道平蓋氣歇而不清　按僰當作僰○水源發甘虎豹服役見黃庭堅題行　張氏鑑云題行疑有誤

延眞觀　歲有雙鶴來巢逮夏五月條欻唳空　張氏鑑云條字疑有誤　按條疑當作倏

小龜山　自其距登三絶項　張氏鑑云三當作至

古迹

史君嚴　張氏鑑云史當作使注中諸史字倣此

梁王廟　神光照室觀者如堵近面視之無有也

按面當作而

呂光廟　李賢艮屋詩云西涼宮闕化灰爐一時壯觀今何許　按爐當作燼

官吏

侯馥　後爲李雄將所獲不屈於李雄雄義而釋之

按下李字係衍文

陸弼　按弼係梁人陸上當補梁字

馮檝　我之去就未可上　張氏鑑云上當作卜○

又中興繫年録云紹興二□年詔海外四州軍與

免經界　按空格當是十字

人物

尹吉甫　按尹上當補周字

先汪　張氏鑑云先汪未知何時人俟考

李行中　按注云嘗舉八行今考舉八行乃北宋徽宗時事則行中以下皆係宋人李上當補國朝二字

仙釋

落魄仙　後昌遇至瀘又遇｜｜｜易出藥餌之遂

名昌遇爲元子　張氏鑑云易字疑誤　按潼川府仙釋門有易元子王昌遇易字當在爲字下

僧紹師　誦法華遷化居龍馬潭　張氏鑑云遷字疑誤

碑記

蕭齊碑　在丁公岩　碑目岩作崖

唐高宗賜進經道士詔碑　抄本碑目賜在進上誤

黃太史書砥柱銘碑　在高寺　碑目無此三字抄本有　按下文大像記醉僧圖詩碑注云黃太史三碑並在開福寺刻碑目者以大像記與醉僧圖記

止有二碑欲合砥柱銘碑以足三碑之數故加以刪併然三字亦未見非二字之誤也特在高寺之語亦疑有脫字耳

大像記醉僧圖詩碑　碑目記下空一格是也抄本不空

○黃太史三碑並在開福寺　碑目並作并

尹吉甫祠堂記　許沆爲之記曰　抄本碑目記作紀誤○嘗觀酈道元水經著江陽異聞與華陽國志頗類　碑目著作註抄本作著　按著上當有註字

吏隱閣記　鄧太師綰作邑于瀘川　碑目川作州抄本作川　按上文官吏門鄧綰注云爲江安令以縣

沿革考之瀘川與江安自是兩邑然州沿革言瀘州瀘川郡則作州作川均屬可通○作吏隱閣曰

按閣下當有記字○轉清溪而上六七里曰安樂山　抄本碑目溪作漢　按據上文此係鄧綰記中之語今考官吏門鄧綰注云有安樂溪記景物下有安樂山及安樂溪注載鄧綰安樂溪詩引作漢者非也○世傳隋開皇劉珍先生登眞之地

抄本碑目珍下空一字　按上文景物下安樂山注云始劉眞人珍卜居此山仙釋門劉眞人注云名珍又云乃隋大業中劉珍先生登眞之地則

珍下不應空一字○其一尚存　碑目存作在○因名其閣曰｜｜｜　抄本碑目閣作間誤

鏡硯銘　有石黟黑　抄本碑目黑作墨誤○形駭天下　碑目駭作骸誤抄本作駭○若山林不□而不得諸禹也　張氏鑑云原本空一字　碑目□作若抄本係空格　得作待　按此用左氏宣三年傳故民入川澤山林不逢不若之語當從碑目

瀘州平夷記　今在江安縣之偶住亭　抄本碑目住作位　按上文景物下有偶住亭作位者非也

合江縣安樂山騰清三觀記　皇祐己丑李淑撰

碑目己作乙抄本作己按皇祐係宋仁宗年號止有

六年其元年係己丑作乙者誤

詩

烏度劍門靜巒歸瀘水空賈島張氏鑑云巒當作蠻

朔風吹烏裘隱隱沙上立顥濱目賦張氏鑑云目賦有

誤

煙蘿纏淋梢搖曳垂翠組按淋當作林

安樂溪深清徹底安樂山高雲滿巔□□□□張氏鑑

云人名本闕

卷一百五十四潼川府

府沿革

然自乾元已後定分爲東西川矣　張氏鑑云已當作以

縣沿革

永泰縣　改安泰　一統志二百四十八改下有日字○未幾復廢　一統志無復字

風俗形勝

東漢以來人物可見者僅數人其間以禮自持不應辟命者始居其半　按方輿勝覽六十二始作殆是也

景物上

麟溪　王蜀時麒見於此因名　按麒下當有麟字

雲壑　按此條脫去注語

鄰江　源出銅山縣赤岸溪　一統志溪下有流經飛鳥會衆流入長江十字

野亭　杜甫詩云亭影臨山水村煙對浦沙　一統志無云字影作彩　按杜集影作景

景物下

名世堂　畫司馬相如王褒楊雄嚴君平屈原陳子昂李太白蘇子瞻八人　一統志屈原在司馬相

如之上

長嘯樓　在子城上　一統志子上有府字

桃花水　寰宇記在郪縣三十里南流入射洪縣

按寰宇記八十二水作溪縣下有東字萬氏廷蘭云

原本脫縣東據四川通志補入

東武山　唐陳伯玉集後云陳方慶本潁川人好道

墨子五行秘書白虎士變隱于郡｜｜｜　按方

輿勝覽無後字是伯玉本集爲其父所作墓誌墨

上有得字士作七變下有法遂二字當從之

七里坂　在中江縣十里　按元和郡縣志三十七

里坂在元武縣東七里紀勝之中江縣卽元和志之元武縣據此則縣下當有東字

牛頭山　露盤上槩於雲疰風磴下臨於沙界　張氏鑑云疰當作莊

黃滸溪　一統志溪作水

鼓樓山　在永泰縣東北上有三層高五十丈　一統志北作南上作山丈上有餘字

可波水　東合梓潼江有｜｜池在永泰縣　一統志作源出永泰縣可波池入梓潼

覆舟山　一統志舟作船○山腹有風穴　一統志

無腹字○以至發木折屋　一統志作甚至折木發屋

金華山　在射洪縣南　一統志南作北　按方輿紀要一七十亦作北○有陳子昂讀書堂　一統志作陳拾遺書堂○有人刈草鐮化爲金　按鐮當作鐮

鐵天尊　在飛爲縣廣福觀　按上文縣沿革有飛烏縣此處爲字乃烏字之誤

火烽山　諸葛亮於此置烽火　一統志作相傳武侯置烽火於此

女徒山　配隸通泉縣康晵井　按以寰宇記考之晵乃督之誤

古迹

唐郪縣城　唐長興時　一統志唐上有後字　按長興係後唐明宗年號當以有後字爲是

隋光漢縣城　一統志作隋廣漢城　按注言隋開皇光漢縣城今考開皇末年煬帝已立爲太子改光漢爲廣漢者避煬帝之諱也隋志新城郡通泉縣注云又併光漢縣入焉是其明證

廣漢故城　十道志在鹽城縣東北十五里　一統

志城縣作亭　按上文縣沿革鹽亭縣注言寰宇記載李膺志止云粱大同於此置鹽亭却無縣字當從一統志爲是

唐楊炯墓　在長平山　一統志長上有梓州北三字

嚴礪墓　已上二墓　張氏鑑云已當作以

官吏

唐郭元振　武后知召欲詰　按方輿勝覽作武后召欲詰問是也○直氣森幃薄　按據上文此係杜詩今考杜集幃作嘖是也

蘇榮　州參子號縣帶郪名由來不涉老身併是婦兒官職　按上文云爲梓州參軍郪縣屬梓州此蓋借梓爲子借郪爲妻以寓婦兒官職之意郪當作妻

柳仲郢　又孫光憲北門瑣言曰　按門當作夢

人物

鄭純　按自純至馮信皆漢人鄭上當補漢字

王渙　威帝毁淫祠惟詔在卓茂及｜｜祠　張氏鑑云在似當作存　按以後漢書王渙傳考之張說是也

王長文　按長文晉書有傳王上當補晉字

陳元敬　按自元敬至趙蕤皆唐人陳上當補唐字

○青龍末天后居攝　按下文云見陳伯玉集今以伯玉爲其父所作墓誌考之末當作癸未

蘇易簡　按自易簡以下皆宋人蘇上當補國朝二字

文同　文潞公守成都奇之致書與可襟韻灑落如晴雲秋月塵埃不到　按方輿勝覽可下有云字不下有可字是也

楊天惠　元符上書隸黨籍　按元符下有脫字

碑記

馬元直開元中誥　元直在唐爲滁州刺史　抄本碑目滁作餘誤

唐薛稷書慧普寺　慧普寺三寺方徑三尺筆畫雄健　張氏鑑云三寺寺字當作字　按碑目三寺正作三字　抄本三下寺字係空格方徑作里方誤　○在通泉壽聖寺聚古堂　抄本碑目通作遡　按上文縣沿革有通泉縣無遡泉縣作遡者誤

梓州官僚磨崖贊　司法參軍楊炯作　抄本碑目炯作垧　按據新舊唐書楊炯傳炯曾官梓州司

法參軍其集中亦有梓州官僚贊作垌者非也○
字十六七磨滅不可讀　碑目字十六七作僅存
十六七字抄本與紀勝同
游仙觀老君碑田眞人殿記　碑目田上空格抄本不空
彌勒院記李商隱書甘泉亭碑李潮八分書在城北護聖寺
水陸淨土岩北　碑目李商隱書四字李潮八分書五字
皆係小字在上有並字岩作巖抄本與紀勝同　按以前
後各條之例核之當從碑目爲是
道興觀碑道士胡君新井碣銘並見李義山集　碑目碑下
空一字抄本不空

蓮花漏記　天聖中燕公蕭守梓州日置　碑目蕭作肅抄本作蕭　按上文官吏門燕肅注云作蓮花漏當以肅字爲是

舊圖經　李宗諤序　碑目諤作鄂抄本作諤　按祥符圖經係李宗諤所修作鄂者非也

詩上

花濃春寺前竹細野池幽同上　按據上文此係杜工部上牛頭寺詩今考本集前作靜是也

昏黑應須到上頭杜甫治城縣香積寺官閣　按據杜集治當作涪

萬壑樹參天鄉音聽杜鵑山中一半雨樹杪百重泉漢女輸潼布巴人訟芋田王維送李使君　張氏鑑云半今本作夜

詩下

深僻還如樗杜村　按樗當作鄠

水乘高來與堰石爭其聲壯麗　張氏鑑云麗字疑誤

一城臥如蛇二江流作字蒲羸臨川閣　張氏鑑云羸字疑誤

輿地紀勝校勘記卷三十七終

輿地紀勝校勘記卷三十八　潼川府路

卷一百五十五　遂甯府

府沿革

都督遂甯府　按依紹興府之例都督下當有府字庶不相抵梧耳　張氏鑑云抵梧當作牴牾

何騏都督府門記在政和五年國朝會要並在政和五年　張氏鑑云並當作亦

風俗形勝

錫號於政和之乙未陞大藩於宣和之癸卯　按注引修廳記有此二句號上有府字此處號上亦當

有府字

士女正孝　按據注此係華陽國志之語今考國志正作貞紀勝改爲正者避仁宗嫌名

景物上

火井　以火引之　一統志二百四十八火作薪○則有聲隱隱然發於地中　一統志作有聲隱隱出地中○少頃熾炎　一統志炎在熾上○夏月積雨停水　一統志停作瀦○觀者至焚其衣裾　一統志無其字

鄉校　白水鎮鄉校　按上文客館鎮雲會鎮下文

潤國鎮鄉校皆作｜｜則此句鄉校亦當作｜｜

雙栢　唐大中時僧所植數十圍　張氏鑑云數上當有大字

景物下

逸休亭　乃新創而梅杏桃李皆一時所移而蒼陰老幹如舊封植　張氏鑑云上而字疑衍文

玉堂山　在小溪縣北十里　一統志小溪縣作遂甯府〇巖巒聳秀　一統志巖作峰

石舍洞　如堂宇之狀　一統志作狀如堂宇

蓮花院　隋袁史君别業蓮花莊是也　張氏鑑云

史當作使
梵宇山　唐天寶中改爲|||　一統志作唐天寶中改名
書臺山　在府城西南　一統志府城作遂甯府○連寶臺與金魚山三峰秀峙　張氏鑑云時當作峙　按一統志作與寶臺山金魚山相連爲三峰
鼓樓山　一統志皷作鼓○高千餘仞　一統志仞作丈○嘗置鼓樓烽火於其上　一統志作嘗置鼓樓於其中以望烽火
卧龍山　在府治梵宇山之西二里　一統志無府

治二字及之字○有佛現嶺　一統志嶺下有聖
水井巖壑之勝甲於天下十一字
浮螺亭　去小溪一里　一統志溪下有縣字
鳳凰川　寰宇記及輿地廣記所載一同　張氏鑑
云一當作並
司馬城　昔黎達守本州司馬　一統志守本作爲
遂○民方避亂　一統志民上有値字○乃擇山
之懸絕者築高城以爲限阻　一統志者作處無
字○故號司馬城　一統志作因名
零星池　按注引元和郡縣志今考元和志三十二寰

宇記八十七零作靈是也○瑤率椽史　按寰宇記椽史作掾史是也

慧雲院　在青石縣一里　張氏鑑云縣下有脫字

風門山　寰宇記在青山縣東三十里　按據寰宇記山當作石

卜油溪　每至人日一城人多遊於此　一統志作土人每於人日遊溪濱○觀其色之淺深以占一年休咎　一統志作觀其暈以占休咎

定門院　在青石縣三里　張氏鑑云縣下有脫字

眞如院　在青石縣三里　張氏鑑云縣下有脫字

集虛觀　在小溪縣十里之廣山　一統志作廣山
在小溪縣北十里長江縣南○山極孤峭　一統
志孤作古○山常動搖　一統志搖在動上

古迹

元祐閣　至和間程師孟於院左作堂榜曰丨丨丨
一統志至和間作政和中　按下文云後又書
元祐人物今考元祐係宋哲宗年號至和係宋仁
宗年號政和係宋徽宗年號至和在元祐前政和
在元祐後當以政字爲是

董眞人洞　成平間降到御書　按成當作咸咸平

係宋眞宗年號若咸平則自來無此年號也

龔穎宅　在遂甯縣西四十里　一統志無四字

太和觀天寶鐵老君像　鐵像之下石壇刻云天寶五載歲在景午造　按天寶五載歲在丙戌此處午字乃戌字之誤改丙爲景者唐人避世祖嫌名也

鄧艾墓　艾芝二字書劃不甚相遠　按劃當作畫

○鄧芝以延熙十一年　按一當作三說詳下文

○而蜀之延熙十二年卽魏嘉平二年歲在庚午芝自涪陵歸死而葬此容或有之艾以景元元年

歲在庚午平蜀相去十一年　按蜀漢延熙十三年卽魏嘉平二年歲在庚午十二之二當作三蜀漢之亡在炎興元年卽魏景元四年歲在癸未上距庚午相去十三年元年之元當作四下庚午當作癸未一當作三

官吏

張仲方　嘗爲度支郎中駁宰相議出爲遂州司馬見樂天集　按據樂天集張仲方墓誌及新舊唐書張仲方傳議上當有謚字

本朝司馬池　初正板籍　按板當作版

趙士陴　宰相欲以爲宗卿士陴求補外黼不樂出

知遂甯府　按宰相下當有王黼二字

人物

馮正符　著春秋得法例　按據郡齋讀書志直齋

書録解題法下當有忘字例下當有論字

仙釋

黎逵　遂賜之一目日守本州司馬　張氏鑑云目

上當有除字

鄒和尚　又士人王灼嘗有糖水譜　按上文兩言

糖霜景物上糖霜注引容齋五筆亦云遂甯王灼

作糖霜譜此處水字乃霜字之誤

碑記

唐張九宗題記　有虞褚風骨　抄本碑目風在骨下誤

唐覺苑寺鑄鐘記　遂州張九宗撰鑄鐘記兼書　抄本碑目無九字　按上文人物門唐張九宗注言覺苑寺鐘記爲九宗之文無九字者非是

唐劉纂文宣王廟記碑　碑目記碑作碑記抄本作記碑

唐磨崖金剛經圖　在長江縣南二十里　碑目二作三抄本作二

蜀安國寺碑　有蜀永平二年碑　碑目無蜀字

按永平係前蜀王建年號有蜀字者是也

卞高五十六體篆字碑　在小溪縣之長慶院　碑目縣作山抄本作縣慶作變誤　按上縣沿革有小溪縣作縣者是作山者非也

遂甯好　閬中志載熙甯中遂甯守向公著———十章　抄本碑目志作守誤

四六

遂爲劇部椽實才難　按椽當作掾

卷一百五十六　順慶府

府沿革

又口休夫子廟記云果州地屬梁雍　張氏鑑云原本闕一字以後校之當作馮　按下文風俗形勝門引馮休文宣王廟記人物門亦有馮休張氏蓋據此而言今考方輿勝覽六十二引地屬梁雍之語亦云馮休文宣王廟記張說是也

劉璋分墊江已上置巴西郡　張氏鑑云已當作以

齊志宕渠有東西南北五郡　按五乃四之誤

風俗形勝

題品無遺至以小成都目之歌詩序　按方輿勝覽引

郡志有此二句歌上似當補郡志二字

景物上

佾巖　有一石嵒　一統志二百四十一作有石巖○流水清潔　一統志流作泉

觀山　在西充縣七十里　張氏鑑云縣下當有脫字

景物下

開漢樓　聖朝之封褒綸有實開漢業之語　一統志之作褒褒綸作紀信業作室

仙鶴樓　在郡治之後子城之上　一統志治作城

無二之字
金泉山　在城西果山之足　一統志城上有縣字○有青霞觀　一統志有上有上字
南岷山　距西充縣十五里　一統志作山距縣十五里○上有十三小峰漢何岷者隱其上遂以名山　一統志作有十三峰九泉漢何岷隱其上因名○前賢詩云四門九井雖依舊二虎雙雞已不来　張氏鑑云来字當誤　按来疑當作來
小成都　見歌詩序　按說詳上文風俗形勝門
大耽山　在龍溪縣　一統志龍作流○隋居士楊

躭　一統志躭作耽○居此山修養　一統志作在此修養○夏居小耽山之絶頂　一統志無之字

小方山　距城十五里　一統志五作二○千峰百嶺　一統志百作萬○周回繚繞　一統志回作廻○疑若洞天　一統志天下有有滴乳泉四字

五友亭　在南充之淸居山　一統志之作縣

七佛臺　見馮擳經藏記　按瀘州官吏門有馮樴此處擳字疑樴字之誤

龍城山　與石梯山相連般屈若龍　按下文神龍

山注云盤屈如龍此處般字亦當作盤寰宇記八十六般屈若龍作其形盤曲如龍是也

扶龍山　在西充縣之大陵鎮　一統志無之字

滴浮泉　長氏鑑云浮疑當作乳

清泉山　上有古刹　一統志無上字○瞰視龍門諸山　一統志瞰視作下瞰

清居山　在南充縣內有四水亭　一統志作在南充縣南四十里有三峰下瞰四水有仙人洞

古迹

古梓州城　一統志作梓潼城

王雲紫崖忠介廟　虐滔滔天日皇靈委地時　按上滔字當作焰○竟斃纖人手散與國士悲　張氏鑑云散字疑誤　按散疑徒之誤

車騎將軍馮緄冢　詳見西漢水上　按西漢水見景物下上當作下

蜀譙周墓　見古碣門　按紀勝無古碣門下文碑記門亦無此墓之碑疑古上當有郡志二字蓋即碑記門所載之開漢志也

晉陳壽墓　見古碣門　按說詳上條

官吏

張翁　按翁係漢人張上當補漢字○一馬死一馬

病曰吾其步京師矣　張氏鑑云步下當有歸字

李湛　按自湛至史謙恕皆唐人李上當補唐字

韋貫之　坐考賢良牛僧孺闕獨銜奏出爲果州刺

史　按以新舊唐書及通鑑考之闕獨乃時相之

誤

敬括　字叔兮　按據新唐書敬晦傳兮當作弓

孔思齊　按自思齊以下皆宋人孔上當補國朝一

字

查果州　彼懼罪爾其黨豈無詿誤耶　按註乃詿

之誤

人物

漢紀將軍　使后世知君爲重身爲輕雖糜捐不避者　按方輿勝覽后作後糜作縻是也

譙周　按周始仕於蜀漢終仕於晉下文陳壽上晉字當移至此句譙字之上

譙秀　相周以儒學顯　按上文譙周注云又有譙秀周之孫也此處相字係祖字之誤

馮休　按自休以下皆宋人馮上當補國朝二字○昔范文正公有送客詩云勸君莫過南充路恐被

馮休打一删　張氏鑑云删字疑誤

何麗天　三親在蜀日夕思念　按三當作二

雍鈞　治平登進士第　張氏鑑云治平下有脫字

仙釋

徐仙翁故迹　有伏虛岩步虛臺　張氏鑑云虛當作虎

碑記

漢車騎崖石刻　後漢車騎將軍馮緄　抄本碑目馮緄作馬繩　按以後漢書考之後漢時官車騎將軍者係馮緄非馬繩紀勝上文景物下西漢水

注古迹門車騎將軍馮緄家俱作馮緄寰宇記同作馬繩者誤○于此鐫崖刻石十有餘處　碑目刻石作石刻抄本作刻石○寰宇記在流溪縣　抄本碑目溪作漢　按寰宇記果州有流溪縣無流漢縣抄本碑目非也然寰宇記載車騎崖於南充縣非載於流溪縣紀勝亦誤

二良牧碑　馬肩孟撰　抄本碑目孟作盂誤

唐朱鳳山觀銘　長史息袁玘文　抄本碑目玘作圮誤

唐金泉山僊居述　碑目僊作仙述下有文字抄本與紀

勝同○唐太和五年果州刺史韋公肅文　碑目太作大抄本作太

唐移縣碑　文字磨滅不可詳辨　碑目可作能抄本磨上有多字無不可詳辨四字

唐屈突公德政碑　在西充縣資福寺　碑目充作川　按上文縣沿革有西充縣無西川縣作川者非也○河南府陸渾尉崔晟撰　抄本碑目晟作成

唐僊林觀碑　碑目僊作仙

唐程仙師蟬蛻偈皂莢碑　碑目無唐程二字

永興節度使王彥超重建行成思堂石刻　今附于後　碑目作今石刻云抄本與紀勝同○把摩來果山　碑目摩作麾是也抄本作摩○君能廣充之　碑目君作若廣作擴　按改擴充爲廣充者避甯宗諱○九思極其全　碑目九作人抄本作九

耆舊録　自漢紀信以下三十六人　抄本碑目六作大誤○又有趙嗣業趙藻昌游問爲之贊　碑目昌在藻上問作間誤抄本與紀勝同○又自隱逸王公宇已下一十四人　張氏鑑云已當作以○自王綰已下二十餘士　碑目已作以○而其游公仲

鴻傳紀趙忠定紹熙甲寅始末甚詳　碑目其下有於字抄本無

開漢志　彖之切詳州名郡名　碑目切作竊抄本作切○皆朝廷所錫　碑目錫作賜○未請於朝以求改命而自稱曰開漢　碑目脫以求改命四字抄本有

果州詩

誰能解金印蕭洒北安禪杜甫陪李梓州王閬州蘇遂州李果州登惠義寺詩

張氏鑑云北字疑誤　按杜甫北作共是也

春去秋來好風月鶴樓端勝庾公樓邵伯溫鶴山樓詩　按

上文有邵伯温仙鶴樓𨼆新守看江山詩下文有俞汝礪仙鶴樓詩今芳景物門有仙鶴樓無鶴山樓此處鶴山疑仙鶴之誤

炊煙萬竈斜陽裏繁絃脆管東風起　趙澤仙鶴詩　按鶴下當有樓字說詳上條

謝自然詩

薄暮松巔聽鶴淚　張氏鑑云淚當作唳原本誤

輿地紀勝校勘記卷三十八終

輿地紀勝校勘記卷三十九　潼川府路

卷一百五十七　資州

州沿革

併於益州安陽縣益州卽成都府又爲蜀郡隋初郡廢故曰益州安陽縣卽牛鞞縣

按下文云隋志于蜀郡之陽安縣下注云舊曰牛鞞縣西魏改名陽安此處兩安陽皆陽安之誤

縣沿革

資陽縣　在周爲資陽郡隋後復爲縣　張氏鑑云後上當有以字

風俗形勝

劉光祖狀元樓記及道釋門序　按下文引圖經驛鋪門及圖經風俗門此處道釋門上似當有圖經二字

如董鈞范重凱李鼎祚皆以文顯　按人物門有范崇凱此處重字乃崇字之誤方輿勝覽六十三正作崇是其明證

景物上

石炬　以火引至此地餘爐視之蓋石焉　按爐乃燼之誤

東巖　峭若奇麗若剖大甕　張氏鑑云上若字似

當作石○只在重城五百間　按下文詩門百作
里是也
南巖　在盤石縣五十里　按方輿勝覽在作去無
五字
景物下
合星樓　即東城門也　一統志二百五十二作即州東
城門樓○爲趙衛公建黃裳爲之記　一統志作
趙雄建黃裳爲記　按衛公即雄所封之爵
晝錦堂　後名中和　一統志無後字○趙衛公判
郡　一統志作宋趙雄判郡

翠微閣　在郡治書錦堂之南　按上文有書錦堂
此處書字乃晝字之誤
博雅堂　又其上爲凌雲　一統志作名其樓爲凌
雲○他所未有也　一統志無也字
子規山　率以寒食悲名其上故名　張氏鑑云悲
名似當作悲鳴
大濛溪　寰宇記在盤石縣二十里　按寰宇記七十
六縣下有西字是也
四賢堂　繪王褒范崇范崇凱李鼎祚董鈞像　張
氏鑑云上范崇二字當衍　按一統志作繪王褒

董均范宗凱李鼎祚像今考紀勝下文人物門有董鈞無董均有范崇凱無范宗凱當從張說

駟馬星　按下文碑記門靈仙觀碑注云西漢王褒宅在資陽縣西駟馬里據此則此處星當作里

八角井　紹興壬午沙平泉出趙張冠俱外省云　張氏鑑云張似當作雄俱似當在冠上

青蓮院　蜀廣政建爲天王院治平賜今額　張氏鑑云廣政下治平下均似當有間字

赤土洞　懼而亟出終不能窮其源去　張氏鑑云去似當作云

讀書台　又有范崇凱｜｜｜云郡城四十里　張氏鑑云云似當作去

古迹

唐肅宗御容　在崇壽聖觀老君殿之右　按上文景物下崇壽觀注云唐肅宗御容在焉此處聖字當是衍文

萇宏祠　後人立祠漢中縣城　按方輿勝覽萇宏注云資中人上文縣沿革資陽縣注云本漢資中縣地此處漢字下當有資字寰宇記萇宏祠在資陽縣是其明證

王褒墓　宣帝夜祠金馬碧雞道病死　按據上文此係元和志之語今考元和志三十一夜作使是也

○有宅滌硯水池見在　按據上文此係寰宇記之語今考寰宇記見作現是也

官吏

羊士諤　按士諤唐人下文盧并上唐字當移此句羊字之上

王清閔　嵌崟石洞古飄洒玉泉吐　按崟當作空

人物

王褒　按自褒至趙旃皆漢人王上當補漢字

王嗣　督汶山太守　按據三國志王嗣傳督上當有遷西安圍四字○羌胡出馬才羊氈毦　按據嗣傳才當作牛

董鈞　令鈞參議爲見從用　張氏鑑云爲見爲字疑誤　按據後漢書董鈞傳爲當作多

李鼎祚　按鼎祚唐人不應列於宋人支漸之後當移於前

仙釋

李阿　昔李阿樓眞于此　張氏鑑云樓當作棲○將受盤石宰　按受當作授

傅仙宗　至利州桔柏津水漲飛符斬二蛟風息遽至京師後歸山　按遽當在息上○乾元間休浴脫化　按休當作沐

侯眞人　尋有一童子靑衣出者先生召福問先生何人　按童子似當在靑衣下者疑當作言○食訖夫問之乃玉淸山也及歸已七日　張氏鑑云夫字疑誤　按夫似當作去

僧智詵　其母夢吞金已已而有娠　張氏鑑云上已字疑誤○地湧臺如塔形高尺三許　按三當在尺上○遂賜號國大禪師　張氏鑑云國大疑

有誤

僧令柔　爲圻州刺史　按圻非州名據注令柔係唐人唐時有沂州圻字疑沂字之誤○又有馬頭陀金頭陀王頭陀□頭陀　張氏鑑云原本破缺一字

碑記

陳君德政碑　有碑在獠井埧層崖之腹　碑目埧作壩抄本作垻

隋勑改羅漢院碑　隋初｜｜｜｜｜｜｜碑今在法雲寺　按隋當作｜末一｜及碑字皆衍文

唐顏魯公書中興頌碑二 一在北巖 碑目北巖

作西崖

河相宏農碑 張氏鑑云河相宏農疑有誤

王褒墓石表 抄本碑目石作店誤

三仙磨崖題名 碑云貞十四年十月十日 碑目

貞作正觀抄本作貞○三人同游 碑目游作遊抄本作游

洗公石馬塔院記 按此下兩條脫去注語

鄭鋼詩 抄本碑目鄭字係空格○在北巖及甯國

寺 碑目無及字抄本有

陳圖南詩 并邵博跋 碑目博作傳 按上文官

吏門有邵博係康節之孫即撰聞見後錄者也作傳者非是

崇壽觀碑　見有石刻　張氏鑑云見當作現○乃唐御史中丞宋渾文已磨滅　碑目文上有撰字抄本無

杜光庭醮壇山北帝院記　抄本碑目帝作席誤

按自此以下四條並脫去注語

盧并北巖詩　碑目并作駢抄本作并　按官吏門盧并注云長於歌詠作駢者非是

唐裴瞻墓碑記　唐左僕射裴裴瞻墓　張氏鑑云躬

當作射
唐韋皐紀功碑　碑在郡市心居民室下　抄本碑
目民作氏誤○重徹民屋不果　碑目作重欲撤
民屋不果移抄本與紀勝同○上錄其文　碑目上作止
是也抄本作上○乃御製紀功碑銘并序　抄本碑目
乃作仍誤○惟碑陰　抄本碑目惟作推誤○皐
從孫鋋爲本州守日　碑目鋋作珽抄本作挺
安夷軍詩碑　移徙新市平縣基　碑目無徙字抄本
有○何時罷鼓鼙　抄本碑目罷作能誤
毘沙門天王讚　得碑城北隅　抄本碑目隅作隔

誤○唐羊諤爲刺史撰并序　碑目諤上有士字抄本無　按上文官吏門羊士諤注云貶資州刺史有士字者是也

資中志　李折序　碑目折作質抄本作折

詩

死郤王褒五百卷資中不見有詞臣今朝忽遇登龍客喜殺西郊謝逸人　張氏鑑云卷當作春

遙知底處人歡喜得西公綉衣還西州錦帳空南宮使君五馬行豈減御史驄范蜀鎭送司封劉孝雍知資州詩　張氏鑑云西公之西疑誤范蜀下似當有公字

神女蕭蕭來暮雨浮邱徃徃下雲駢范太史 按駢當

作軿

卷一百五十八普州

州沿革

地歸板圖 按板當作版

舊治在鐵門山 一統志二百四十八 舊上有縣字○開

寶四年徙于今治 一統志作宋開寶四年移今

治

縣沿革

安岳縣 九域志皇朝乾德五年省普康縣之安岳

按元豐九域志卷七無皇朝二字縣下有爲鎮二字之作入

風俗形勝

故老傳有三臺 一思津樓至晉惠樓二普安樓至岳秀樓三天慶觀街至縣學舞雩坊

按注中上三字當作二

景物上

月巖 在安居高灘福聖院之對 按方輿勝覽六十三之作相是也○後嵓尤奇 一統志嵓作巖

雙溪 與岳陽溪合而東 一統志合下有流字

乾艾山 元域志載郡治安岳山 張氏鑑云元當

作九　按元豐九域志治作有○以安樂岳山在郡南岳陽壩　張氏鑑云據上文樂字係衍文

婆娑水　其山綿亘數而里　張氏鑑云而當作百

按據上文此係元和志之語今考元和志三十三水作山而作百張說是也

大安溪　在安居衆水最闊　一統志最作之是也

○東流至合州入于江　一統志無流字于字○

孟蜀嘗取魚於此　一統志蜀下有時字

九曲溪　在安居縣頭陀寺之前　一統志無縣字前作旁○九曲入于大安溪　一統志無于字

寶嚴院　僧顯琪進半天河于太祖皇帝特賜化川
大德　按賜下似當有號字
牛鬬山　在樂至縣三十里　張氏鑑云縣下有脫
字
鳳凰山　在郡治之後　一統志作在普州治後○
氣象雄勝　一統志此句在上文州治據其脊之
上
奴鷄山　寰宇記云安居縣六十里　按寰宇記八十
七安上有去字是也
靈居山　寰宇記在安岳縣南一里　一統志作在

縣東南　按寰宇記一作七○爲近城游覽佳處

一統志游作遊佳處作勝地

坐佛山　忽見白龍見須臾大雨　張氏鑑云兩見

字似有一誤

岳陽溪　郡守翰林彭乘　一統志無翰林二字

鐵山神　今姚史君墓是也　張氏鑑云史當作使

古迹

李洞讀易洞　洞卒葬子城東十里之焦山　按子

當作于

希夷故宅　一統志希夷作陳摶○在安居縣崇龕

鎮二里　一統志作在崇龕鎮去鎮二里是也○
國初即其宅爲靈山觀宣和間賜額欽眞　一統
志國作宋間作四年額下有日字
賈島墓　在州南山下　一統志作在普州南安岳
山下○今遂甯府長江縣亦有賈島墓　一統志
作又在長江縣○又唐安錡從事過普州岳安山
賈島墓詩曰　按元和志寰宇記皆有安岳山蓋
即因安岳縣以得名紀勝上文景物上有安岳無
岳安此處岳安當作安岳

官吏

程知節　按自知節至賈島皆唐人程上當補唐字

韓澄　代宗大[曆]三年爲刺史按帝紀及郭英又傳大[曆]三年英又爲劒南節度使　按以唐書代宗紀郭英乂傳及通鑑考之兩又字皆當作乂兩大[歷]三皆當作永泰元○英又奔簡　按又亦當作乂

康延澤　按自延澤以下皆宋人康上當補國朝二字

彭乘　與歐陽文忠公宋景文公張文定公在翰林同爲學士　按方輿勝覽輿作與是也

喻汝礪　辭歸省歸　張氏鑑云省歸之歸字似當作親

王陶　興國四年通判州事　按自來無興國年號惟宋太宗有太平興國年號興國上似當有太平二字

人物

汝顏　按自顏以下皆宋人汝上當補國朝二字

馮氏　在普有西宗北宗之別　張氏鑑云馮氏註西字與下南字似有一誤　按下文云南宗馮如晦張氏所謂南宗卽指此而言今考方輿勝覽諸

馮注西作南又云南宗則有馮如晦當以南字爲是

馮宋　靖康初李綱罷政府宋同陳康伏闕上書　按以方輿勝覽考之康乃東之誤

馮山　子澥々　張氏鑑云下文有馮澥無馮々々字疑衍

馮澥　靖康召爲諫議大夫　按靖康下有脫字

杜孟　元孫暐　按暐字無考疑嶂字之誤

趙開　首變茶鹽錢引搉酒之法　按搉當作榷

雍昌　林宗姪孫　張氏鑑云林宗未見於上文俟

考下文馮翼宗注云如愚從子馮辰注云紹卿八世孫馮彥高注云紹卿四世孫如愚紹卿皆未見於上文亦俟考

馮彥高　已上普之黨籍上書邪等十有八人　張氏鑑云已當作以

仙釋神

小香王先生　常遊天池過陳希夷及麻衣道者乃辟穀修煉　按常似當作嘗過似當作遇○後尸解于青城山矣後復見于簡池之茶肆　按下後字疑衍文

玉局觀白道士　白道士乃曰叨恩無以爲報日嘗見方廣院西天池浴下有一吉穴　張氏鑑云下日字當作日浴字疑衍

碑記

唐老君應見碑　開元二十九年岳陽郡奉勑建　按上文州沿革云普州安岳郡軍事岳陽當是安岳之誤

唐紫極宮碑　樂彥融篆額宮元元皇帝祠也樂又重修　碑目宮作郎　抄本自篆額至重修皆係空格

唐西巖禪師受戒序　碑目唐作廣序上有碑字　抄本

無碑字　按注云開元十年建當以唐字爲是○普州刺史韋忠開元十年建　碑目忠下有撰字

郡北小千佛院記　普慈志在開皇十三年　碑目年下有建字　抄本無

賈浪仙墓表　字浪仙　按字上當有賈島二字

茗山平寇錄　見普慈志卷末　抄本碑目脫末字

詩

仙家鱗檜古小市鹿黎甘　馮叔豹過崇龕寨題希夷宅　按黎當作梨

金鑾視草人安在曲水流觴迹巴空　張氏鑑云巴

當作己

文屬君華武硬弓馮如愚詩牟袞字君華國初普州破荒及第劉澤武藝精絕隨太祖定天下號爲劉硬弓甘普州人也　按甘疑皆之誤

輿地紀勝校勘記卷三十九終

輿地紀勝校勘記卷四十 潼川府路

卷一百五十九合州

州沿革

而宋益州地理志領郡二十九 按益州二字當在志字下○而無所謂東宕郡 按上文云宋置東宕渠郡下文云至南齊志有東宕渠郡此處宕字下當有渠字

通鑑錄武帝天監五年邢巒入漢中表 按以通鑑考之五當作四邢上當有魏字巒當作巒

縣沿革

石照縣　威遠將軍亘石虔　按亘石虔即桓石虔改桓爲亘者避欽宗諱後凡改亘石虔爲桓石虔者仿此

巴川縣　元和志云開元二十二年刺史孫希庄　按元和志三十三下二字作三庄作莊是也紀勝下文云唐志年月亦同今考新舊唐志皆作二十三年可以互證

銅梁縣　舊治在今縣北四十里奴崙山列宿垻上　方輿紀要六十九作舊治在縣北列宿壩○開元三年移就涪江南岸權立十六年移於東流溪垻

即今治也　方輿紀要作後移治涪江南岸宋又移治於東溪壩蓋遷徙不一也　按寰宇記一百三十六十六年下有遂東南三字埧作壩上治作理據此則移治東流溪實在唐開元十六年非宋時之事紀要所引非也

漢初縣　按據元豐九域志卷七輿地廣記三十一縣下當注中字

風俗形勝

土風朴厚有先民之流當據華陽國志　按當乃常之誤又按華陽國志朴作敦紀勝改爲朴者避光宗嫌

名

合州爲古之墊江忠州爲今墊江　按今下當有之字

景物上

雙山　相傳漁者網得二石　一統志二百三十八漁上有有字○其一飛去其留者因即山築屋而寶祠之　一統志留上有一字

斜崖　在石照縣東北八十里　一統志石照縣作合州○崖以此得名　一統志得作爲○俗謂之龍洞水山洞中出　一統志無俗字洞中作此

涪水　有石屹立水心　一統志有上有内江二字

○冬出水可二丈　一統志二作三

巴水　郡道元謂之潛水又謂之渝水　按郡乃酈之誤

江樓　在州治之前　一統志作在合州治前

東山　下瞰涪内水　一統志内水作江在下文縈紆可二里之下○引泉爲池冬不凋　按凋乃涸之誤

南戒　屬海而正所謂丨丨也　按據上文風俗形勝門注則此句正字乃止字之誤

南峯　賨水伏流其下出爲大澗澗名嘉魚　一統志作賨水流爲澗有嘉魚

北巖　李文昌圖經始傳會爲濮岩非也　按傳當作傳○岩有柏數阡章　按方輿勝覽六十四阡作千是也

葛山　在銅梁縣北十里　一統志十作二

悅池　清澈如鑑夏益以流潦不濁　按濁乃溷之誤

鍾山　有池大旱不竭　一統志竭作涸

寨山　一統志寨作砦○在石照縣西二十餘里

一統志石照縣作合州○至今發池或得戰鏃

按池乃地之誤

景物下

朝宗閣　在僉判廳　一統志作在合州會判廳○

略如郡之江樓　一統志無郡之二字

映書軒　有何麒記有大榕圍二丈高七八丈蔭蔽

一畝郎記所謂二葛今其一僅存　按葛當作榕

清華樓　有晁公記　一統志作晁公武有記

學士山　山高不踰旁山　一統志山作其○而南

風斜崖大山　一統志大作諸

羅侯山　施者雲集遠建佛殿　按遠當作遂

東流溪　在巴川縣續通典云開元十六年縣因涪江南岸東南徙｜｜｜垻上卽今治　按上文縣沿革銅梁縣注云開元三年移就涪江南岸權立十六年移於東流溪垻卽今治也此處巴川當作銅梁因當作由

朝霧山　元和志作霞　按作上當有霧字　又按寰宇記亦作霞

銅梁山　九域志引益部舊傳云昔楚襄王滅巴子　張氏鑑云舊上當有耆字○左思蜀都賦曰外

負銅梁而宕渠　按據文選而當作如○晉雲馮時行嘗賦之　按方輿勝覽晉作縉今考下文碑記門龍多山鷲臺院記注云縉雲馮時行記作縉者是也

書臺山　有東漢末薛融讀書臺　一統志作東漢末薛融讀書於此○又有唐康元良讀書臺在縣西三十里牟山之上　一統志作牟山在合州西二十里唐康元朗讀書於此○俗謂薛臺爲東臺　一統志作俗名東臺山　一統志作俗名東臺山在上支薛融讀書於此之下○康臺爲西臺

一統志作俗名西臺山
龍門山　山高一里　一統志無山字○隱者蘇汝礪之居也　一統志無居字○藏古今書三萬卷　一統志無古今二字
龍淵溪　中有大石俗謂有見女子理髮其上迫視之金梳沒石遺跡今有　張氏鑑云沒似當作投
龍透山　有穴前後透　一統志作山壁絕峭中有穴前後透穿
龍多山　有唐孫職方樵｜｜｜錄云　一統志作唐孫樵有龍多山錄○上頁一道宮　張氏鑑云

上當作山　按下文鷲臺泉注亦云山頂一道宮二佛刹張說是也○東有大池　一統志東上有山字○泉自岩出　一統志岩作巖

鈎魚山　西溪上流經其北　一統志溪作漢　按下文云沿西漢水而歸則此句溪字自當作漢○投鈎江中　一統志鈎作釣

六嬴山　一統志嬴作羸　按注云六戰皆捷故名當以嬴字爲是

白土平　一統志平作坪○地宜梔子　一統志宜作多○夏彌望如積雪　一統志無夏彌二字

瀘崑山　一統志作巴嶽山○一名巴岳山　一統志巴岳作瀘崑○山有巨石如狻猊是名香爐峰　一統志山作上無是字○有崑谷洞　一統志有上有又字○有木蓮花　一統志有作又產○花如菡萏出山則不植　一統志植作殖是也

古迹

元宗像　觀乃長興二年置乃後唐元宗年號　按長興乃後唐明宗年號元當作明

官吏

張柬之　按自柬之至劉温皆唐人張上當補唐字

闕詠　按自詠以下皆宋人闕上當補國朝二字

陳公輔　路奏貶合州監酒　張氏鑑云路當作疏

人物

譙君黃　按君黃係漢人譙上當補漢字

三國魏薛融　按此條脫去注文

唐康元良　按此條亦脫去注文

李文素　虎鹿循其側　按改馴爲循者避理宗嫌名○賜粟三百碩　張氏鑑云碩當作石

張武　按武係前蜀王建之臣張上當補前蜀二字移下文孝義陳氏之後

孝義陳氏　按陳氏係唐時所旌表當移上文張武之前

羅志冲　志冲先果州人後家合　按先下似當有爲字

趙性　節紹興入對集英　按據方輿勝覽節字係衍文　又按紹興下似有脫字○對策以正士大夫之心術爲患　按據方輿勝覽患乃急之誤

仙釋

爾朱白石　盛以蔑籠棄諸江　按蔑當作篾

僧淨業　作頌曰昨日羅剎心今朝菩薩面羅剎與

菩薩不如一條線　張氏鑑云如當作隔

碑記

唐令長新戒　其後爲縣者　碑目後作后誤抄本作後

石門彌陁像　抄本碑目陁作陀○在石照縣之北岩　碑目岩作巖抄本照作縣誤○州別駕張釗爲刺史孫希莊作　碑目莊下有故字作下有之像二字抄本無

祭龍多山題名　天寶十四載　抄本碑目載作年

按天寶十四載正稱載不稱年之時作年者非是○韋藏鋒準制醮祭　抄本碑目韋作常準作

集　按上文景物下龍多山注云又有天寶十四載韋藏鋒祭山題名作常者非也準制猶言奉詔此唐人常語作集者亦非也

唐大歷王鋋石鏡題名　抄本碑目唐上有涪內水石鏡題名七大字大唐大歷十年三月三日北石出時兵甲息黎庶歸六氣調五種熟刺史兼侍御史王鋋記三十五小字大歷下無王鋋二字　按此條注云在內水石鏡之趾大歷十三年云此石出時兵甲息黎庶歸六氣調五種熟刺史兼侍御史王鋋記抄本碑目所多一條與此條大略相同

顯係重出之衍文○在內水石鏡之趾大[歷]十三年云　張氏鑑云云當作立○此石出時　抄本碑目此作北誤

盧舍那佛二菩薩記　在石照縣之北岩　碑目岩作巖抄本照作縣之作三誤

季子墓銘　元宗命殷仲容蹋[illegible]傳之　張氏鑑云蹋當作搨　按碑目正作搨○此刻不知何人所模　碑目不作未

濮巖銘　郡守劉象功磨崖　抄本碑目守下有州字誤

將軍祠石刻　院有｜｜｜｜石刻云故唐將也　按注中五｜即正文五字不應又有石刻二字當是衍文○每歲春夏　抄本碑目無每字

唐永泰二年石刻　在化度院在縣西五十里　碑目作在縣西五十里化度院是也　抄本與紀勝同○齊永泰止五月而永泰二年十一月始改大歷故知爲唐無疑　碑目而下當有唐字　抄本而作西誤無唐字　按上言齊永泰下言唐永泰語正相應有唐字者是也

活樂鄉校記　張氏鑑云活字疑誤○郡人度正立

夫子廟　抄本碑目夫作太誤

詩

此時何限興回首寄羣鷗義光合州望點樓　張氏鑑云義光疑有誤

北巖寺正巴川北平挹高城一川隔慶歷五年南陽張旨題此岩

按上文景物上有北巖注中此岩當作北巖方與正文相應

二載巴川縣誰知是與非還鄉何所有載得一清歸景帝孟知巴川二年還詩云云　張氏鑑云帝字疑誤

四六

竹谿仙洞尚餘前墨之痕雪案晴窗未改著書之迹

劉韶美賀晁知郡啟　張氏鑑云前似當作湔

卷一百六十　滎州

州沿革

以其同爲益州所隸故亦以南[redacted]郡而附之於此段之末云　張氏鑑云而字係[redacted]文

風俗形勝

男不巾櫛女衣班巾　按據注此係寰宇記之語今考寰宇記八十五班作斑是也

景物上

雙溪　城之北三里所高城山下有｜｜　按據方輿勝覽六十四所字係衍文○繞城出東南隅州城之東北　張氏鑑云州上似當有自字

龍峒　按方輿勝覽峒作洞今考下文引陸務觀詩今考陸集亦作洞○有歲寒堂堂上即眞如閣堂上石壁奇峭盡巨柏老蒼　按據方輿勝覽下堂上二字及盡字皆係衍文○呀然一岫驚倒口空洞坡陀三百尺　按方輿勝覽倒作墮空格係蕭字據上文此係陸務觀詩今考陸集亦作倒空格係人字

火穴　擲以土石焰仍作實非因呼乞火　張氏鑑云呼疑乎之誤

潛藩　而劍州升爲普安軍紹興中始再升爲隆慶府　按以隆慶府沿革考之興當作熙蓋普安乃孝宗潛藩紹熙乃光宗年號其時孝宗爲太上皇故升爲隆慶府若紹興乃高宗年號其時孝宗尚未卽位無由升府名也

景物下

縈德山　一名龍仙一名老君山　按仙下似當有山字

石牛鎮　何公盧江集載公母夫人墓誌公生於和義別野即北地也　張氏鑑云野似當作墅北當作此

婆日市　引龕水堤之使本與溪混　按本當作不○山五里外茆則不住　按上文云就採山茆此處住字疑佳字之誤○硫黃旁有艾塡力倍常艾　按塡疑其之誤○舊大雪環山五里餘不積　張氏鑑云舊下有脫字

野容山　按注引元和郡縣志寰宇記今考元和志

三十　寰宇記容作客○東西長三百餘里南北七

三

十里惟北山大在邑界　按寰宇記北作此

古迹

葛仙山　今又隋地割屬昌州　按據上文此係寰宇記之語今考寰宇記無隋地二字

官吏

喬晥　按自晥以下皆唐人喬上當補唐字

李虛巳　按自虛巳以下皆宋人李上當補國朝二字

何息　公請計利源羸縮　張氏鑑云羸當作贏

人物

廉遜處士　按改廉讓爲廉遜者避濮安懿王諱

皇朝王夢易　按上文所載廉遜處士王庠卽夢

之子此條當移至彼條之前

碑記

州院碑　僞蜀司倉參軍荀延慶撰　碑目荀作勾

抄本作荀

唐刺史薛高邱摩崖碑　今字畫已磨滅　碑目滅

下有不可識三字抄本無

榮隱山修道觀石碑　在本山上　抄本碑目山作

水誤

輿地紀勝校勘記卷四十終

卷一百六十一　昌州

州沿革

新唐書志云乾元二年析置瀘普合四州地置昌州　張氏鑑云析置置字疑誤　按以唐志考之置乃資之誤

唐書要載建置昌州年月在乾元二年而寰宇記乃以爲乾元六年州遂廢　張氏鑑云六似當作二　按寰宇記八十八正作二張說是也紀勝下文引寰宇記亦作二〇如昌州以乾元元年李廷祚奏

請　按上文引寰宇記云乾元元年李鼎祚奏乞分六州地置昌州又云李鼎祚奏乞置昌州在乾元元年此處廷字乃鼎字之誤

寰宇記云大歷十年復置昌州以昌元爲倍郭　按寰宇記元下有縣字倍作倚是也

縣沿革

大足縣　縣舊治在虎頭大足埧　一統志二百三十八作舊理在大足虎頭壩

昌元縣　周顯德元年　一統志年作初○爲寇焚蕩移羅市鎮　一統志焚蕩作所焚移下有治字

○國朝天禧中遷今治　一統志作天禧中又移今治

風俗形勝

列岫羅巘瓜瓞不斷譚用之修昌州記　張氏鑑云州下似當有城字

景物上

南山　一統志南作高○平蜀餘賊任誘等　一統志無餘字等字○斌率兵顧昌州南斗山　一統志作嘗駐兵此山

英山　在永川縣北十里　一統志北上有西字

陔山　接三華之秀氣　一統志作近三華秀氣

溪山　在永川縣百里　一統志作去縣一百里

松石　一統志石下有坪字○永州來蘇鎭相近有

松化石　一統志作在永川縣來蘇鎭有松化石　按昌州有永川縣無永州縣今本州字乃川字之誤○俗名爲雷燒松　一統志名爲作呼○或云杜詩所謂萬年松化石者卽此類　一統志無或云二字及者字類字

景物下

香霏霏堂　一統志無下霏字　按方輿勝覽六十四

同○取坡仙之詩　一統志作取東坡詩○香霧
霏霏月轉廊之句名亭　一統志名亭作爲名
葛仙山　圖經在昌元縣百餘里　一統志作圖經
云山去昌元百餘里是也○以葛仙翁居因名
一統志無居因二字
金土穴　治人取土和以鹽水包金入火　張氏鑑
云治似當作冶○東西州皆以爲貴　張氏鑑云
州似當作川
碑子嶆　有石堅潤可採爲硯　按碑疑硯之誤
井九山　寰宇記云在昌元縣一百五十里　按據

寰宇記縣下當有南字

九龍池　在昌元縣二里　張氏鑑云縣下有脫字

龍崗山　一統志崗作岡

龍鳥池　在永川縣十里　張氏鑑云縣下有脫字

藏馬崖　相傳云王蜀時山中民任氏產龍馬　一統志作相傳蜀王時產龍馬於此

蓮花巖　在大足縣一里半　張氏鑑云縣下有脫字

燒藥巖　晁公遡有詩云久矣晁竈毀寂然巖室空　張氏鑑云下晁字當作丹

綾波羅山　張氏鑑云上文綾池波山注云遥望狀如水波此處波字似當在羅字下

古迹

鄧艾廟　君王不至轞車迎　按以三國志鄧艾傳考之轞當作檻

官吏

本朝雍之奇　熙寧州郡應詔舉公　張氏鑑云熙寧下有脫字

雍孝聞　應詔上書力抵紹聖用事者謂章惇雖斥逐餘黨尚存　按抵當作詆斥當作斥○本觀庚

寅以星變大赦復官　按本乃大之誤

人物

黃貫　按自貫以下皆宋人黃上當補國朝二字

張阜　大抵皆指斥檜過失竟不睿鑒令阜以劾用去官阜不就　張氏鑑云睿上有脫字去字疑誤

李延智　循鹿徘徊墓上　按改馴鹿爲循鹿者避理宗嫌名

仙釋

董仙翁　仙翁置酒與道衆別翁援毫題詩於壁云　按下翁字疑衍文

定僧　寺人漆其身葬之土不知幾年或因于土得之跏趺安坐院僧已復葬之　張氏鑑云于字已字皆有誤

碑記

演教院碑　抄本碑目教作敎誤〇有斷碑載唐咸通歲縣令唐允中　張氏鑑云歲上有脫字　按碑目中下有建字是也抄本無

淨土院碑　唐太和五年建　碑目太作大抄本作太

吳季子墓碑　車氏持謙云此碑已載鎮江府暨江陰軍合州並此凡四見殆後人高其義爭相樵立

耳○殷仲容奉詔摸搨　碑目摸搨作模搨○蕭

定刊之潤州　抄本碑目刊作刻○有張從申題

其後　碑目後作后抄本作後

古文孝經　凡二十二章今文十八章小異　抄本

碑目凡作元○及明皇注今文十八章孝經爲古

文益微矣　碑目文下有者字是也○亦云古文

庶得其正　抄本碑目庶作廣誤

靖南志　太守黎伯巽序　碑目序作撰

詩

昌元建邑幾經年百里封疆秀氣勻　張氏鑑云年

當作春　按一統志年作春匀作新張說是也○同時縣南三十里老鴉山有李戡李戣兄弟善碁　一統志山字下有山下二字

一懷山果三勝酒暮掩青峯即下樓　張唐民題 搢參閣　張氏鑑云勝當作升

河梁望壟頭　按方輿勝覽壟作隴是也

卷一百六十二　渠州

州沿革

寰宇記云今即江流縣東北七十里宕渠故城是也　按寰宇記一百八十三流在江上是也紀勝下文縣

沿革有流江縣無江流縣是其明證

晉初蜀巴西郡此據輿地廣記而晉志巴西郡下有宕渠縣　張氏鑑云蜀似當作置　按據輿地廣記三十一蜀作屬是也

又云永口初郡國志有而无南字　張氏鑑云原空一字　按據上文此係宋志之語今考宋志永下無空格亦無志字檢宋志他條屢引永初郡國志本不應有空格也

改爲潾山郡　張氏鑑云潾似當作鄰下同　按注云舊唐志在天寶元年今考舊唐志作潾與紀勝正合張氏因下文云通典及唐志並曰渠州鄰山

郡故有此說然考通典一百七十五新唐志皆作潾當據以改鄰字之誤不得轉謂此潾字當作鄰也又按下文鄰山縣鄰水縣新舊唐志通典皆作潾隋志寰宇記則皆作鄰當各如其原文紀勝因宋時作鄰遂改他書潾字爲鄰耳○通典及唐志並曰渠州鄰山郡　按鄰當作潾說詳上文○輿地記所取非是　按據上文記上當有廣字

通鑑唐昭宗乾寧二年梁州刺史陳蟠降于王建

按通鑑梁作渠蟠作璠降于作奔是也

縣沿革

鄰山縣　舊唐志云梁置鄰山縣　按舊唐志鄰作潾下文引新舊唐志者仿此○元和郡縣志云縣城南北三面有池圍繞東阻涅水甚險　按元和志此卷久闕以上下文義考之南下當有西字寰宇記南下有西字是其明證　又按寰宇記涅作湼說詳下文景物上淏水

鄰水縣　在州東一百五十里　一統志二百四十一東下有南字此句在下文崑樓鎭之下○通典云梁置鄰水縣及鄰州後魏改爲鄰水郡　按通典鄰皆作潾○山南東南節度使裴度　按據上文此

係寰宇記之語今考寰宇記東南作西道與唐書本傳合當從之○國初移治崑樓鎮　一統志作乾德四年移縣治崑樓鎮

大竹縣　按此縣未注緊望等字蓋北宋皇祐時并入流江南宋紹興時復置故元豐九域志卷七輿地廣記三十一皆未載此縣而紀勝亦無所據以注耳

○以邑界名產大竹爲名　張氏鑑云上名字似誤　按上名字疑多字之誤

風俗形勝

潾山重疊隣比相次元和郡縣志　按元和志此卷久闕

以下文景物上鄰山注所引元和志及寰宇記考之潾當作鄰

華陽國志云先漢以來士女正賢　按華陽國志正作貞紀勝改爲正者避仁宗嫌名

景物上

聖泉　其水自巖石中出冬夏不竭　一統志無其字及冬夏二字○其後有虹飲焉築亭其上　一統志其後作嘗築上有因字

湨水　寰宇記云在鄰山縣東二十步　按湨字無考寰宇記湨作涅二作一是也　又按下文云元

和志作涅水今考上文縣沿革鄰山縣注引元和志東阻涅水寰宇記涅作涅可以互證

鄰水　元和郡縣志在｜｜縣其源出縣東鄰山縣二十六里　按元和志此卷久闕以寰宇記考之東下當有北字山下當有南流經東去五字

鄰山　元和郡縣志在｜｜縣一百三十九里　按元和志此卷久闕以方輿勝覽六十四考之在當作去

樂山　在流江縣北三十二里　一統志流江縣作渠州○登山娛樂　一統志山作此

渠汀　一源來自巴嶺山一源來自羅吳山　一統志作一出巴嶺一出羅吳山

景物下

皛然山　山東有崖崖下有石乳三條　一統志無下崖字○西有高崖白色眞宗因閲圖經御筆改爲｜｜｜　一統志色下有舊名白崖四字無因字

宕渠山　圖經在州東五十里　一統志經下有云字州上有渠字○山澗長狹有似溝渠　一統志澗作門

宕渠水　元和郡縣志在流江縣二里　按元和志此卷久闕以寰宇記考之縣下當有東字

龍驤山　圖經在大竹縣南三十里　一統志經下有云字

大流江　其水來自蓬州儀隴山　一統志作江自蓬山縣來

小流江　其水來自果州相如縣來自絕嶮高百餘丈　一統志無下來自二字嶮作險

大鄰水　西南入鄰水縣界　一統志入作流經無界字○經恭州巴縣界　一統志經作入

小鄰水　在鄰山頂上西面流下　一統志作亦出山頂西流○合入大鄰水　一統志無合字

八濛山　起伏八處以水環之　一統志以作有○故曰八濛　一統志作故名卽張飛破張郃處

綠沼山　在流江縣北四十五里　一統志流江縣作渠州○上有池沼其水常綠　一統志無沼其二字

仙門水　其水金盤山　一統志其水作源出是也

古迹

古賨國　所謂巴渝𦏁也　張氏鑑云𦏁當作舞

按寰宇記方輿勝覽皆作舞

人物

元賀　按自賀至趙萬妻皆漢人元上當補漢字

馮緄　獲生口十萬自是之夷不復逆命　張氏鑑云之下似當有後字

龐雄　都亭侯侯字宣孟　張氏鑑云下侯字當作龐雄

王平　鳴鼓持重逆兵得免　張氏鑑云兵似當作拒

趙萬妻　乃以矛怖之娥束身刃貫心達背而死

張氏鑑云刃上疑脫赴字

皇朝杜濟　流江蒙頭人　張氏鑑云蒙頭疑有誤

仙釋

尒朱眞人　其地寢爲民居侵占　張氏鑑云寢似當作寖○暇日訪諸故老仍得丹竈丹池　按仍當作乃

碑記

雙石闕　其一鐫云　一統志無其字下同○漢新豐令交趾都尉府居　張氏鑑云居當作君　按一統志居作君下有世稱爲馮碑沈闕七字蓋上

文有沈府君之語故稱沈闕下文有馮緄墓誌銘
故曰馮碑也
後漢車騎將軍馮緄墓誌銘　墓在大竹縣古賨城
雙石闕西南一丈二尺　一統志雙上有有字○
碑篆額云　一統志云作曰○車騎將軍之銘
一統志車上有漢字銘作墓○字猶可辯也　碑
目辯作辨無也字抄本有
古賨城碑　抄本碑目賨作寶　按上文後漢車騎
將軍馮緄墓誌銘注云墓在大竹縣古賨城古迹
門有古賨城山又有古賨國注云巴人謂賦爲賨

作寶者非也

宕渠志　無郡守題名及仙釋詩章等文　碑目釋

作述誤抄本作什亦誤

詩

水流花榭雨無情　按方輿勝覽榭作謝是也○子

規枝上月三更　按方輿勝覽子規作杜鵑是也

○五湖煙浪有誰爭　按方輿勝覽浪作錦是也

退居瀟洒寄禪關高桂朝簪淨室間　按方輿勝覽

桂作掛是也

淚因生別兼行舊回首江山欲萬行元微之贈吳七則詩　張

氏鑑云行乃懷之誤

卷一百六十三 敘州

州沿革

敘州口南溪郡軍事九域志 按依他州之例及元豐

九域志卷七輿地廣記三十一州下當注上字

奉地天官東井輿鬼之分野圖經據漢志滇 按據漢志滇

下當有僰字

杜少陵過此安州東樓賦詩 按以杜集考之安乃

宴之誤

縣沿革

宜賓縣　按此縣廢於熙寧四年復置於政和四年故元豐九域志不載此縣據輿地廣記縣下當注上字○寰宇記云漢制有蠻曰道　按寰宇記七十九有上有縣字蠻作夷狄

宣化縣　按此縣未注緊望等字今考方輿紀要七十此縣廢於熙寧四年復置於宣和初故元豐九域志輿地廣記皆未載而紀勝亦無所據以注耳

慶符縣　按此縣未注緊望等字今考下文所引皇朝郡縣志此縣政和三年始置故元豐九域志輿地廣記皆不載輿地廣記卽成於是時此縣未及增入　而紀勝亦無

所據以注耳

風俗形勝

其士靜而有文其文朴而易治　張氏鑑云下文字疑誤　按下文字似當作民

景物上

西樓　郡守宇文紹彭增廣之曰勝絕漕錢支子敢爲古東樓　張氏鑑云漕下有脫字東當作西

峰巖　山坡荔枝連亙多屬廖氏山谷所賦廖氏平家綠荔枝卽此山所出也　張氏鑑云下氏字後定誇山注作致　按下文詩門及方輿勝覽六十五

亦作致張說是也

景物下

東州道院　按上文州沿革云後分蜀爲四路屬東川路此處州字當是川字之誤　又按此條及下條靖廉堂並脱去注文

平理堂　按此條亦脱去注文

朝陽巖　在宜賓縣十里　按據方輿紀要縣下當有西北二三字

石門江　自此可方舟至關邊縣合馬湖　按下文古迹門有廢開邊縣此處關字乃開字之誤

孝子石　隅叔通爽人性至孝　按據寰宇記方輿勝覽隅當作隗

正婦石　按注引寰宇記今考寰宇記正作貞紀勝改爲正者避仁宗嫌名○在爽道縣七里舊州岸　按據寰宇記縣下當有南字

馬鳴溪　州家聞之將以貢在所　張氏鑑云在上似當有行字○載至溪口振鬣長鳴躍于工溪因以名　按工疑水之誤

鴛鴦圻　以昝監等將之　按據上文此係通鑑晉永和三年事今考通鑑監作堅是也紀勝下文亦

作堅

小漏天　俗謂之｜｜｜　按方輿勝覽作俗呼爲大漏天小漏天也紀勝上文大漏天下無注此處之字下當有大漏天三字

壽昌院　所謂江山石僰之雄觀是也　張氏鑑云石當作古　按上文州沿革云古僰國也風俗形勝門云敘州古僰道張說是也

古迹

廢歸順縣　已上二縣今併入僰道縣　張氏鑑云已當作以

宜賓縣　本漢郁鄢縣　張氏鑑云鄢前皆作⿰馬⻏
按漢書地理志本作⿰馬⻏顏注音莫亞反紀勝上文
州沿革縣沿革等門皆作⿰馬⻏此處作鄢者必傳寫
之訛
郁鄢灘　按鄢亦當作⿰馬⻏說詳上文
唐撫夷縣使南詔路　至阿旁部落　按據上文此
係唐志之語今考唐志旁作傍○詔祠部郎中袁
滋與內給事劉正諒使南詔由此乎　張氏鑑云
乎字疑誤　按唐志無乎字

官吏

先鐵　按鐵係梁人先上當補梁字

張九宗　按九宗以下五人皆唐人張上當補唐字

李亢達九奚采　按注云唐時來爲郡守可知者五人上文有張九宗劉岑李通三人並此二人正合五人之數張九宗下有注語劉岑下李通下無注語各空一字以例推之李亢達下須空一格九字當是衍文○樂林官吏序　張氏鑑云樂林句疑有脫誤

人物

任永　按自永至吳順皆漢人任上當補漢字○後

漢書李崇傳載—— 按據後漢書崇當作業○公孫述招之托盲不至矣 按方輿勝覽矣作者是也

黎幹 按幹及吳審皆唐人黎上當補唐字

廖翰 按自翰以下皆宋人廖上當補國朝二字○翰與夷戰于馬鳴谿敗流數里不沒 張氏鑑云流上似當有溺字

張彬 曲端之死彬以書與浚明曲端不反 按下曲字疑衍文

仙釋

蒲道人　爲我製一編　張氏鑑云一上當有屐字

碑記

韋南康紀工碑　碑目工作功是也抄本作江○在江西舊州治岸溉　張氏鑑云溉疑滸之誤　按碑目治作志誤抄本作治○大半磨滅　碑目作磨滅大半抄本與紀勝同

定誇湖唐碑　波渺渺　抄本碑目波渺二字係空格

大唐南詔王碑　碑目無大字抄本有

唐古戎道碑　在州治之對天蒼山崖壁間　碑目

對上有西字抄本無○乃唐乾封二年詹君秀修復此道而爲之記碑目無乃字抄本有

金箱浩碑目浩作誥抄本係空格按注云在宣化上流三十里吳季成所卜築在山之阿有山谷老人所書盤谷序虔州學記碑刻以文義核之作浩作誥皆不甚明析疑有脫誤○在宣化上流三十里碑目在上有碑刻二字抄本在上有二空格

詩

歸計隋何許出溪仍泝流　張氏鑑云隋字疑誤

一川帶繞三平島萬巘還趍兩翠巒劉申詩　張氏鑑

云申前多作甲　按上文風俗形勝門引劉甲雄
觀亭記張氏蓋卽據此而言

輿地紀勝校勘記卷四十一終